工业和信息化部“十四五”规划教材

# 车辆电子学

## （第二版）

主　编　魏民祥

副主编　赵万忠　李玉芳

于平超　盛　敬

科学出版社

北　京

## 内 容 简 介

本书着重研究车辆电子控制系统的理论与方法，包括车辆发动机电子控制系统、车辆底盘与车身电子控制系统的控制模型和控制算法，从整体和系统的角度讨论车辆电子控制系统的组成、原理，对先进的典型车辆电子系统实例进行分析、电控单元设计，同时介绍了自动驾驶控制系统。

本书可作为车辆工程专业研究生的教材，也可作为相关专业的研究生教学参考书，还可供相关工程技术人员参考。

**图书在版编目（CIP）数据**

车辆电子学／魏民祥主编. —2版. —北京：科学出版社，2022.6
工业和信息化部“十四五”规划教材
ISBN 978-7-03-072597-4

Ⅰ. ①车… Ⅱ. ①魏… Ⅲ. ①汽车-电气设备-高等学校-教材 Ⅳ. ①U463.6

中国版本图书馆 CIP 数据核字（2022）第 103094 号

责任编辑：余 江／责任校对：王 瑞
责任印制：张 伟／封面设计：迷底书装

科学出版社 出版
北京东黄城根北街16号
邮政编码：100717
http://www.sciencep.com
北京凌奇印刷有限责任公司 印刷
科学出版社发行 各地新华书店经销
*
2016年2月第 一 版 开本：787×1092 1/16
2022年6月第 二 版 印张：11 3/4
2022年6月第四次印刷 字数：279 000

**定价：75.00 元**

（如有印装质量问题，我社负责调换）

# 前　　言

电子与信息技术开创了当今的汽车电子时代，汽车电子化、数字化、网络化、智能化将成为汽车工业的主导。汽车的电子化和智能化程度已成为衡量汽车技术水平高低的重要标志之一，智能汽车的发展需要大量汽车电子高层次人才。国内设有车辆工程研究生专业的高校普遍开设“车辆电子学”课程，以适应现代汽车电子技术发展的高层次人才需求。随着汽车智能网联以及自动驾驶技术的发展，作为自动驾驶控制基础的汽车电子控制技术，有必要完善补充与自动驾驶控制相关的电子控制系统硬件和控制策略等基础内容，将车辆电子学内容与汽车智能网联相融合，拓展学生的车辆数字化和智能化视野，提升科技强国、自主创新意识。

鉴于上述需求，编者在本书第一版的基础上进行了修订，主要修订内容如下：

(1)增补汽车电子与控制发展史、发动机电子控制技术发展史、我国自动驾驶技术前景、科技强国自主创新意识相关内容。

(2)增补弯道避撞控制系统和自动驾驶控制系统。

(3)补充相应的车辆电子电路设计、程序设计、仿真分析、实例分析等若干研究训练题目。

本书着重研究车辆电子控制系统的理论与方法，包括车辆发动机电子控制系统、车辆底盘与车身电子控制系统的控制模型和控制算法，介绍了自动驾驶控制系统；同时对先进的典型车辆电子系统实例进行分析，包括发动机喷油控制ECU程序的设计与调试，结合作者科研工作积累，内容深度适当，列举设计实例，紧密结合最新技术，从创新和设计角度探讨车辆电子控制技术，有利于促进研究生创新能力、实践能力以及分析问题、解决问题的综合素质培养。

本书共6章。第1章概述了汽车电子与控制技术发展方向；第2章讨论了发动机、底盘与车身传感器与调理电路、驱动元件与驱动电路等；第3章讨论了8位单片机电子控制单元硬件设计、软件设计与编程基础，RS232与CAN通信软件设计等；第4章讨论了汽油进气管喷射发动机电子控制系统、汽油缸内直喷(GDI)发动机电子控制系统(包括缸内高压喷射控制系统、空气辅助缸内直喷发动机电控系统)、汽油机电控单元仿真与标定、柴油机高压共轨电子控制系统等；第5章讨论了车辆自动变速器电子控制系统、车辆防滑与平面稳定性电子控制系统、车辆转向电子控制系统、车辆悬架电子控制系统等；第6章讨论了汽车主动避撞控制系统、弯道避撞控制系统、自适应巡航控制系统(ACC)、车道保持辅助系统(LKA)、自动驾驶控制系统等。本书内容系统、翔实、新颖，图文并茂，重点突出，特别适合作为理论教学和应用设计的教科书。

本书由南京航空航天大学魏民祥任主编，南京航空航天大学赵万忠、李玉芳、于平超、盛敬任副主编。其中，5.3节由赵万忠负责编写，5.2节由李玉芳负责编写，第2章由于平超负责编写，4.5 节由盛敬负责编写，其他章节由魏民祥负责编写。参与本书编写工作的还有陈凯、王志浩、陈林林、王永伟、张佳佳等。

在本书编写过程中参阅了大量文献，在此向相关文献作者表示感谢。

本书入选工业和信息化部“十四五”规划教材，并得到了南京航空航天大学的专项资金的资助，在此一并表示感谢。

由于编者水平有限，书中难免存在不足之处，敬请读者批评指正。如发现问题，请给编者发邮件(wmxnuaa@126.com)，以便后续完善。

编　者

2021 年 11 月

# 目　录

# 第1章 绪　论

## 1.1 车辆电子综述

### 1. 汽车文明

汽车自1886年发明以来已经有100多年的历史,汽车已成为人们日常生活中不可缺少的交通工具。汽车扩展了人类出行的半径，缩短了人与人之间的距离，提高了物流和信息传递的速度，改变了人类的生活方式；汽车带来了速度和效率，带来了财富与繁荣，改变了人类的生产方式，极大地满足了人类社会对物质财富的需求。

### 2. 汽车的危害

汽车带来了交通事故、环境污染、资源枯竭，威胁着人类的生存。依靠传统的机械技术已经不能适应日益严格的公害控制法规，机械技术在汽车领域的应用已相当成熟，有的已达到了物理极限，使基于机械技术的传统汽车产品进入高度成熟期，并即将进入衰退期，难以实现技术上的重大突破，不能完全满足人们对汽车“安全、舒适、方便、节能、环保”的要求，汽车产业要发展，必须寻找新的技术突破口。

### 3. 汽车技术的转化方向

电子信息技术为汽车工业的突破性发展提供了千载难逢的机遇，汽车电子数字化成为当今世界汽车技术发展的主流。汽车产业电子数字化已成为提升汽车传统产业技术的根本途径。

随着汽车向微电子、信息、新材料、新能源等高新技术方向转变，汽车的性能和质量得到了进一步提高，逐步解决汽车环保生态问题，明显提高了汽车的动力性、舒适性、安全性和燃油经济性。

目前，汽车的电子化程度已成为衡量汽车技术水平高低的重要标志。汽车电子产品具有重量轻、占用空间小、处理速度快、传感精度高、信息容量大等特点。未来汽车市场的竞争，其本质上就是汽车电子化的竞争。

电子信息技术开创了当今的汽车电子时代。汽车电子化、数字化、网络化将成为汽车工业的主导。

汽车电子控制系统是为了解决与汽车功能要求有关的问题，而这些问题仅依靠通常的机械系统是难以解决的。例如，汽车制动防抱死系统ABS是为了保证车辆在湿滑路面上行驶时的安全性；悬架控制用来改善汽车的平顺性、操纵稳定性；而动力转向的目的是改善停车或低速驾驶时的转向轻便性，以及保证在高速行驶时的路感。

近年来汽车电子技术飞速发展的主要原因如下：

(1) 电子技术在汽车发动机及整车上的广泛应用，使汽车在各种工况下始终处于最佳工作状态，各项性能指标获得较大的改善。如燃油消耗降低，动力性提高，排气污染减少，并能大大提高汽车工作可靠性、安全性和乘员舒适性。电子技术可使汽车、道路、环境与乘员之间形成一个完整的系统网络，这是采用任何机械的手段所无法达到的。

(2) 电子装置运行极为精确，并且本身不会磨损。若把电子技术应用于汽车控制与监测，由于有自学习功能和一些闭环控制，使生产或运行中产生的一些误差也会受到严格控制，这将会改善汽车功能，并能延长汽车的维修周期和使用寿命。

(3) 电子装置通用性好。如各种传感器、报警器、计算机系统软件等，比机械部件更容易换装到各种车辆上。

(4) 随着电子技术的发展，电子电路集成化程度越来越高，因而电子装置具有体积小、重量轻、故障率低、使用方便等优点。

(5) 高新技术的飞速发展，使电子产品价格不断下降，品种越来越多，产量越来越大，因而在各领域中得到了广泛应用。

汽车电子控制技术不仅可对现有机械设计进行性能改进，在很大程度上还会影响传统设计方法，从而启发创新的机械系统设计。这种创新设计方案需要结合或依靠电控系统来实现。汽车设计已经演变为机械、电子控制与信息一体化设计模式。

#### 4. 汽车电子与控制技术的基本含义

汽车电子与控制技术是指将以计算机为代表的微电子技术、信息技术引入汽车工业领域，使传统汽车机械系统与电子技术、信息技术相融合，实现汽车产品的电子数字化、网络信息化和控制智能化，满足人们对汽车“安全、舒适、方便、节能、环保”的要求。

汽车电子技术的广泛应用，更新了传统的汽车概念。传统的汽车主要是一个机械系统，现代汽车是一个机械电子体系，现代汽车正在成为机电一体化、多种高新技术综合集成的载体。可以形象地说，现代汽车是车轮上的计算机。传统汽车工程学科的基础是力学、机械工程、材料科学；现代汽车工程除了上述学科之外，电子学、计算机、自动控制、信息技术、互联网技术正在快速向汽车工业渗透并成为现代汽车的支撑学科。

汽车电子与控制技术是汽车电子控制领域中具体应用的分支学科，主要以数学方法和工程方法为工具，综合运用汽车和微电子技术以及自动控制理论，并使三者有机结合，实现汽车性能的最优化，保证汽车总体性能水平。

#### 5. 传统汽车电子与控制技术及发展史

1) 汽车电子与控制发展史

全球汽车电子技术的发展及其大规模应用是从20世纪70年代末开始的，大致经历了4个发展阶段:

第一个发展阶段为1971年以前，利用分立电子元件或集成电路开始生产的二极管整流交流发电机、电压调节器、电子闪光器、电子喇叭、间歇刮水装置、汽车收音机、电子点火装置和数字钟等。从此揭开了汽车电子技术发展的序幕。

第二个发展阶段为1974～1982年，以集成电路和16位以下的微控制器在汽车上的应用为标志。主要包括电子燃油喷射、自动门锁、程控驾驶、高速告警系统、自动灯光系统、自动除霜控制、制动防抱死系统、车辆导向、撞车预警传感器、电子变速器、闭环排气控制、自动巡航控制、防盗系统、实车故障诊断等电子产品。这期间最具代表性的是电子汽油喷射技术的发展和制动防抱死技术的成熟，用电子技术控制实现主要机械功能。

第三个发展阶段为1982～1990年，微控制器在汽车上的应用日趋可靠和成熟，并向智能化方向发展。开发的产品有牵引力控制、全轮转向控制、直视仪表板、声音合成与识别器、电子负荷调节器、电子道路监视器、蜂窝式电话、可加热式挡风玻璃、倒车示警、胎压监测、高速限制、自动后视镜系统、道路状况指示器、电子冷却控制和寄生功率控制等。

第四个发展阶段为1990年至今，微波系统、多路传输系统、32位微控制器、数字信号处理方式的应用，使通信与导向协调系统、自动防撞系统、动力优化系统、自动驾驶与电子地图技术得到发展，特别是汽车智能化技术有了较大发展。

我国汽车电子技术在20世纪80年代开始起步，由于受到当时汽车技术和电子技术发展的制约，汽车电子技术仅仅处在科研探索和科技攻关阶段；90年代后，以电控发动机和汽车防抱死(ABS)为代表的汽车电子技术逐渐应用于国产汽车上，例如，上汽Santana 2000汽车发动机采用了进气管燃油喷射电控技术，也是国产汽车最早采用该技术的车型。不过汽车电子控制核心技术主要由国外跨国公司掌握和控制，加上汽车产业和技术普遍以引进为主，我国自主研发和生产受到了抑制，关键技术受制于人，这一状况持续了相当长的时期。近十多年来，随着我国自主研发政策的调整，特别是综合国力的不断提升，汽车电子技术由国外引进为主逐渐转化为自主研发为主，基本改变了关键技术依赖国外的局面，汽车电子产业已经成为我国的核心技术产业。随着网络技术和智能技术在汽车上的广泛应用，汽车电子技术持续发挥重要作用，为国家汽车核心技术永远掌握在自己手里做出应有的贡献。

2)传统汽车电子与控制技术

传统汽车电子与控制技术主要以8位、16位、32位微控制器(MCU)为核心，依据汽车发动机、底盘和车身等工作原理和控制要求，设计电子控制单元(ECU)、电子控制模块(ECM)和控制算法，实现电子控制，提高汽车性能，主要包括发动机电子控制、底盘电子控制、车身电子控制和总线网络等。

(1)发动机电子控制。

发动机电子控制包括空燃比控制、点火正时控制、废气再循环控制、怠速控制、进气控制等，典型的发动机电子控制范例为发动机进气管燃油喷射控制系统，如图1.1所示。

(2)底盘电子控制。

底盘电子控制包括制动防抱死控制、驱动防滑控制、牵引力控制、电子控制悬架、车辆稳定性控制、电子控制自动变速器、汽车动力转向控制等。

典型的底盘电子控制范例为电子控制悬架系统，如图1.2所示。

(3)车身电子控制。

车身电子控制包括电子控制安全带、安全气囊、汽车防撞、自适应巡航、车道保持、车内气候控制、电子防盗系统、遥控门锁、电动座椅、电动后视镜、电子仪表板、灯光控制、轮胎压力监测、CAN总线技术等。

典型的车身电子控制范例为汽车防撞控制系统，如图1.3所示。

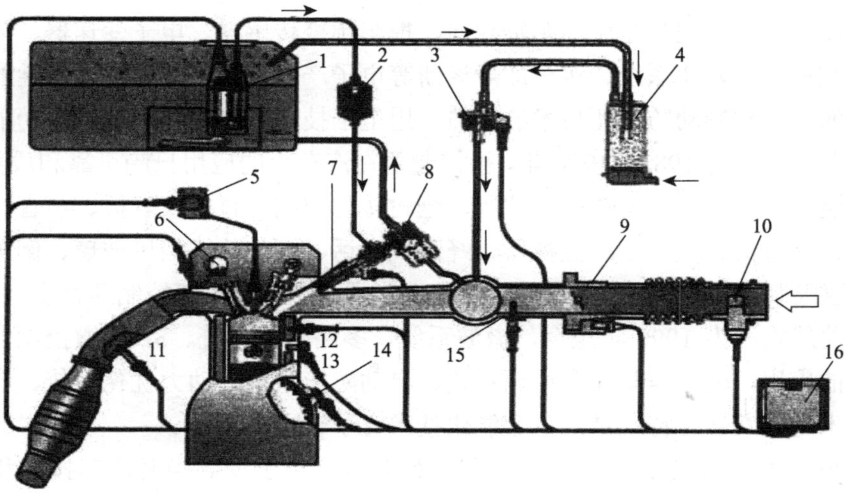


图 1.1 发动机进气管燃油喷射控制系统

1-燃油泵；2-滤清器；3-碳罐控制阀；4-碳罐；5-点火线圈；6-凸轮；7-喷油器；8-调压器；9-节气门；10-空气流量传感器；11-氧传感器；12-冷却液温度传感器；13-爆燃传感器；14-发动机转速和曲轴位置传感器；15-进气温度传感器；16-电子控制单元

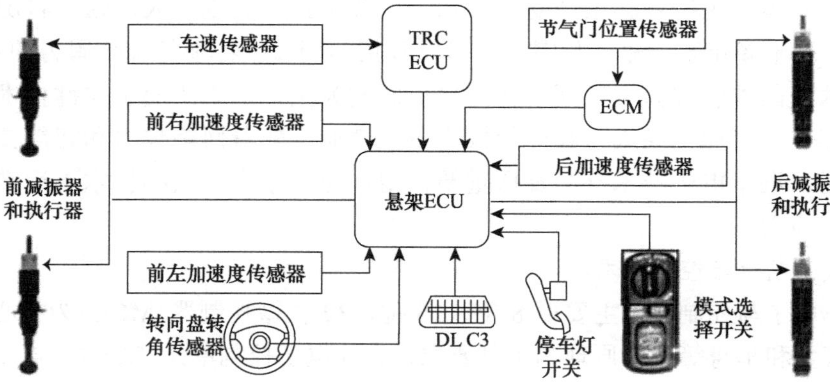


图 1.2 电子控制悬架系统

(4) 车载汽车电子设备。

车载汽车电子设备包括车载娱乐、汽车信息、导航系统等辅助设备。例如，数字式收音机、音响、冰箱、电视、CD、汽车行驶的信息系统、车载通信系统、语音信息系统、网络设备、导航系统和智能运输系统的辅助设备等。

6. 现代汽车电子与控制技术及发展

1) 汽车电子集成控制

发动机在不同转速和扭矩下燃油喷射与点火集成控制，得到动力、油耗和排放的综合控制；无级变速系统与发动机集成控制，使传动系统与发动机实现最佳匹配；将转向、制动及悬架系统集成控制，得到优良的操控性与驾驶性；发动机动力与制动系统的集成控制，在实现汽车避撞的同时，提高了乘坐舒适性；汽车导航系统与自动驾驶、汽车防撞集成设计，提高汽车安全性和驾驶舒适性。

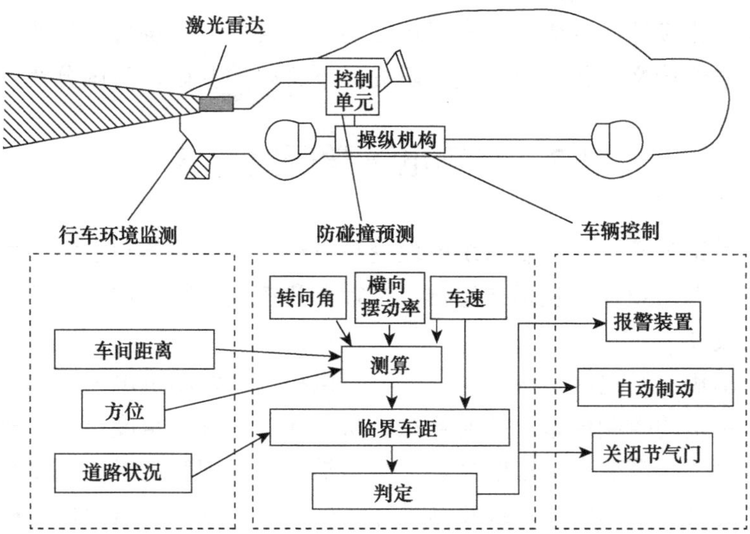


图 1.3 汽车防撞控制系统

2) 车联网技术

基于车内网络 CAN 总线、FlexRay 总线网络，借助于通信网络和全球定位系统(GPS、北斗)，发展车间通信网络、车与地面交通设施之间通信网络，可使汽车、道路、环境与乘员之间形成一个完整的系统网络，实现各种信号数据在不同控制子系统中的共享和实时交换，提高信号的利用率，实现远程通信、调控和故障诊断化，提高交通运输效率，降低交通事故发生概率，降低能耗和排放量。

3) 车辆驾驶安全与辅助驾驶电子控制系统

为了提高汽车驾驶的安全性，车道保持辅助系统、防撞避撞控制系统利用超声波传感器、视觉传感器、毫米波雷达与激光雷达传感器等，与汽车自动制动和自动转向系统相结合，实现自动泊车、车道保持以及防撞避撞；与精密导航系统等技术相结合，最终实现自动驾驶。

4) 汽车智能化技术

汽车集成控制逐渐向智能控制发展，电子控制设备的智能化是汽车电子控制技术的一个重要发展方向，其中控制软件借助于新型传感器、高性能电控单元、智能控制理论，使其具有判断推理、逻辑思维和自主决策等能力，实现自动行驶、制动和转向操作，提高现代汽车的自动化与智能化水平。

7. 科技强国自主创新意识

汽车的电子化、智能化程度已成为衡量汽车技术水平高低的重要标志之一，未来汽车包括电动汽车、自动驾驶汽车关键技术的竞争，其本质上就是汽车电子化与智能化的科技强国竞争。鉴于国际上汽车电子与智能控制的激烈竞争，必须认清对“车辆电子学”课程学习的使命感，着眼汽车核心技术特别是汽车电子技术的自主研发基本定位，树立民族自信心，发奋图强，认真学习车辆电子测试与控制系统理论与方法，从整体和系统的角度学习研究车辆电子控制系统的组成、原理与设计，包括传感器、执行器和控制器特性评价，信号调理与驱动电路设计。克服车辆电子控制芯片、软件、关键传感器等“卡脖子”痛点和难点，为开展学位论文工作和科学技术研究打下良好的基础，为国分忧，成就未来。

## 1.2 车辆电子学研究内容

车辆电子学讨论车辆电子控制系统的理论与方法，是从整体和系统的角度讨论车辆电子控制的组成、原理与设计，包括传感器、执行器和控制器特性评价，信号调理、驱动电路以及电控单元设计。

进一步研究车辆电子控制系统理论与方法，包括车辆发动机电子控制系统、车辆底盘与车身电子控制系统的控制模型、控制算法，从整体和系统的角度讨论车辆电子控制系统的组成、原理与设计，简要介绍车辆驾驶安全与辅助自动驾驶电子控制系统。

同时对先进的典型车辆电子系统实例进行分析，包括发动机喷油控制程序的设计与调试，结合作者科研工作积累，内容深度适当，列举设计实例，紧密结合最新技术，从创新和设计角度探讨车辆电子控制技术，有利于研究生创新能力、实践能力以及分析问题、解决问题的综合素质的提高。

### 习题与思考题

1-1 简述我国车辆电子技术自主创新的重要性。

1-2 简述汽车电子控制和智能控制的关系。

# 第 2 章　车辆电子传感器与执行器驱动基础

## 2.1　发动机传感器与调理电路

### 2.1.1　发动机转速传感器

发动机转速信号传感器分为磁电式、霍尔式和光电式三种。

1. 磁电式转速传感器

磁电式转速传感器由永久磁铁定子、线圈和转子齿盘组成，如图 2.1 所示。转子盘由导磁材料加工而成，它与曲轴或分电器轴同轴旋转。定子与转子间的磁隙交替变化。转子转至与齿顶相对时，磁隙最小，磁回路中的磁阻最小；当转子转至齿凹槽时，磁隙最大，磁回路中的磁阻最大。通过线圈的磁通量发生周期性变化。磁通量变化曲线如图 2.2 所示。根据磁路欧姆定律，磁势一定，磁阻交替变化，根据电磁感应定律，线圈中产生交变感生电动势，电动势峰值随着转速提高而增大，其输出信号波形如图 2.1 所示，通过整形后可得到发动机转速。

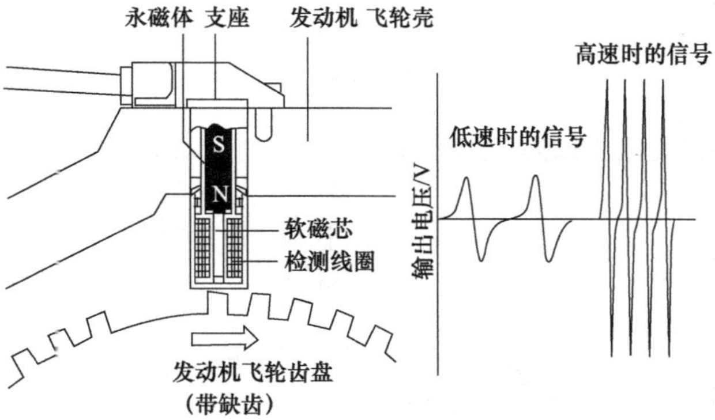


图 2.1　磁电式转速传感器

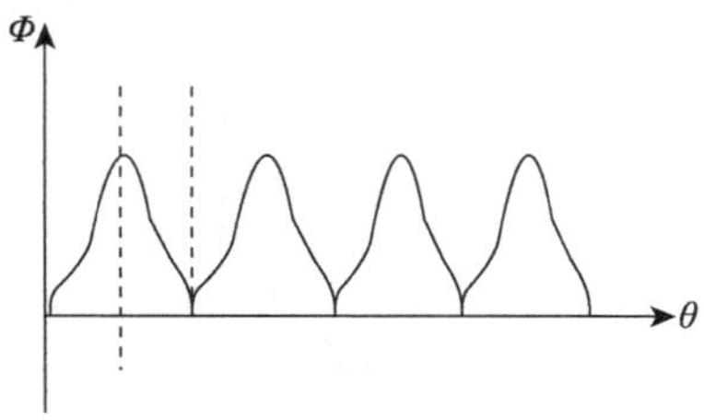


图 2.2　磁通量变化曲线

NCV1124 芯片是一款双通道磁电式传感器接口集成电路芯片，对可变磁阻式传感器的信号处理有较好的效果。该芯片内部有集成的动态钳位电路，可以将不同的输入信号的电压钳位到一定范围值。图 2.3 为可变磁阻传感器调理电路。

2. 霍尔式转速传感器

霍尔效应，将霍尔元件置于磁场 $B$ 中，当在板长度方向通以控制电流 $I$ 时，则在板的侧向产生电势差

$$u = K_{\mathrm{H}} I B \tag{2.1}$$

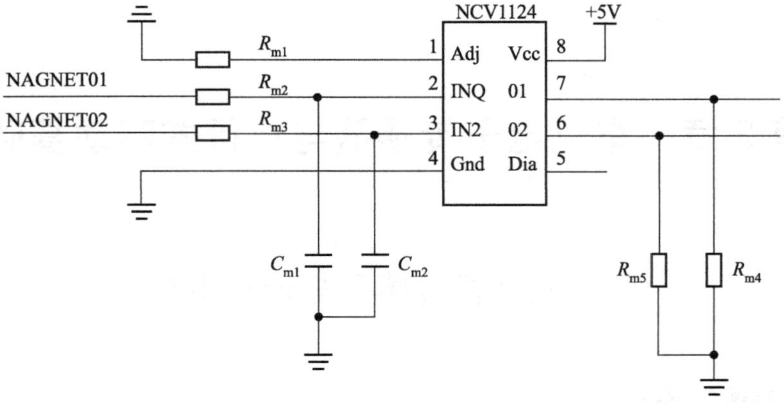


图 2.3　可变磁阻传感器调理电路

典型的霍尔式转速传感原理如图 2.4 所示，金属转子齿盘齿顶到达霍尔元件时，施加到霍尔元件上的磁场强度最大，同样驱动电流条件下，霍尔元件输出高电平；转子齿盘齿凹到达霍尔元件时，施加到霍尔元件上的磁场强度最小，霍尔元件输出低电平。输出信号高低电平变化频率与单位时间转子齿数成正比，以此测出转速，对应调理电路如图 2.5 所示。

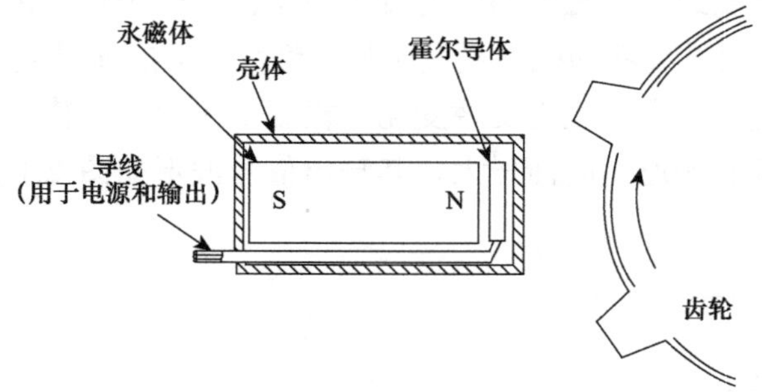


图 2.4　霍尔式转速传感器测量原理

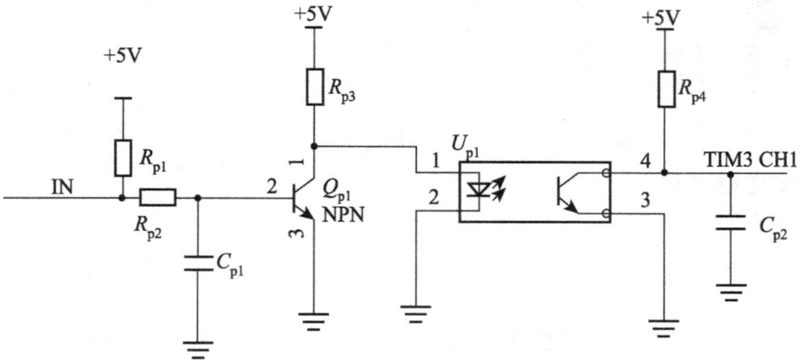


图 2.5　霍尔式转速传感器调理电路

### 3. 光电式转速传感器

光电式转速传感器由发光二极管、光敏三极管和遮光盘等组成，如图 2.6 所示。遮光盘旋转，当发光二极管发出的光被遮光盘遮挡时，光敏三极管截止，输出高电平信号；当发光二极管光线透过缝隙照在光敏三极管上时，光敏三极管导通，输出低电平信号。这样转速传感器输出周期性高低电平脉冲信号。

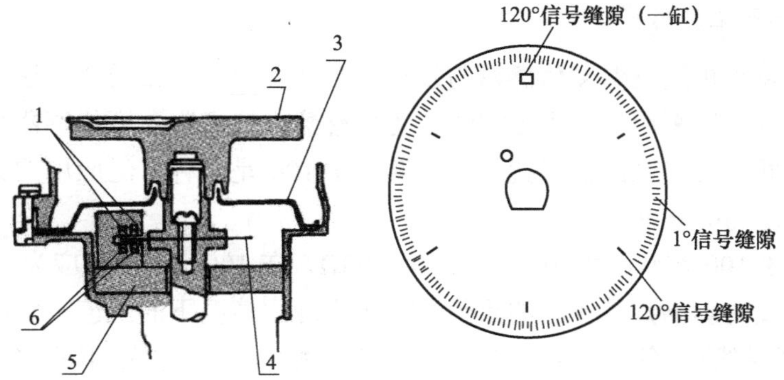


图 2.6　光电式转速传感器

1、6-光电对管；2-分火头；3-密封盖；4-信号盘；5-调理电路

在转速较低时，光电传感器仍能保持较高的测量精度，而且信号不受电波的干扰，对环境的适应性强。调理电路与图 2.5 基本一致。

### 2.1.2　发动机温度传感器

1. *发动机缸体温度传感器*

发动机缸体温度传感器(或冷却液温度传感器)一般采用负温度系数热敏电阻(NTC)。热敏电阻阻值随温度上升呈指数减小；图 2.7 所示为缸体温度传感器的工作原理图。根据分压原理，ECU 内部的 5V 电压通过分压电阻 $R$ 加在缸体温度传感器内的热敏电阻上，再通过接地构成回路。缸体温度传感器的输出信号即为加在热敏电阻上的电压。

为了得到缸体温度传感器输出信号与温度的对应关系，首先对温度传感器进行标定，掌握其持性。标定过程中用一个可变电阻模拟缸体温度传感器，改变电阻值，输出信号进入 MCU 的 A/D 引脚。标定结果如图 2.8 所示。

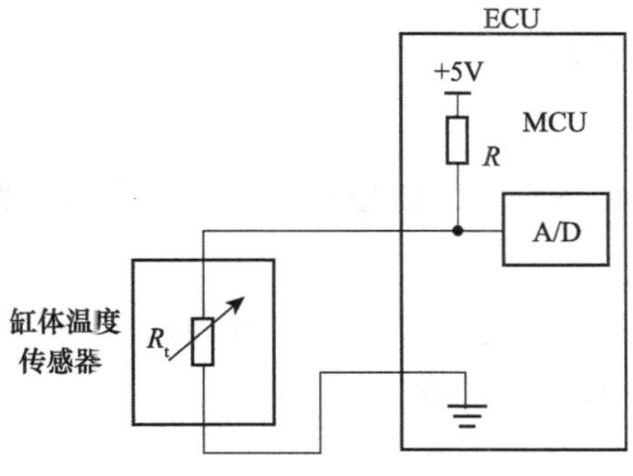


图 2.7　缸体温度传感器的工作原理图

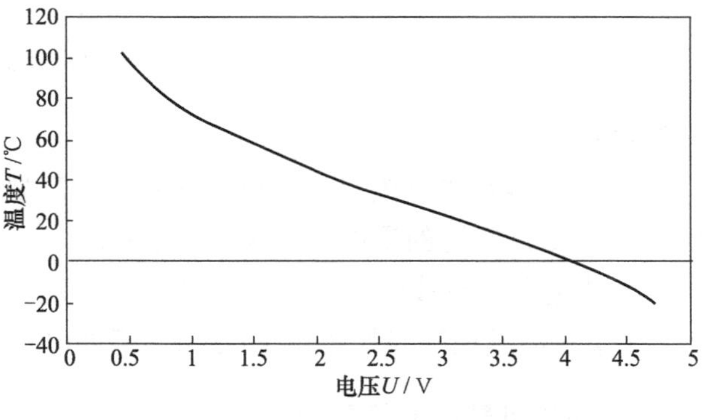


图 2.8　缸体温度传感器输出特性标定曲线

根据图 2.8 中的曲线，可得到缸体温度传感器局部输出特性的拟合公式为

$$y = -2.0461x^3 + 17.49x^2 - 68.359x + 126.11 \tag{2.2}$$

式中，$y$ 为缸体温度；$x$ 为缸体温度传感器输出的电压值。

2. 发动机进气温度传感器

热敏电阻型发动机进气温度传感器与发动机缸体温度传感器类似，这里不再赘述。进气温度或缸体温度可以采用铂电阻 Pt100 作为传感器。铂电阻温度传感器精度高，稳定性好，线性度好，并且有较强的抗干扰能力。其中 Pt100 是一种广泛应用的铂电阻式测温元件，温度测量范围-50～600℃。

理想情况下 Pt100 在 0℃时的阻值一般为 100Ω，在 100℃时阻值应为 138.5Ω，但由于加工工艺以及导线的影响，其实际的阻值并不等于理想情况下的阻值，因此需要标定实验用的 Pt100(包括导线)在各种温度下的实际阻值，然后将各种温度下的实际阻值进行线性拟合，得到传感器的特性曲线。

3. 发动机排气温度传感器与缸头温度传感器

1)排气温度传感器

排气温度传感器一般使用镍铬-镍硅热电偶(K 型热电偶)。适用温度为-200～1300℃。

K 型热电偶具有线性度好、互换性好、稳定性和均匀性较好、抗氧化性能强、价格便宜等优点。

K 型热电偶调理模块采用 AD597，调理电路如图 2.9 所示。

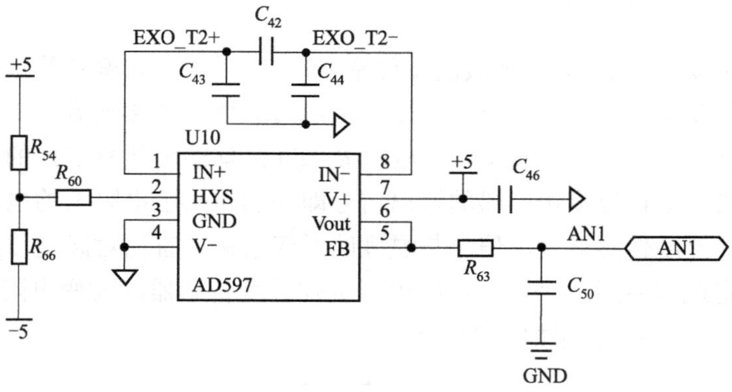


图 2.9　K 型热电偶调理电路

2)缸头温度传感器

缸头温度传感器一般采用铁-铜镍热电偶(J 型热电偶)。铁-铜镍热电偶的测量温区为-200～1200℃，常用的温度范围为 0～750℃。

J 型热电偶具有线性度好、互换性好、稳定性和均匀性较好、价格便宜等优点，应用广泛。J 型热电偶调理模块采用 AD596。调理电路与 AD597 类似。

### 2.1.3　发动机进气压力传感器

1. 进气歧管压力传感器

采用微细加工技术(MEMS)制造压力硅微传感器，简单的结构是用一个硅膜片，并在其上扩散生成压阻区来检测膜片的位移，如图 2.10(a)所示。

进气歧管绝对压力传感器的压力测量单元 MAP 部分基于 MEMS 技术的压阻效应原

理，采用三维集成电路工艺，在同一硅片上进行特定晶向的微机械加工，生成分别受拉和受压的四个应变电阻，构成惠斯顿检测电桥，成为集应力敏感与力电转换检测于一体的压力感应模块，如图 2.11 所示。

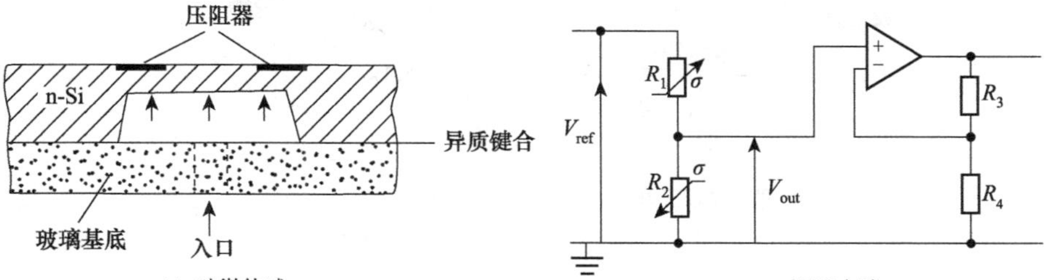


(a) 硅微传感　　(b) 调理电路

图 2.10　硅微进气压力传感器

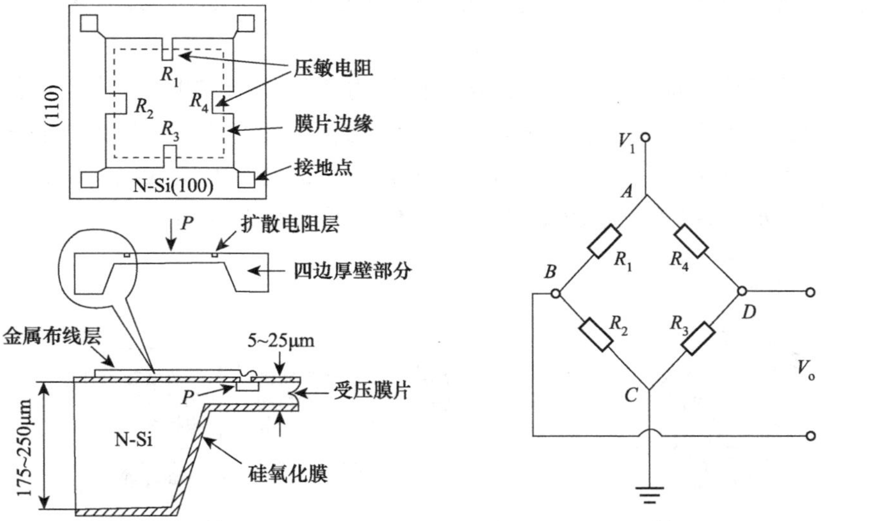


(a)　　(b)

图 2.11　进气歧管绝对压力传感器的测量原理

进气歧管绝对压力传感器如图 2.12 所示，由硅片、集成电路和真空室组成。硅片封装在真空室内，一侧作用的是进气歧管压力，另一侧则为绝对真空。在进气歧管压力下，硅片上的薄膜产生变形，在薄膜上组成惠斯通电桥的应变电阻的阻值随着应变产生变化，导致电桥输出电压变化，这种进气歧管绝对压力传感器的输出电压和进气管绝对压力呈线性关系。

### 2. 大气压力传感器

由于海拔高度的不同，大气压力也会发生变化，从而会影响发动机的进气量，进而影响发动机的工作性能。通常用一个大气压力传感器检测压力的变化，根据其变化来修正喷油量。

大气压力传感器根据工作原理可以分为压电式、半导体压敏电阻式、电容式、差动变压器式及表面弹性波式等。例如，MPX4115 的半导体压敏电阻式大气压力传感器，其外形

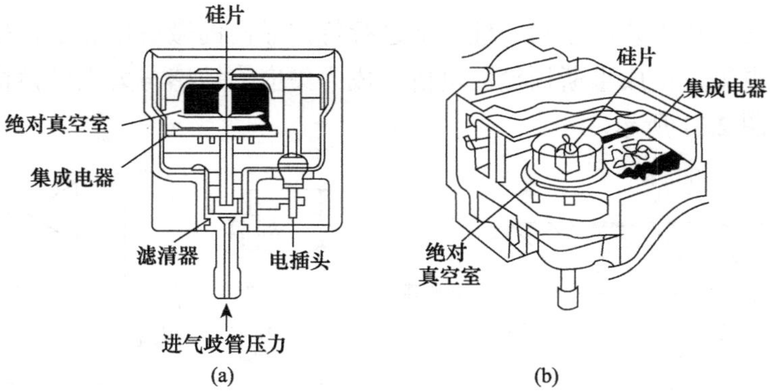


图 2.12　进气歧管绝对压力传感器

如图 2.13 所示，共六个管脚，脚 1 是信号输出，脚 2 接大地，脚 3 接电源，脚 4、5 和 6 为空。该压力传感器尺寸很小，可直接集成在 ECU 的电路板上。其测量压力范围为 15～115kPa。

该传感器的工作原理是利用硅片的电阻随压力变化（压阻效应）而产生电信号。硅片装在保持真空的真空室内，大气的压力可从一个方向作用到硅片上。当大气的压力作用到硅片上时，该压力与真空室压力之间形成压力差，硅片的电阻发生变化，由集成电路变换为电压信号并加以放大后输入到 MCU 中。其工作原理如图 2.14 所示。

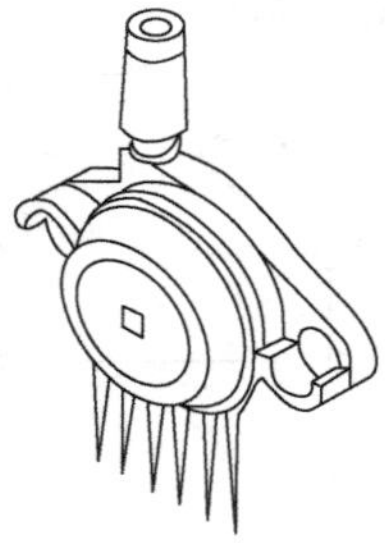

图 2.13　大气压力传感器

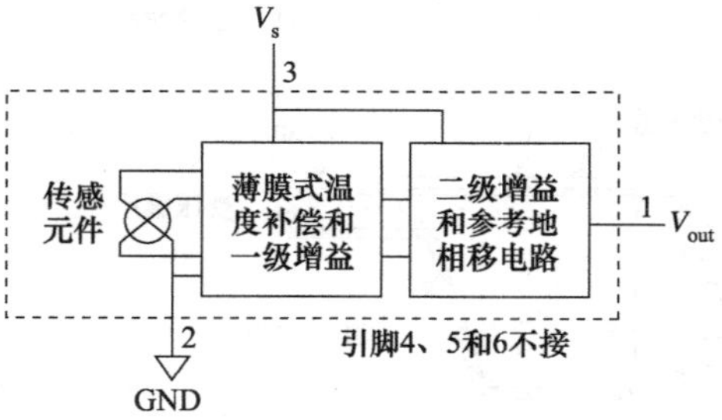


图 2.14　大气压力传感器的工作原理

由于该压力传感器内部已集成了放大电路，因此只需加上简单的去耦电路就可将输出的信号送入 MCU 的 A/D 引脚。其调理电路如图 2.15 所示。

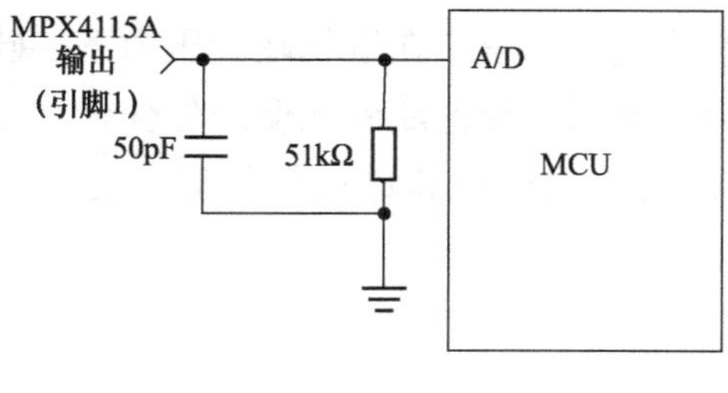


图 2.15　调理电路

为了得到压力传感器输出信号与绝对压力之间的对应关系，需要对压力传感器进行标定。标定的工作特性曲线如图 2.16 所示。根据该工作特性曲线，得到压力传感器输出电压与绝对压力的关系式如下：

$$V_{out} = V_s(P \times 0.009 \pm 0.095) \tag{2.3}$$

式中，$V_s$ 为传感器参考电压，即引脚 3 和 2 之间的电压值；$V_{out}$ 为传感器输出电压，即引脚 1 和 2 之间的电压值；$P$ 为压力值（kPa）。

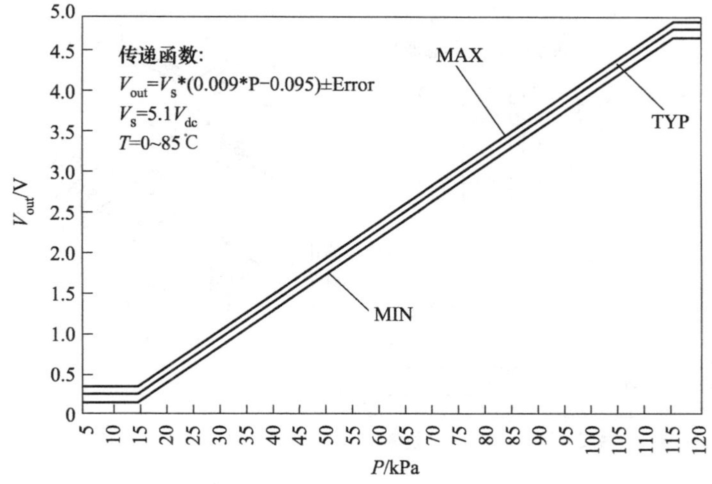


图 2.16　压力传感器工作特性曲线

在室温 25℃下，提供给大气压力传感器的参考电压为 $V_s$=+4.97V，测得它的输出电压为+4V，计算出 $P$=99.981kPa。而实测的大气压力为 101.325kPa。算出误差为 1.326%，而该传感器的最大测量误差为 1.5%，所以在误差范围内，满足测量条件。

### 2.1.4　热膜式空气流量传感器

1. 主流测量热膜式空气流量计

该传感器将热线、补偿电阻、精密电阻等镀在一块陶瓷上或将发热金属铂固定在树脂膜上，使制造成本降低，且发热体不直接承受气体流动所产生的作用力，增加了发热体的强度，提高了传感器的可靠性和使用寿命，如图 2.17 所示。

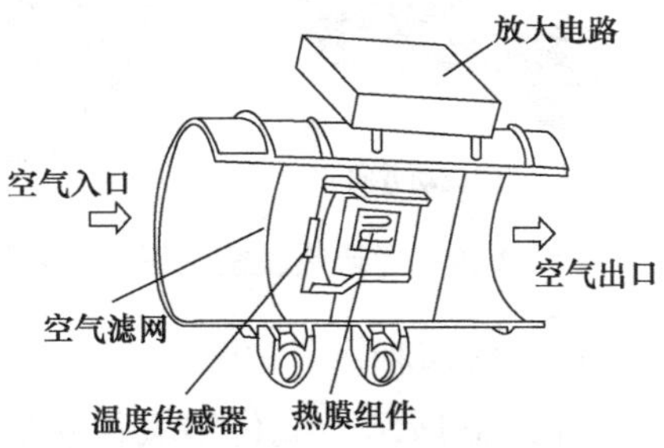


图 2.17　主流测量热膜式空气流量计

2. 旁通热膜空气流量计

图 2.18 为旁通热膜空气流量计，该传感器由热膜、两个温度传感器组成，温度传感器对称布置在热膜的两侧。当空气静止时热膜给两侧传递的热量相同，温度场为对称分布，两个传感器的温度差为零；当空气流过传感器表面时，空气首先流过温度传感器 1，使得其温度 $T_1$ 下降，接着空气流过热膜的表面并被加热，再流过温度传感器 2 而使其温度 $T_2$ 升高。于是两个温度传感器将测得温差 $\Delta T$，该温差和空气流量相关。旁通热膜式空气流量计采用同样的传感器单元、统一的信号处理模块，配套不同口径的空气导管，实现不同量程的空气流量测量，配套不同排量的发动机，从而实现传感器的系列化配套。其外形如图 2.19 所示。

### 2.1.5　氧传感器

电喷发动机广泛采用三元催化转化器对发动机尾气进行净化处理，转化效率与混合气的空燃比有关，只有当空燃比在理论空燃比的附近区域时，三种有害气体的转化效率才同

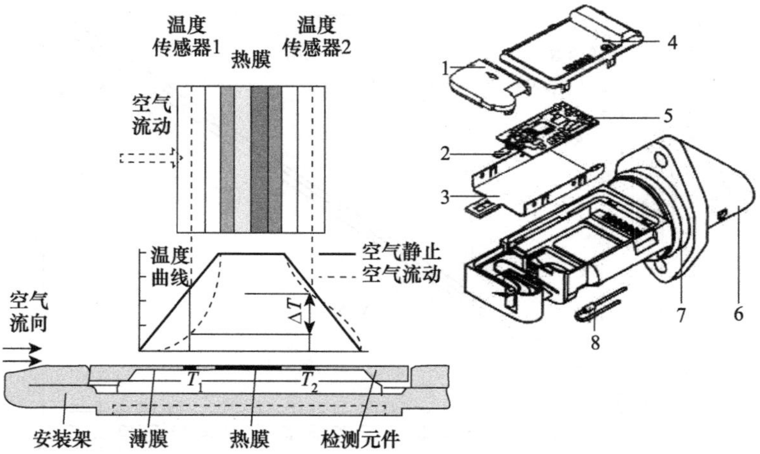


图 2.18　旁通热膜空气流量计

1-测量通道上盖；2-传感器；3-安装板；4-混合电路上盖；5-混合信号处理电路；

6-接插件；7-O 形圈；8-附加的空气温度传感器

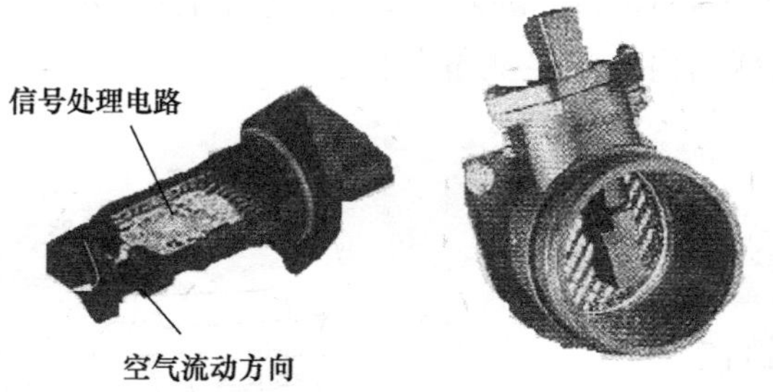


图 2.19　旁通热膜空气流量计外形图

时较高。所以，采用氧传感器进行空燃比闭环控制。氧传感器一般安装在排气管内三元催化转化器之前，用来检测排气中的氧气含量，向发动机 ECU 发出反馈信号，发动机根据此信号调节喷油量，把空燃比控制在目标空燃比的附近。有的发动机在三元催化转化器后还配备一个氧传感器，用以检测其催化转化效率。目前使用的氧传感器主要有氧化锆和氧化钛两种。

图 2.20 所示为氧化锆氧传感器，其基本元件是专用陶瓷体，即氧化锆($ZrO_2$)固体电解质。陶瓷体制成的锆管固定在带有安装螺纹的固定套中，其内表面与大气相通，外表面与排气接触。锆管内外表面都涂有一层多孔性的铂膜作为电极。为了防止废气中的杂质腐蚀铂膜，在锆管外表面的铂膜上覆盖有一层多孔的陶瓷层，并且还加装一个防护套管，套管上开有槽口。氧传感器的接线端有一个金属护套，其上开有一孔，用于锆管内表面与大气相通。导线将锆管内表面铂电极从传感器引出。

锆管的陶瓷体是多孔的，允许氧渗入该固体电解质内，温度较高(400℃以上)时，氧气发生电离。当陶瓷体内(大气)外(废气)侧氧含量不一致(存在浓度差)时，氧离子从大气一侧向排气一侧扩散，锆管元件成了一个微电池，在锆管内外侧两极间产生电压[图 2.20(b)]。当混合气体稀时，排气中氧含量多，两侧氧浓度差小，只产生小的电压。当混合气体浓时，排气中氧含量少，同时伴有较多的未完全燃烧的产物 CO、HC 等，这些成分在锆管外表面的铂催化作用下，与氧气发生反应，消耗排气中残余的氧，使锆管外表面氧气浓度变成 0，导致两侧氧浓度差突然增大，两极间产生的电压也突然增大。因此，氧传感器产生的电压将在过量空气系数 $\Phi_a=1$ 时产生突变。$\Phi_a \geq 1$ 时，氧传感器输出电压几乎为 0；$\Phi_a < 1$ 时，氧传感器输出电压接近 1V。在发动机空燃比闭环控制过程中，

氧传感器相当于一个浓度开关，根据空燃比变化向 ECU 输送脉冲宽度变化的脉冲信号，如图 2.20(d)所示。

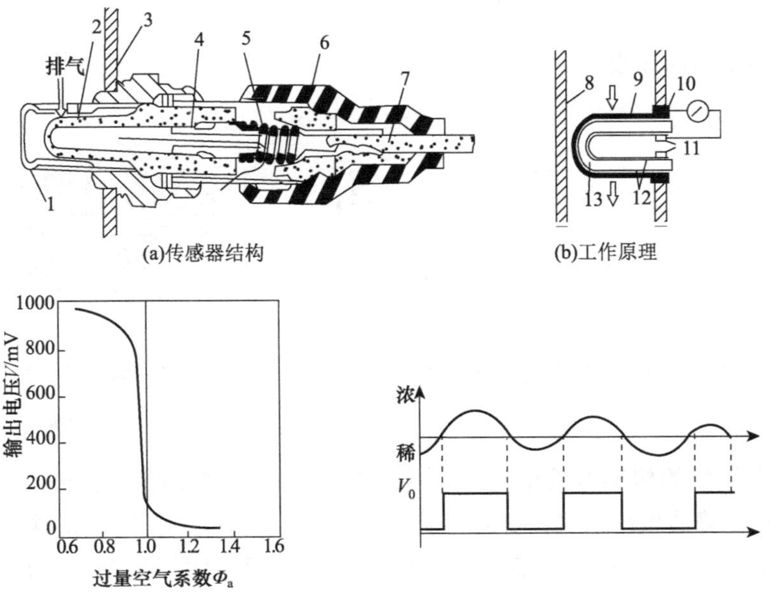


(a)传感器结构　(b)工作原理　(c)输出特性　(d)输出信号波形

图 2.20　氧化锆氧传感器

1-导入排气孔罩；2-锆管；3-排气管；4-电极；5-弹簧；6-绝缘套；7-导线；8-排气管；9-陶瓷防护层；10-外接线点；11-内接线点；12-铂电极；13-氧化锆陶瓷体

由于氧化锆只有在 400℃以上温度时才能正常工作，为保证发动机在进气量小、排气温度低时也能正常工作，有的氧传感器中还装有对氧化锆元件进行加热的加热器，加热器亦受 ECU 控制。氧传感器与 ECU 的接口如图 2.21 所示。

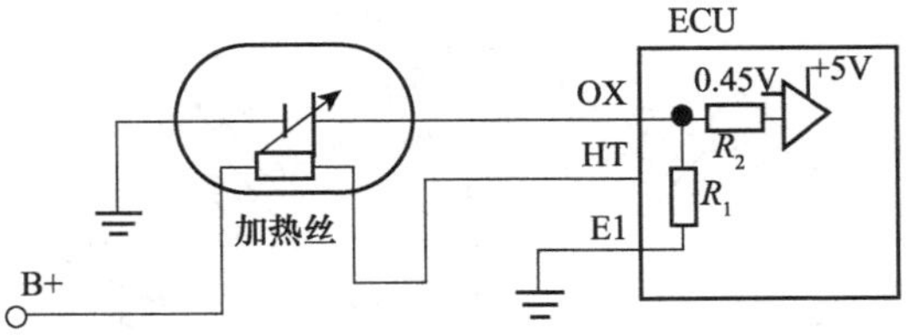


图 2.21　氧传感器调理电路

### 2.1.6　爆震传感器

发动机爆震传感器是安装在发动机机体上的振动加速度传感器，一般情况下采用压电式传感器。压电式传感器的传感原理基于压电效应，即压电晶体或压电陶瓷承受机械应变作用时，其内部会产生极化作用，从而会在材料的表面产生电荷，如图 2.22 所示。

爆震传感器主要由紧固螺栓、陶瓷运动质量、压电晶体和引线组成，如图 2.23 所示，该传感器可以由紧固螺栓直接安装在发动机缸体上，发动机爆震时产生压力波，缸体发生振动，运动质量也会随之振动，于是压电晶体受到来自紧固螺栓座和运动质量($m$)的应力，

压电晶体的两端产生电荷，电荷产生的多少与施加在晶体上的力成正比，随振动幅值变化而变化，根据牛顿定律

$$F = ma \tag{2.4}$$

式中，$a$ 为机体振动加速度。

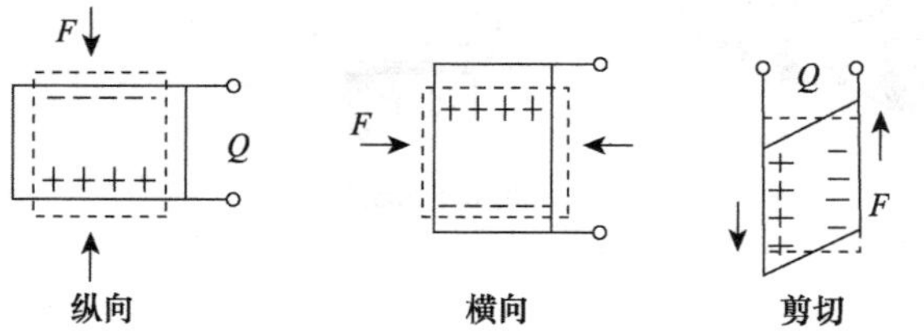


图 2.22　压电式传感器的传感原理

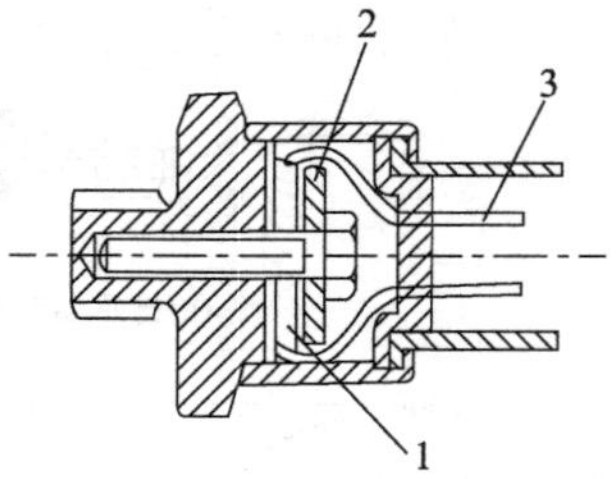


图 2.23　爆震传感器组成

1-压电晶体；2-运动质量；3-引线

对于一定质量块的传感器输出电压(电荷)与发动机机体振动加速度 $a$ 成正比。当爆震产生时传感器输出峰值电压信号，其频率范围约在 1～10kHz，ECU 识别这一爆震信号。由于爆震传感器输出是高频的振动信号，因此其信号处理是比较复杂的，通常需要采用专用芯片来完成。典型的爆震信号处理芯片为 BOSCH 公司的爆震信号处理芯片 CC195 和 CC196 等。

### 2.1.7　曲轴位置传感器

为了实现发动机顺序喷射以及喷油时刻的精确控制，ECU 需要利用曲轴位置传感器，计算转速及确定曲轴位置。这里介绍光电式曲轴位置传感器，所设计的传感器由两个光电对管和一个分度盘组成，如图 2.24 所示。

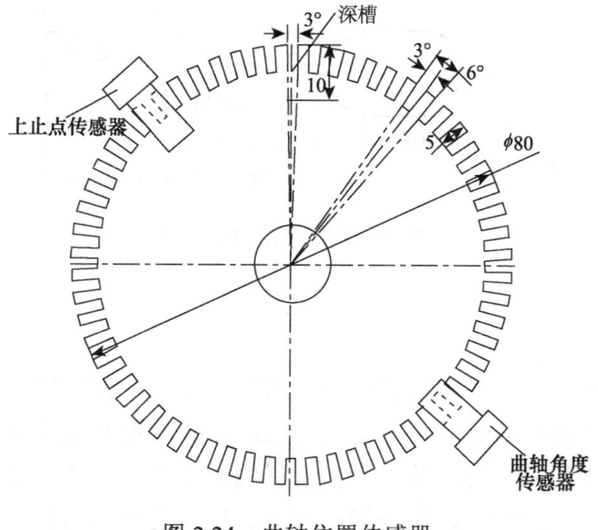


图 2.24　曲轴位置传感器

在两个光电对管中，一个安装在更靠近分度盘圆心的位置，用于感受深槽，从而产生

上止点信号，因此这个光电对管也称为上止点传感器。另一个光电对管用于感受浅齿，产生曲轴角度信号，称为曲轴角度传感器。因此，曲轴位置传感器由上止点传感器和曲轴角度传感器组成，ECU 通过上止点和曲轴角度信号来综合确定曲轴的位置。此外，ECU 还通过上止点信号来计算发动机转速，信号的波形如图 2.25 所示。

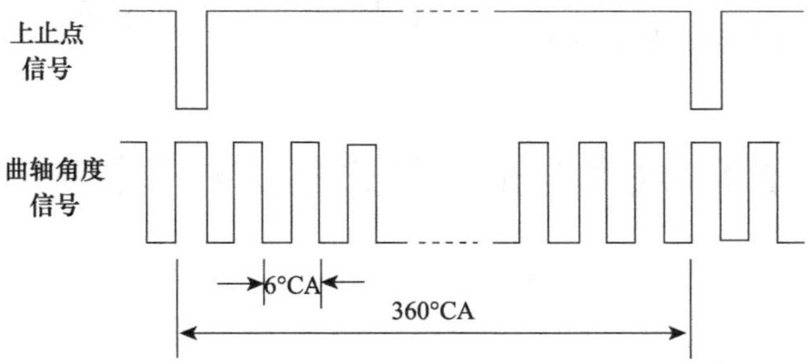


图 2.25　上止点及曲轴角度信号波形

### 2.1.8　节气门位置传感器

节气门位置传感器装在节气门体上，其作用是检测节气门开度和加/减速信号，通过 ECU 对节气门开度信号进行处理，即可得到加/减速和负荷信号。

这里介绍 0280122201 型号的线性输出节气门位置传感器。其工作原理与滑动电阻器相同。一个触点可在电阻体上滑动，利用电阻值的变化，即可测得与节气门开度相对应的输出电压。其工作原理如图 2.26 所示。节气门位置传感器有四个接线柱，其中接线柱 3 与节气门的活动触点相接，即为节气门位置的输出端，由此引出的电压即代表节气门开度。接线柱 2 与+5V 电源连接，接线柱 4 与地连接，就形成参考电压。接线柱 1 输出的电压始终为一定值，相当于节气门全开时的电压输出值。

根据节气门位置传感器的数据手册，得到其工作特性曲线如图 2.27 所示。图中接线柱 3 和接线柱 4 之间的电压值，为输出电压 $U_A$；$U_V$ 为提供的参考电压，即为接线柱 1 和接线柱 4 之间的电压值。

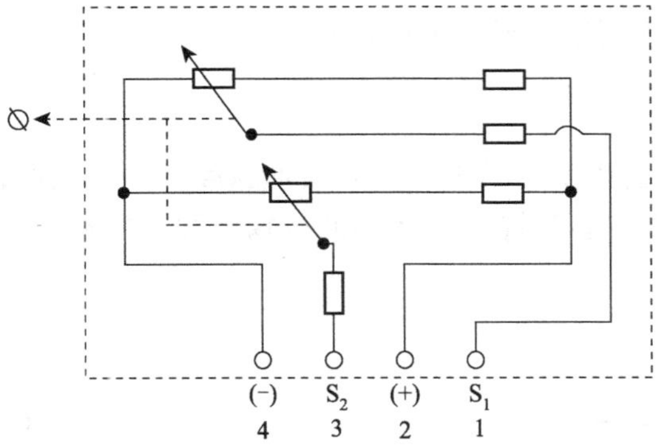


图 2.26　节气门位置传感器的工作原理图

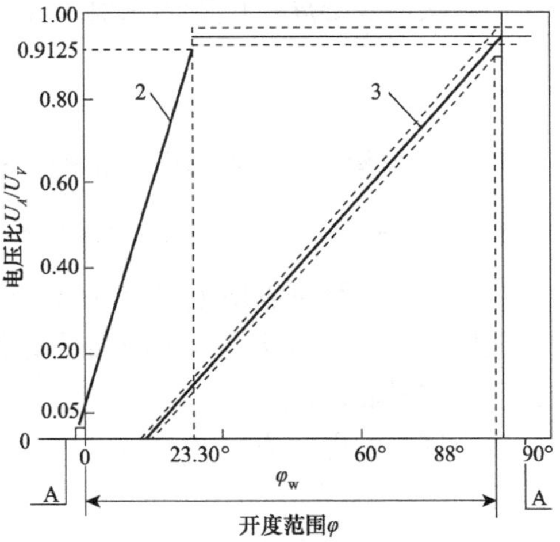


图 2.27　节气门位置传感器的工作特性曲线

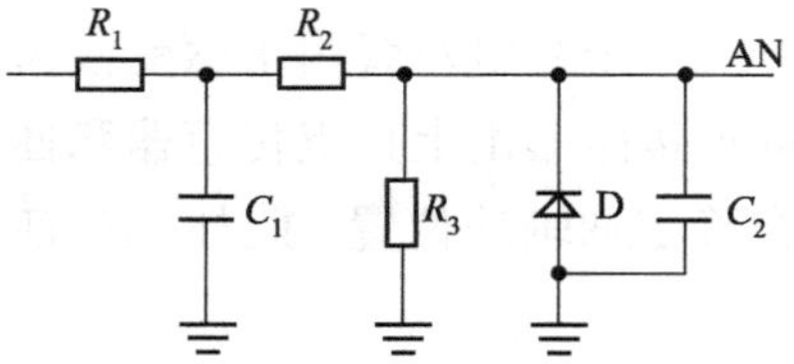


图 2.28　节气门位置传感器调理电路

节气门位置传感器的输出电压在 0～5V 变化，且与节气门开度基本上是线性关系，进入到 ECU 内的节气门位置传感器信号只要经过简单的滤波就可进行 A/D 转换。节气门位置传感器调理电路如图 2.28 所示。

## 2.2　底盘与车身传感器及调理电路

### 2.2.1　加速度传感器

1. 压阻式加速度传感器

压阻式加速度传感器利用硅的压阻效应，该加速度传感器由用单晶硅微加工的悬臂梁和质量块构成，在悬臂梁的底端为压阻器，即掺硼(三价)的硅区域。质量块的运动导致悬臂梁产生弯曲，悬臂梁底端的应变最大。其原理图如图 2.29 所示。

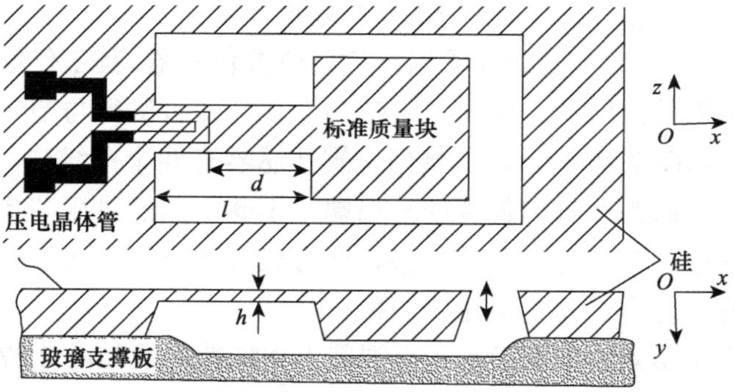


图 2.29　压阻式加速度传感器原理

质量块的加速度由电阻的阻值改变因子确定：

$$\frac{\Delta R}{R}=k_a a_y \tag{2.5}$$

式中，$k_a$ 为结构常数，由悬臂梁结构尺寸、压阻系数和弹性柔性系数决定。

2. 电容式和力平衡式微加速度传感器

质量块的位移可以用电容的方式测量，如图 2.30 所示是电容式硅微加速度计的截面图，该加速度计由一个与两端固定的梁带动中央的质量块构成，质量块的位移由其上下金属电极的电容信号测出。

该系统中的电容为

$$C_1=\frac{\varepsilon A}{x_1}\ C_2=\frac{\varepsilon A}{x_2} \tag{2.6}$$

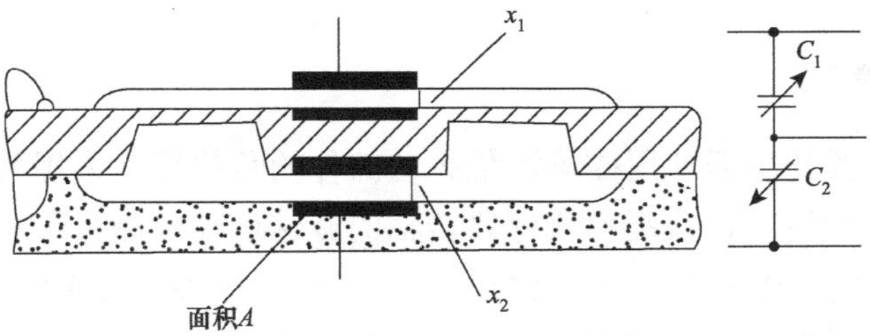


图 2.30 电容式硅微加速度计原理

由于质量块的位移 $x_{\text{out}}$ 与加速度成正比，因此每个电容器的电容也与加速度成正比：

$$\frac{\delta C}{C}=\frac{x_{\text{out}}}{x}\propto \ddot{x} \tag{2.7}$$

双电容器的电容比在小位移输出 $x_{\text{out}}$ 时有以下关系，即测量电容的比值：

$$\frac{C_1}{C_2}=\frac{x_1}{x_2}\approx\frac{1+\dfrac{x_{\text{out}}}{x_1}}{1-\dfrac{x_{\text{out}}}{x_1}}\approx 1+\frac{x_{\text{out}}}{x_1} \tag{2.8}$$

对应调理电路为脉宽调制静电伺服系统，如图 2.31 所示，与敏感元件集成在同一芯片内，如图 2.32 所示。

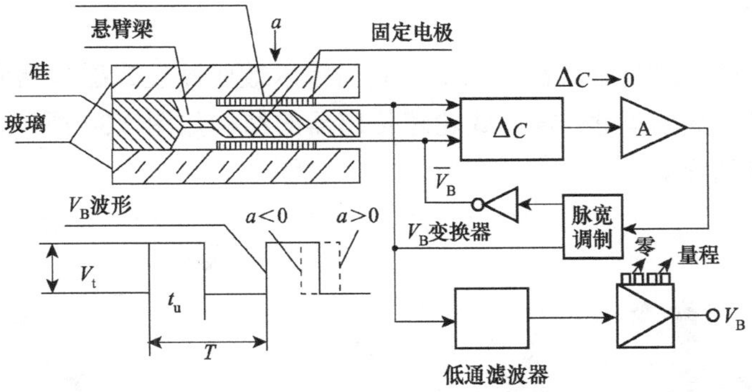


图 2.31 脉宽调制静电伺服系统

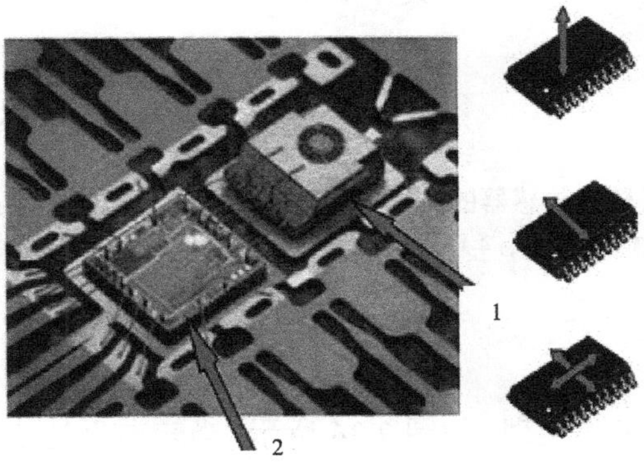


图 2.32 电容式硅微加速度计集成

1-敏感元件；2-信号处理

### 2.2.2　踏板位置传感器

霍尔效应旋转位置传感器使用磁场测量运动部件的角位置，采用具有磁性偏置的霍尔效应集成电路(IC)来检测工作范围内执行器转轴的旋转运动。测量原理是执行器转轴的旋转使得磁铁相对 IC 的位置发生改变，导致磁通密度改变，这种改变最终被转换为线性输出。霍尔效应旋转位置传感器会感应到踏板位置的变化。工作示意图如图 2.33 所示。

(a)霍尔效应旋转位置传感器　　(b)踏板位置传感器外形

图 2.33　霍尔效应踏板位置传感器

MLX90316 芯片是 CMOS 霍尔传感器，可以输出与芯片表面平行磁场的角度位置信息，实现非接触旋转角度传感。当小型磁铁在芯片表面旋转时，可以感应出绝对角度位置。

### 2.2.3　轮速传感器

轮速传感器通常装在变速器输出轴上，利用霍尔效应原理或磁电感应原理检测出输出轴车速，ECU 计算出汽车车速。霍尔式轮速传感器的结构如图 2.34 所示，磁电式轮速传感器的结构如图 2.35 所示。

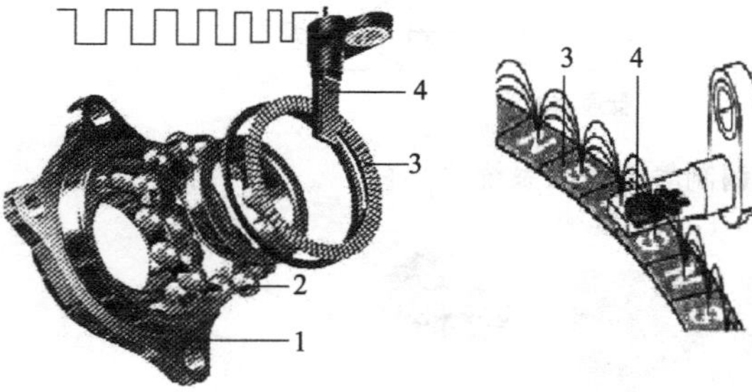


图 2.34　霍尔式轮速传感器的结构

1-轮毂；2-滚珠轴承；3-多极磁环；4-霍尔传感器

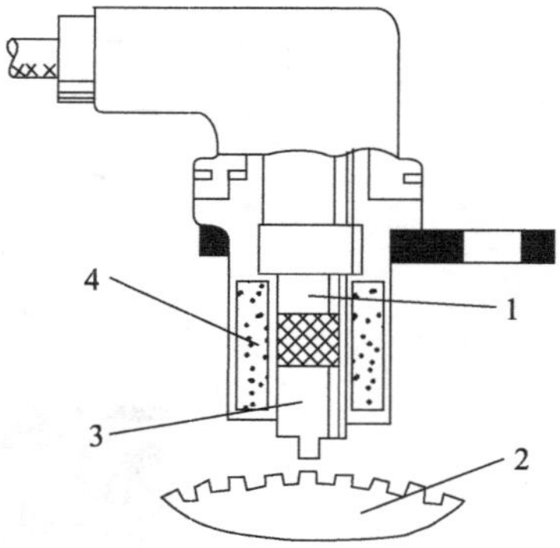


图 2.35　磁电式轮速传感器的结构

1-永磁体；2-齿轮转子；3-铁心；4-线圈

### 2.2.4　转向盘转矩传感器

无触点式转矩传感器工作原理，如图 2.36 所示，当转向盘处于中间位置(直线行驶)时，扭力杆的纵向对称面正好处于图示输出轴极靴 AC、BD 的对称面上，当在 U、T 两端加上连续的输入脉冲电压信号 $U_i$ 时，由于通过每个极靴的磁通量相等，因此在 V、W 两端检测

到的输出电压信号 $U_o$=0；当转动转向盘时，由于扭力杆和输出轴极靴之间发生相对扭转变形，极靴 A、D 之间的磁阻增加，B、C 之间的磁阻减少，各个极靴的磁通量发生变化，于是在 V、W 之间就出现了电位差。其电位差与扭力杆的扭转角和输入电压 $U_i$ 成正比。所以，通过测量 V、W 两端的电位差就可以测量出扭力杆的扭转角，即可得出转向盘上施加的转矩大小。

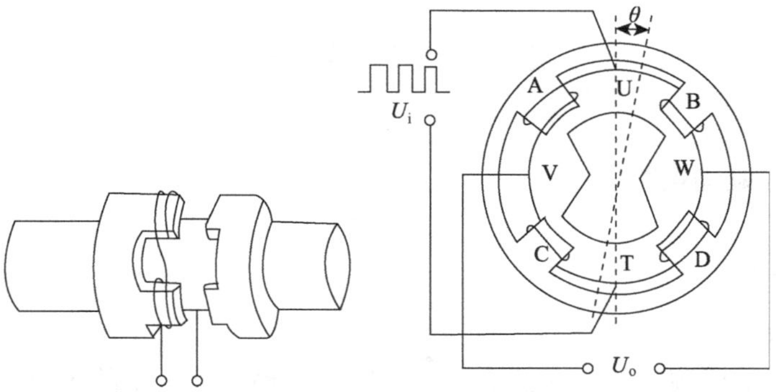


图 2.36　无触点式转矩传感器的结构及工作原理图

### 2.2.5　测距传感器

#### 1. 毫米波雷达传感器

毫米波雷达传感器利用目标对电磁波的反射来测定其位置和测距，雷达发射和接收装置以高精度的稳定发射频率和产生线性的频率调制。其功能包括：

(1) 产生高频雷达波，例如，频率为 76～77GHz。

(2) 同时分配和发射 3 个雷达波束。

(3) 接收从物体上反射回来的与发射波相对应的反射波，作用范围 2～150m。

(4) 对反射波进行预处理。

毫米波雷达测距的优点是探测性能稳定，与光学式相比，它不受对象表面形状和颜色影响；环境适应性能好，受雨、雪、雾、霾、阳光的干扰小，探测性能下降小。缺点是存在电磁波干扰问题，雷达彼此之间的电磁波或者其他通信电磁波都可能成为干扰因素。

#### 2. 激光雷达传感器

激光雷达传感器是一种光学雷达系统。它具有测量时间短、量程大、精度高等优点。激光雷达传感器采用直线方式探测，只对本车正前方障碍物反馈信号，对左、右车道上的障碍物不敏感，在许多领域得到了广泛的应用，但其缺点是对外部环境比较敏感。

#### 3. 图像传感器

利用图像传感器获取车辆前方道路环境图像，根据投影变换模型推导出单目测距算法，编写软件实现求解车距功能。视觉测距根据所用图像传感器数量分为双目系统和单目系统。双目视觉测距是基于三角测量的方法，模仿人类利用双目视差感知距离，但在处理过程中需要进行图像匹配，对硬件和算法要求高；单目视觉测距具有结构简单、成本低的优点，并节省了图像匹配的工作。

图像传感器是指电荷耦合器件(CCD)，CCD 摄像机优点是采用双目摄像系统模拟人体视觉原理，测量精度高。缺点是目前价格高，同时受到软件和硬件的限制，成像速度和图像处理较慢。

# 2.3　执行器驱动

## 2.3.1　驱动元件与驱动电路

1. MOS 管驱动

1) 喷油器驱动

场效应管是电压控制元件，它的输出电流取决于输入端电压的大小，基本上不需要信号源提供电流，所以它的输入电阻很高，可高达 $10^9 \sim 10^{14}\Omega$，已被广泛应用于开关与放大电路中。根据其结构不同可分为结型场效应管和绝缘栅场效应管(简称 MOS 管)两种，绝缘栅场效应管按其工作状态可以分为增强型与耗尽型两类，每类又有 N 沟道和 P 沟道之分。

32N06L 为大功率 N 沟道 MOS 管，漏极与源极之间的最高电压可达 60V，最大电流 32A。从图 2.37 可以看出，当 MOS 管导通时，喷油器上电工作；MOS 管截止时，喷油器停止工作。当喷油器突然关断时，其电磁线圈上会产生一个自感电动势，二极管 $D_{7.1}$ 起续流作用，能将这个自感电动势释放到蓄电池上，从而保护 MOS 管免受自感电动势的冲击。

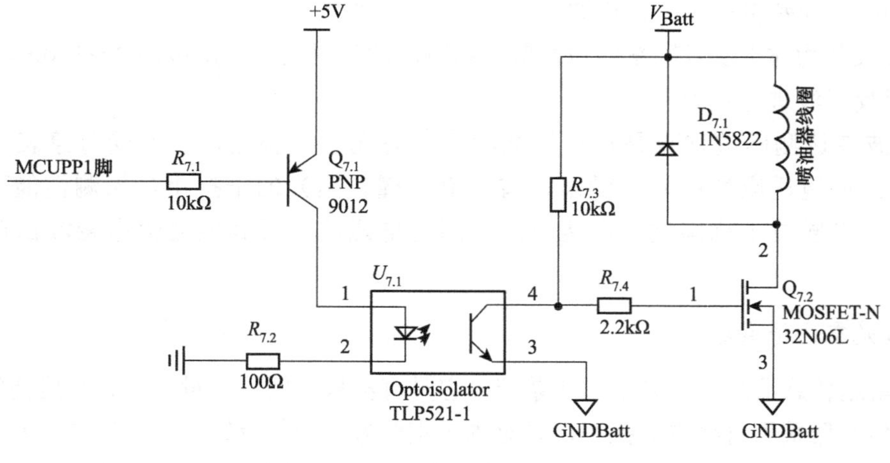


图 2.37　MOS 管喷油器驱动电路

2) 半桥电机驱动

由两只 MOS 管组成的半桥驱动电路如图 2.38 所示，当控制器输出控制信号使 $MOS_1$ 导通时，$MOS_2$ 截止，电机 M 工作。当控制器输出控制信号使 $MOS_1$ 截止时，$MOS_2$ 导通，电机 M 工作两端接地，停止工作。

3)全桥电机驱动

由四只 MOS 管组成的全桥驱动电路如图 2.39 所示，当控制器输出控制信号使 $MOS_1$、$MOS_4$ 导通，$MOS_2$、$MOS_3$ 截止，电机 M 工作，正向旋转。当控制器输出控制信号使 $MOS_1$、$MOS_4$ 截止，$MOS_2$、$MOS_3$ 导通，电机 M 工作，反向旋转，实现了正反向旋转控制。

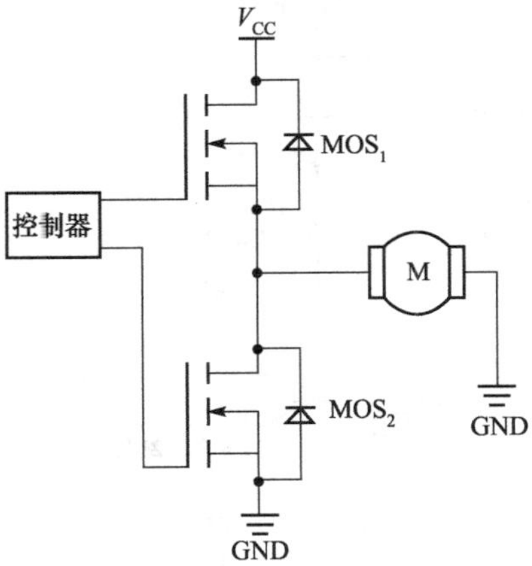


图 2.38 半桥电机驱动电路

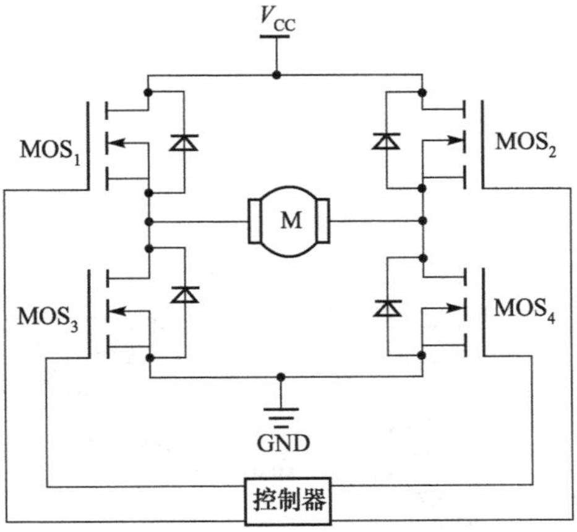


图 2.39 全桥电机驱动电路

4)无刷直流电机驱动

无刷直流电机驱动包括电机发电/电动驱动功能，驱动模块控制 $VT_1$、$VT_3$、$VT_5$ 以及 $VT_2$、$VT_4$、$VT_6$ 的开关状态实现电机发电/电动驱动功能，如图 2.40 所示。

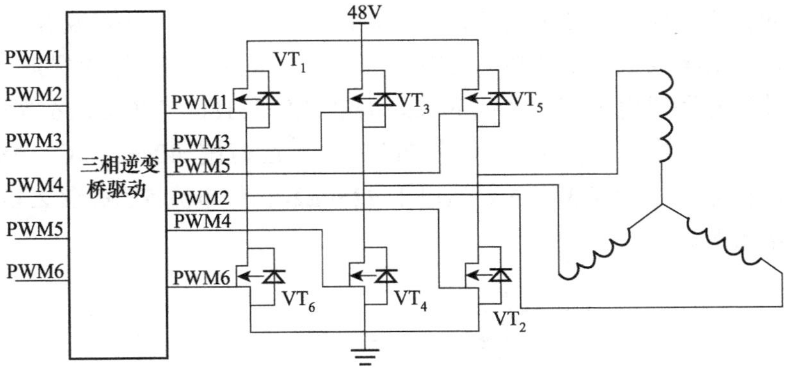


图 2.40 无刷直流电机驱动

2. IGBT 驱动

IGBT(Insulated Gate Bipolar Transistor)，也称为绝缘栅双极晶体管，是一种复合了功率场效应管和电力晶体管的优点而产生的一种新型复合器件，它同时具有 MOSFET 的高速开关及电压驱动特性和双极晶体管的低饱和电压特性，容易实现较大电流的驱动能力，既具有输入阻抗高、工作速度快、热稳定性好和驱动电路简单的优点，又具有通态电压低、耐压高和承受电流大的优点，工作频率可达到 10～40kHz，2500～3000V、800～1800A 的 IGBT器件已有产品，可供几千 kV·A 以下的高频电力电子装置选用，这使得 IGBT 成为近年来电力电子领域中尤为瞩目的电力电子驱动器件，并且得到越来越广泛的应用。

例如，BTS2140 是专门用于汽车点火系统的 IGBT，如图 2.41 所示。它集成了 ESD 和过压保护的功能。当输出高电平时，光电耦合器导通，IGBT 导通，电源迅速对初级点火线圈通电，经过一段时间后，点火线圈的电流达到饱和；输出低电平时，IGBT 截止，初级线圈开始放电，在次级点火线圈产生高电压，使火花塞点火。

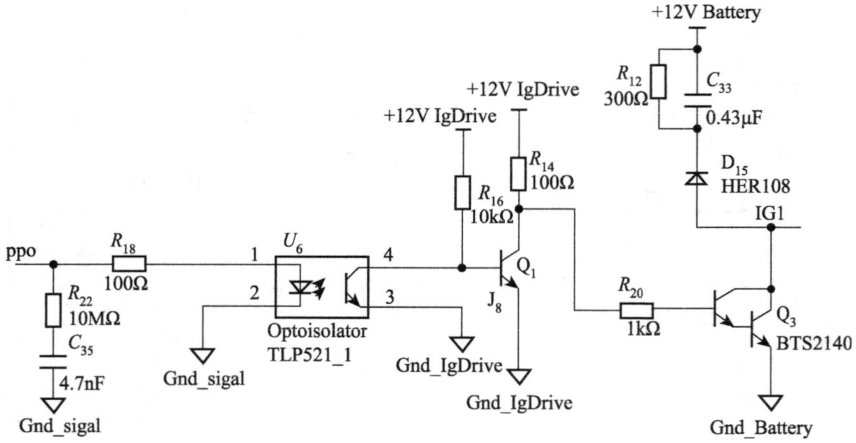


图 2.41　汽车点火系统 IGBT 驱动电路

### 2.3.2　集成驱动模块

上述驱动均为离散元件组成的驱动电路，为了提高驱动电路的可靠性和抗干扰性能，减少驱动器件的体积，便于微处理器直接驱动，Freescale、Infineon 以及 ST 推出了集成式功率驱动芯片，内部集成了电平转换、功率元件、温度检测、过压过流保护，如图 2.42 所示。直接与微处理器逻辑电平接口，如 Freescale 的 MC33186、MC33886 等均属于集成全桥电机驱动模块，工作电压 5～28V，频率 20kHz，温度范围-40～125℃。MC33186 导通电阻 150mΩ，工作电流 5A，MC33886 导通电阻 225mΩ，工作电流 5.2A，图 2.43 为 MC33886 电机驱动电路示意图。

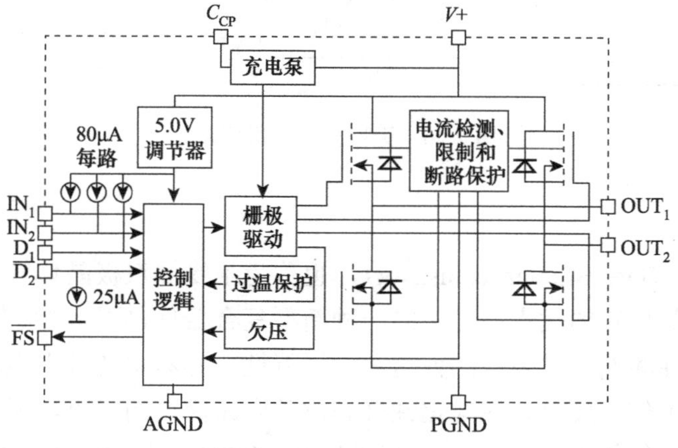


图 2.42　MC33886 内部集成

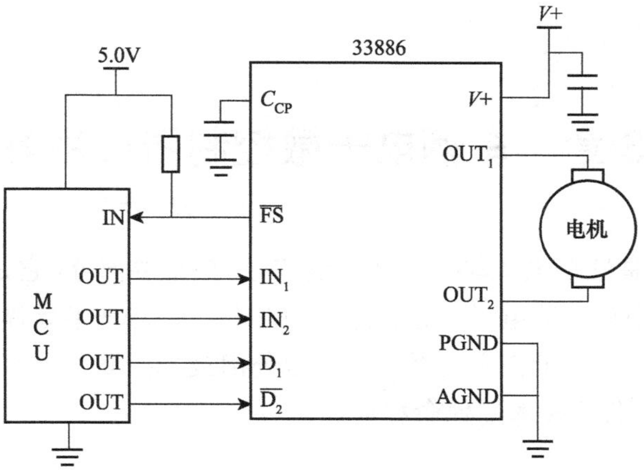


图 2.43　MC33886 电机驱动电路

## 习题与思考题

2-1　画图比较说明霍尔式转速传感器与磁电式转速传感器的传感原理。

2-2　画图说明 Pt100 热电阻的测温原理。

2-3　由于受到干扰，某传感器输出信号为 $(5\sin(100\pi t)+\sin(12\pi t))$ mV，请设计一个信号调理电路，调理后输出信号为 $5\sin(12\pi t)$ V，要求第一级放大和第二级放大均采用 OP07 芯片，利用 OP07 组成两级巴特沃斯滤波器，放大输入电阻均为 3.3kΩ，低通滤波 $C=0.01\mu\text{F}$，截止频率选为 7Hz，根据放大倍数，计算增益反馈电阻值和滤波 $RC$ 中的 $R$ 值，并以此设计并画出电路原理图，并完成该电路仿真。

2-4　利用 4 只 MOS 管驱动直流电机，画图表示并分析电机正反转驱动原理。

2-5　简要分析转矩传感器测量原理。

# 第 3 章　车辆电子微控制器应用基础

微控制器(MCU)是汽车电子与控制技术最核心、最重要部分，它是汽车控制器的大脑。目前汽车 MCU 主要来自瑞萨电子、恩智浦、微芯科技、意法半导体、英飞凌、德州仪器等，也就是说汽车电子控制最核心的器件主要被外国技术垄断，大家必须有清醒认识，肩负有发展和应用 MCU 芯片技术的使命和重任。

## 3.1　8 位微控制器的基本构架

微控制器(MCU)是将微型计算机的主要部分集成在一个芯片上，又称单片机。本书将以 Freescale 的 8 位车用单片机为基础，介绍 8 位微控制器的基本构架。8 位 Freescale 主流单片机，主要有三种不同的内核，分别为 CPU08、S08 和 RS08，这里主要介绍 S08 系列单片机。

S08 系列单片机主要是面向电池供电的便携式应用，它增加了一些新的指令以便于调试和开发，代码也和之前的 M68HC08 系列兼容。S08 内核加上一些存储器和外围模块就构成了不同系列不同型号的 S08 系列单片机，包括 MC9S08DZ 系列、MC9S08EN 系列、MC9S08GB 系列、MC9S08AW 系列及 MC9S08SL 系列等。不同系列的单片机其应用领域及侧重点不同，实际开发时当以片上资源及需求综合考虑后选择合适的单片机。以下内容将着重介绍 MC9S08DZ 系列单片机。

1. MC9S08DZ 系列单片机基本特性

MC9S08DZ 系列包括 MC9S08DZ60、MC9S08DZ48、MC9S08DZ32 及 MC9S08DZ16 四类单片机，它们是根据 Flash 存储器大小来分类的，具有低成本、性能优良的特点。MC9S08DZ 系列单片机的基本特性如表 3.1 所示。

**表 3.1　MC9S08DZ 系列单片机特性**

| 特性 | MC9S08DZ60 | | | MC9S08DZ48 | | | MC9S08DZ32 | | | MC9S08DZ16 | |
|---|---|---|---|---|---|---|---|---|---|---|---|
| Flash/字节 | 60032 | | | 49152 | | | 33792 | | | 16896 | |
| RAM/字节 | 4096 | | | 3072 | | | 2048 | | | 1024 | |
| EEPEOM/字节 | 2048 | | | 1536 | | | 1024 | | | 512 | |
| 管脚数量 | 64 | 48 | 32 | 64 | 48 | 32 | 64 | 48 | 32 | 48 | 32 |
| ACMP1 | 有 | | | | | | | | | | |
| ACMP2 | 有 | 有 | 无 | 有 | 有 | 无 | 有 | 有 | 无 | 有 | 无 |
| ADC 通道数 | 24 | 16 | 10 | 24 | 16 | 10 | 24 | 16 | 10 | 16 | 10 |
| DBG | 有 | | | | | | | | | | |
| IIC | 有 | | | | | | | | | | |

续表

| 特性 | MC9S08DZ60 | | | MC9S08DZ48 | | | MC9S08DZ32 | | | MC9S08DZ16 | |
|---|---|---|---|---|---|---|---|---|---|---|---|
| IRQ | 有 | | | | | | | | | | |
| MCG | 有 | | | | | | | | | | |
| MSCAN | 有 | | | | | | | | | | |
| RTC | 有 | | | | | | | | | | |
| SCI1 | 有 | | | | | | | | | | |
| SCI2 | 有 | | | | | | | | | | |
| SPI | 有 | | | | | | | | | | |
| TPM1 通道数 | 6 | 6 | 4 | 6 | 6 | 4 | 6 | 6 | 4 | 6 | 4 |
| TPM2 通道数 | 2 | | | | | | | | | | |
| XOSC | 有 | | | | | | | | | | |
| COP Watchdog | 有 | | | | | | | | | | |

2. MC9S08DZ60 单片机基本架构

1) 单片机管脚分配

MC9S08DZ 系列单片机有 3 种封装形式：64-pin LQFP (Low-profile Quad Flat Package，低轮廓四面扁平封装)、48-pin LQFP 和 32-pin LQFP。典型 64-pin LQFP 的管脚分配如图 3.1 所示。关于这些封装的尺寸可以参考单片机数据手册内的机械图。

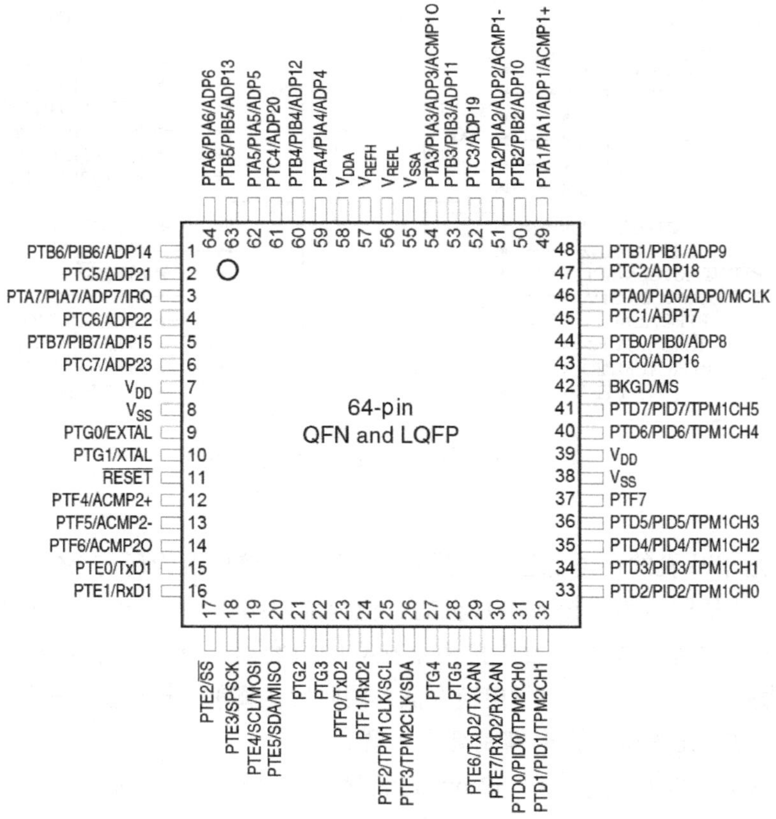


图 3.1 64-pin LQFP 管脚分配

2) 单片机最小系统连接

图 3.2 所示为 64-pin 封装最小系统连接原理图。

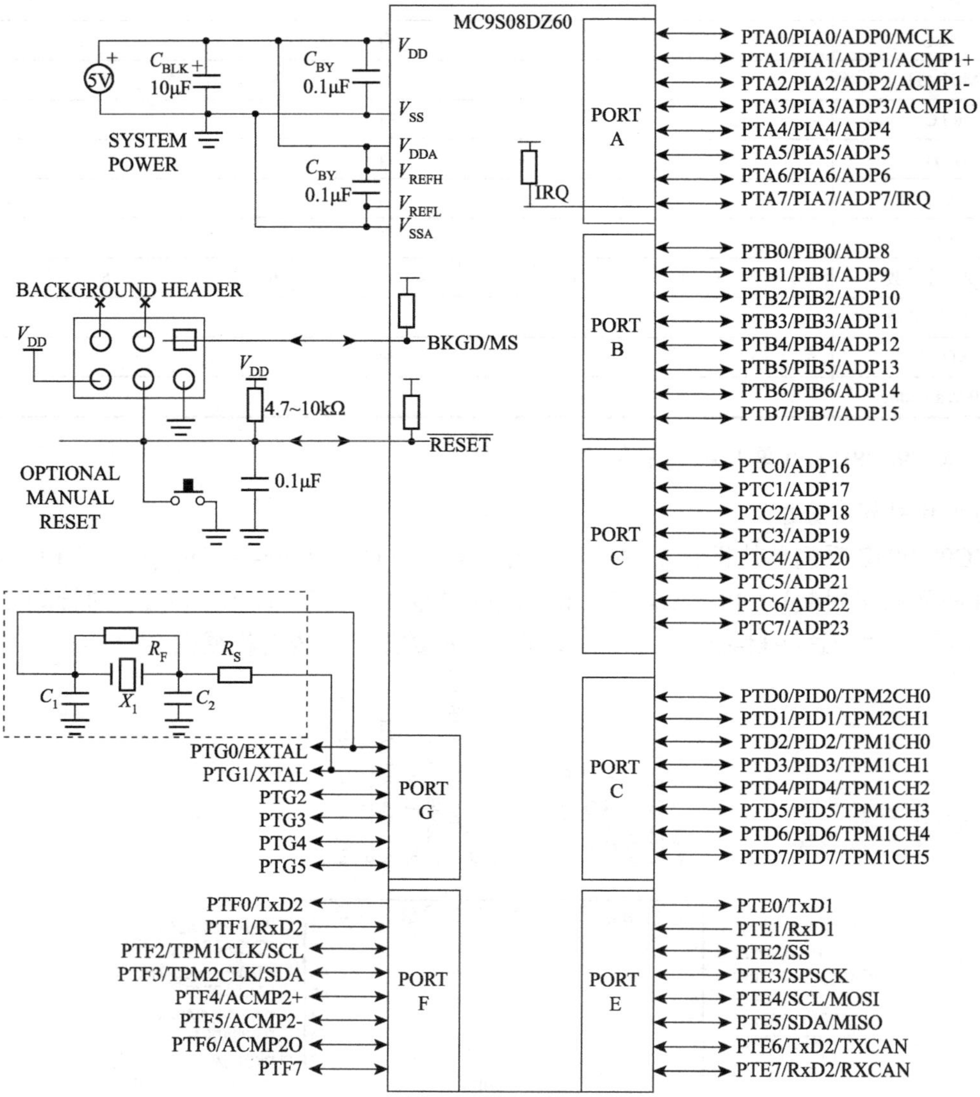


图 3.2　64-pin 封装最小系统连接图

(1) 电源。

$V_{DD}$和 $V_{SS}$是单片机的主电源管脚，采用 5V 供电，该电源为所有 I/O 缓冲电路和内部稳压器供电。内部稳压器为内核及单片机的其他内部电路提供一个经稳压的低电压电源。通常，最小系统的电源管脚上需要连接两个独立的电容器，其中一个为大容量电容器(如 10μF 钽电容)为整个系统提供大容量电荷存储，同时应在离单片机电源管脚尽可能近的地方连接一个 0.1μF 的陶瓷旁路电容来抑制高频噪音。

MC9S08DZ60 有两个 $V_{DD}$ 管脚(32-pin 封装除外)，每个管脚都必须有一个旁路电容器以实现最有效的噪音抑制。$V_{DDA}$ 和 $V_{SSA}$ 是 MCU 的模拟电源管脚，该管脚引入的电源为

ADC 模块供电，同样在离该电源管脚尽可能近的地方安装一个 0.1μF 陶瓷旁路电容器来抑制高频噪音。

(2) 晶振。

复位完成后，单片机立即开始由多功能时钟生成器(MCG)模块提供内部时钟。该单片机中的振荡器(XOSC)为皮尔斯振荡器，可以支持晶体和陶瓷谐振器。除了晶体或陶瓷谐振器外，还可以将一个外部振荡器连接到 EXTAL 输入管脚上。如图 3.2 所示，$R_S$ 和 $R_F$ 必须采用低电感电阻器，如碳膜电阻器，而不能采用感应系数过高的线绕和金属薄膜电阻器，$C_1$ 和 $C_2$ 必须使用专为高频应用设计的高质量陶瓷电容器，$R_F$ 用来提供偏置路径以使晶体启动过程中将 EXTAL 输入保持在线性范围内，一般系统采用 1MΩ 至 10MΩ 之间。$C_1$ 和 $C_2$ 一般采用 5pF～25pF 的电容，并且必须满足匹配特定晶体或谐振器的要求。在选择 $C_1$ 和 $C_2$ 时必须考虑印刷电路板的电容和单片机管脚的电容，晶体生产商一般都规定了一个负载电容 $C_1$ 和 $C_2$ 的系列组合。按照一次近似原则，应使用 10pF 作为每个振荡器管脚(EXTAL 和 XTAL)的管脚和电路板总电容的估计值。

(3) 复位。

RESET 是一个专用管脚，带有内置的上拉电阻，它有输入电压迟滞器、大电流输出驱动器，但没有输出斜率控制。由于存在内部加电复位电路和低压复位电路，因此在一般情况下不必使用外部复位电路。该管脚通常连接到标准的 6 脚背景调试接头，以保证开发系统可以直接复位 MCU 系统。如果需要，可以增加一个到地线的简单开关(拉低复位管脚以强制进行复位)来实现外部手动复位。在任何情况下触发复位时(不管是由外部信号还是内部系统)，RESET 管脚都会下拉大约 34 个总线周期。复位电路通过设定系统控制和状态寄存器(SRS)中相应的位来记录引起复位的原因。

(4) 背景调试和模式选择。

BKGD/MS 管脚在进行复位的过程中作为模式选择功能管脚，在复位信号上升沿后，该管脚立即用作背景调试管脚而用于背景调试通信。当作为背景调试或模式选择功能管脚时，该管脚包括一个内部上拉电阻、输入电压滞后器、标准的输出驱动器，而没有输出斜率控制功能。如果没有任何器件连接到该管脚上，单片机将在复位的上升沿进入正常操作模式。BKGD/MS 管脚主要用于和背景调试控制器(BDC)通信。该通信过程中使用一种定制的协议，该协议在每个比特时间周期内使用目标单片机的 BDC 时钟的 16 个时钟周期。目标单片机的背景调试控制器时钟可以和总线时钟速率一样快，因此在任何情况下都不应将大电容器件连接到 BKGD/MS 管脚，否则容易干扰背景调试串行通信。虽然 BKGD/MS 管脚是一种准开漏管脚，但背景调试通信协议可以提供瞬间、主动驱动的高速脉冲来确保快速上升沿，电缆上的小电容和内部上拉电阻参数几乎不会影响 BKGD/MS 管脚上的上升沿和下降沿时间。

(5) ADC 模块参考管脚。

$V_{REFH}$ 和 $V_{REFL}$ 管脚分别是 ADC 模块的电压参考高端和电压参考低端的输入管脚。

(6) 通用 I/O 和外设端口。

MC9S08DZ60 系列单片机最多可提供 53 个通用 I/O 管脚和 1 个专用输入管脚。这些管脚和片上外设(定时器、串行 I/O、ADC 及 MSCAN 等)共享。当一个端口管脚被配置为通用输出或者某外设使用该端口管脚作为输出时，通过软件可以选择两种驱动强度之一，并同时启用或禁用斜率控制。当一个端口管脚被配置为通用输入或某外围设备使用该端口管脚作为输入时，软件可以选择一个上拉器件。复位完成后，所有这些管脚被立即配置为高阻抗通用输入(内部上拉器件被禁用)，当一个片上外围系统控制管脚时，即使该外设通过控制该管脚的输出缓冲器的启用来控制管脚方向时，仍由数据方向控制位决定从端口数据寄存器中读取内容。

## 3.2　8 位单片机电子控制单元硬件设计

以发动机喷油控制为例简要说明 8 位单片机电子控制单元硬件设计。发动机喷油控制系统 ECU 原理图，主要包括飞思卡尔 MC9S08DZ60 单片机及其外围电路，电源模块、调试模块、串口模块和喷油器驱动模块。下面将分别讨论各个模块的功能。

图 3.3 为 MS9S08DZ60 芯片及其外围电路原理图，包括 MS9S08DZ60 单片机、晶振及其外围电路，旁路电容 $C_1$ 和去耦电容 $C_2$、$C_5$、$C_6$。旁路电容是为本地器件提供能量的储能器件，它能使稳压器的输出均匀化，降低负载需求。去耦电容起到一个电池的作用，满足驱动电路电流的变化，避免相互间的耦合干扰。

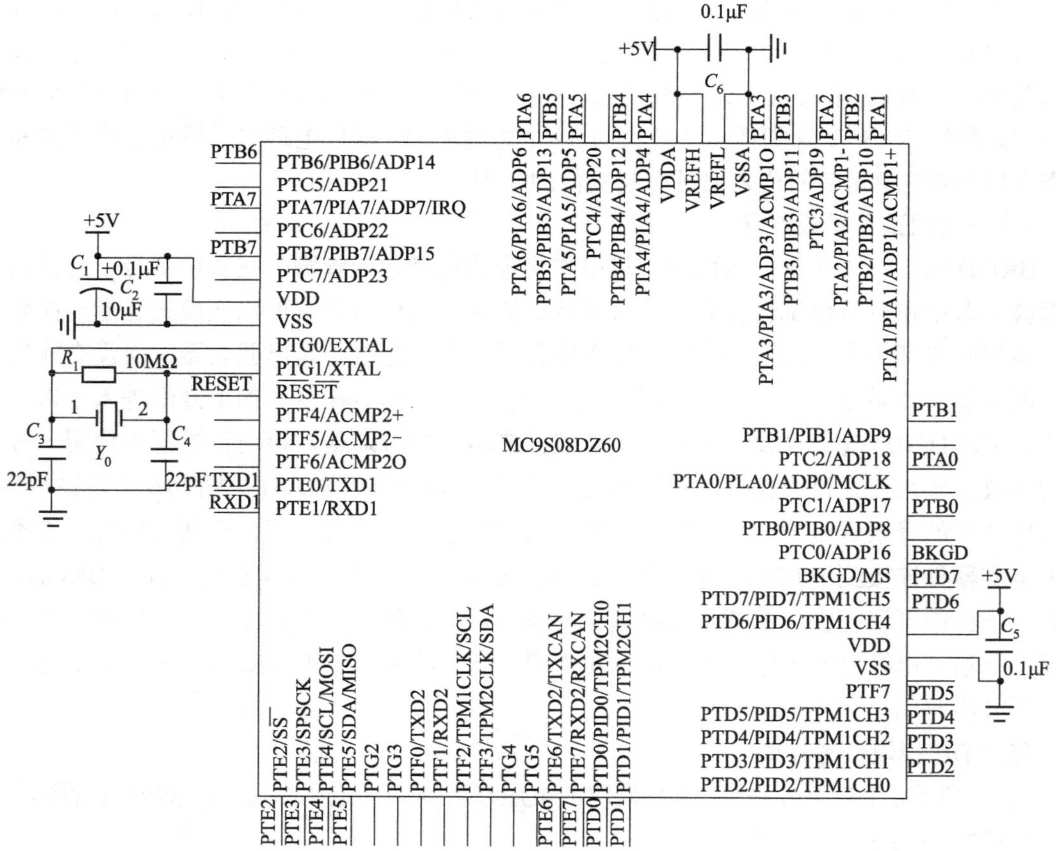


图 3.3　MS9S08DZ60 芯片及其外围电路原理图

图 3.4 为电源模块原理图，主要包括电源指示灯 LED、78M05 芯片和其外围电路，实现 12V 转 5V 供电的功能，为单片机供电。

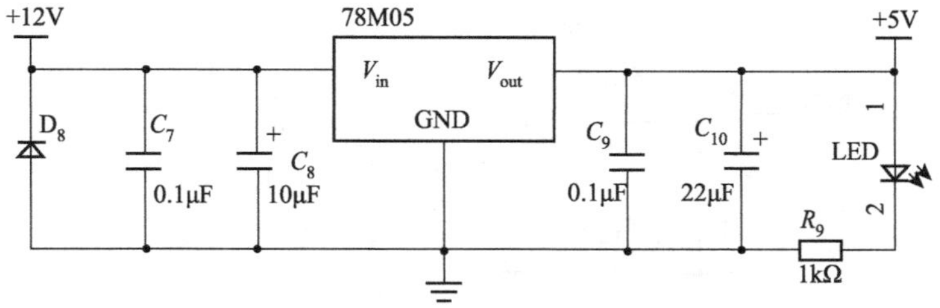


图 3.4　电源模块原理图

图 3.5 为调试模块原理图，主要包括 BDM 烧写芯片及其外围电路和 RESET 复位按键，可以通过此模块实现程序的烧录。BDM 串行接口通过 BKGD 引脚和外部主机进行单线通信，该引脚需要一个外部控制器在 BKGD 引脚上产生一个下降沿来指示位通信的开始，每一位的传递需要至少 16 个 E 时钟周期。BKGD 是一个漏极开路驱动的引脚，平时靠内部上拉电阻维持高电平。可以被外部控制器或者 MCU 驱动。如果在两个下降沿之间的时间超过 512 个 E 时钟周期则会产生超时，此时硬件将清除命令寄存器。

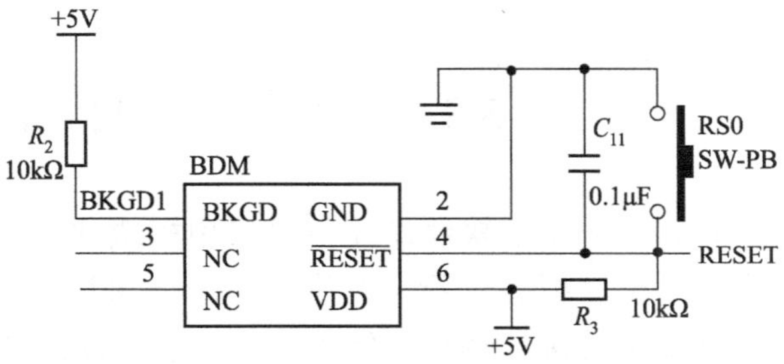


图 3.5　调试模块原理图

图 3.6 为串口模块原理图，主要包括 DS14C232CN 芯片及其外围电路和 RS-232 串口，可以通过此串口与上位机串口调试助手配合，来调试编译通过的程序的逻辑是否正确，是否达到预期效果。

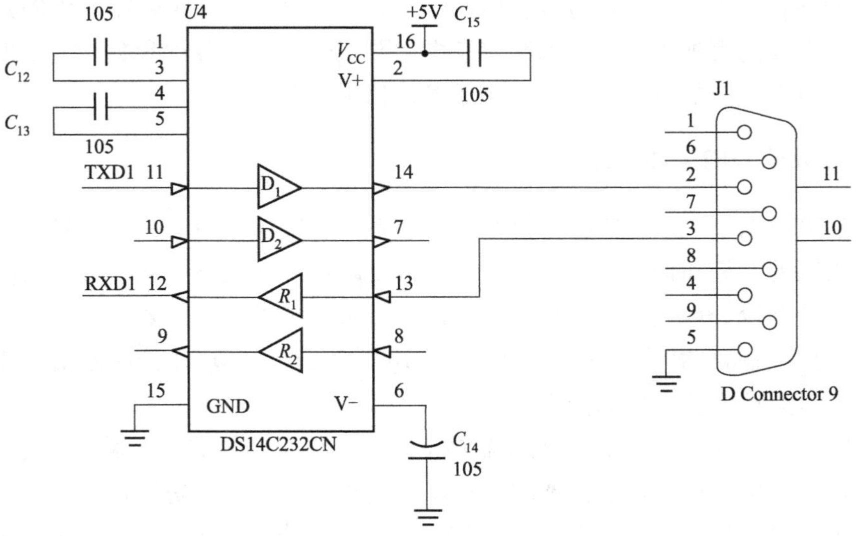


图 3.6　串口模块原理图

图 3.7 为其中一路喷油驱动模块原理图，通过驱动 MOS 管的通断来控制喷油器的开启和关闭，以实现喷油器喷油的控制。

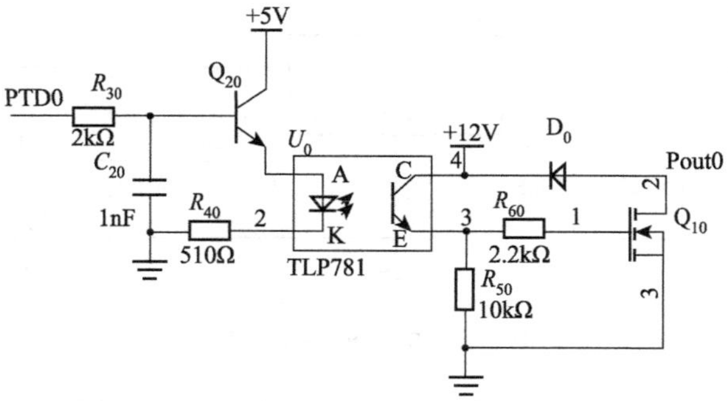


图 3.7　喷油驱动模块原理图

## 3.3　车辆电子控制软件设计与编程基础

车辆电子控制软件设计一般采用模块化结构，包括主程序、子程序设计。程序设计思路利用程序框图表示。程序编写一般采用 C 语言和汇编语言编写，程序编写完成后利用调试工具进行调试、修改。这里主要以发动机电子控制为例，说明控制软件设计与编程。

在设计软件前，首先需要对软件要实现的功能进行分析，在明确了设计需求之后，就可以开始对软件的总体结构进行设计。车辆电子控制的任务就是根据各传感器的信号来检测被控对象的工况，然后根据所处的工况采取相应的控制策略，决定输出的控制量，一般情况下软件采用主程序加中断程序的结构。

控制软件在整个控制系统中的作用是十分重要的。主要实现以下功能：采集反映发动机实时工况的各种传感器输入信号，用预置在 ECU 中的程序和标定数据区内的数据进行分析处理，得出所需的喷油正时、喷油脉宽和燃油泵工作时间等各种参数的控制值，然后生成控制信号来驱动相应的执行器工作，满足发动机工况要求。

### 3.3.1　电控单元软件的总体设计

电子燃油喷射系统是一个实时性很强的控制系统。发动机涉及的工况参数可变，对于发动机控制策略的实施和调整，都必须能够适应发动机工作状态变化的实时性。因此，控制系统的软件能够较好地控制发动机的运行，就必须满足以下两个要求：

(1)满足电控燃油喷射系统的实时性。这种实时性又具体体现在控制系统完成各个任务的实时性和及时处理随机事件的能力。

(2)软件要具有完备性，即系统软件能够正确地体现发动机的实际运行状态，并针对某种具体情况做出正确的控制，这就要求软件具有完善的工况判断功能。

在这里采用“前景/后景”的软件结构能较好地满足电子燃油喷射系统的实时性要求。“前景/后景”的设计思路是将实时性要求高的处理过程作为“前景”，它们会立即得到 MCU

的响应；而前台程序执行所需要的各种参数的计算以及其他实时性要求不高的部分，则放在“后景”中进行。

基于这样的设计思路，系统软件包括主程序、中断服务程序和任务服务程序三个部分。

主程序的主要功能是建立工作环境、系统的初始化和进入主循环部分。系统的初始化包括系统时钟的设置，实时中断和其他中断的设置，各模块和 I/O 口的功能设置，控制基本参数的赋初值和开中断等。当开中断后，所有已经设置好的中断功能都会开始工作。在主循环中，主要是重复执行任务服务函数。

中断服务程序中包括转速信号处理、喷油信号的输出控制、实时中断和看门狗中断等中断服务程序。系统可能会同时接到两个或两个以上的中断申请信号，这时就需要用中断优先级来控制处理流程。转速信号对电子燃油喷射系统极其重要。当前台程序发生中断冲突时，MCU 应最先响应转速信号引起的中断，获取最新的转速信息，而其他没有特殊实时性要求的中断申请，其优先级可以排在转速捕捉中断的后面。因此，确定前台中断优先级的基本原则是转速信号输入捕捉中断优先级最高，其他中断申请优先级较低。这点可通过可屏蔽中断最高优先级设定寄存器的设置来实现。

任务服务程序采用定时循环的设计模式，包括各模拟量的周期性采集和 A/D 变换的换算，以及所有对实时性要求不严格的周期性计算过程，比如喷油信号脉宽的计算以及喷油脉宽修正系数的计算等。

另外，考虑到程序调试的方便性和移植性，将设计的各功能程序实现模块化。模块化程序设计方法通过分解和抽象的手段，把一些复杂的问题分解成许多子问题，针对多个子问题编写相应的模块。所有的模块具有清晰的结构、清晰的层次和界面，缩短了研发周期。功能相同的模块可以重复利用，模块化设计可以提高程序研发效率。同时每个模块具有独立性，使得一个模块发生故障而不至于扩散到整个系统，可以提高系统的可靠性，而且每个模块规模都比较小，便于程序的维护和修改。

### 3.3.2　主要功能模块的设计

#### 1. 主程序

主程序是控制软件的中心模块。它包括控制系统上电后的初始化程序和一个主循环体。上电后，整个程序的执行是从主函数 main()开始的，通过这个程序来调度其他功能程序的执行。

具体来说，初始化程序的功能包括：所有采样及相关变量的初始化；系统工作时钟的设置；单片机内部各工作模块的控制寄存器的设置，如 A/D 转换系统、定时器、PWM 模块及 SCI 串口通信模块等；中断使能。

初始化后进入程序的主循环，主循环程序中主要是任务服务函数。由于循环是无穷尽的，因此，任务处理函数被无限地循环，直到实时中断的产生，程序退出主循环，重新进入初始化。当然，当程序处于主循环的过程中，会由于硬件引发 ECU 执行相应的服务程序。这些中断服务程序会激活一些任务进入执行队列。所有这些中断服务程序和任务的协调工作就能实现发动机的控制。

### 2. 工况模式处理程序

实施发动机控制时必须先确定发动机所处的工况，然后才能通过不同的控制手段对其实施有效控制。发动机针对不同工作状态的控制策略将主要在该模块及其子模块中得到体现。

要确定发动机当前的工况，常用的有两种方法。第一种是根据各工况的描述条件，检查当前工况符合哪些条件，由此确定工况状态。这种做法引发的问题是由于需要判断的因素较多，特别是有时工况转换并不能仅依赖状态量来判断，而且与当前所处工况有关。第二种就是以当前工况状态作为工况转移的出发点，依据是某工况只能转移至另一种或几种特定工况。

具体的各工况间的转移情况如图 3.8 所示，其中常规工况包括稳定工况和加/减速工况。在上一次工况判别的基础上，可以只考虑几项与它相关的工况转移方向。

停止工况是为了避免转速持续过低，喷油过多造成淹缸而设定的一个工况状态。当转速提高到某一限定值时，则会进入启动工况；如果在一段时间内，转速始终达不到限定值则会回到停止工况。如果启动成功将进入怠速工况，否则就会回到停止工况。进入怠速工况后，如果由于负载过大造成转速过低，则会回到停止工况。怠速工况后可能进入常规工况。发动机一般大多数时间运行在常规工况下。常规工况下由于转速降低有可能回到怠速工况甚至是停止工况。如果转速升高超过限速转速，则会进入限速工况。限速工况是为了限制速度而设置的，当发动机转速达到接近设定的上限时，要使供油量随着转速上升而减小，从而限制转速的继续上升。在限速工况下如果转速下降，则会回到常规工况。

工况模式处理程序的流程图如图 3.9 所示。以全局变量 A_MODE 作为工况特征变量，取值不同，代表发动机处于不同的工况。

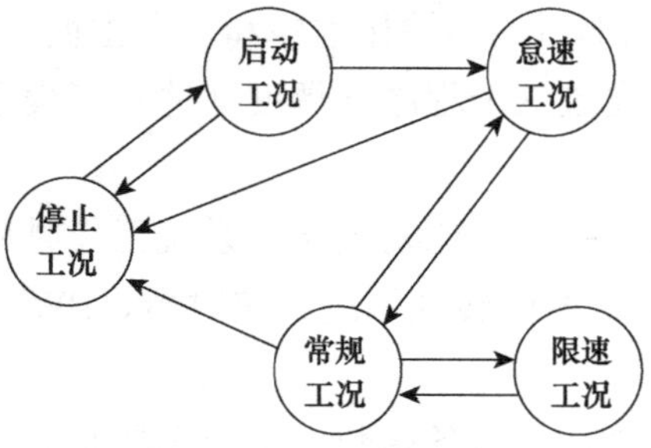


图 3.8　各工况状态转换示意图

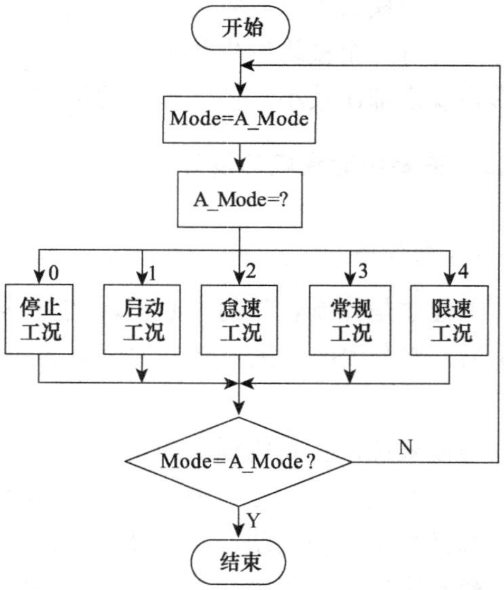


图 3.9　工况模式处理程序的流程图

工况模式处理步骤如下：

(1) 根据测量得到的节气门开度及变化率和发动机转速判断发动机当前的工况模式，并按该模式进入对应的子任务。

(2) 在进入任一工况处理任务后，对当前工况做出进一步的判断。如果工况条件已经属于另一工况模式，则对工况模式做出修改，返回上一步，否则进入下一步。

(3) 按照本工况既定的控制策略，实现当前发动机对供油要素的确定。主要是确定每次供油量。

在实际应用时，对各工况间的转换条件作细致的描述，即对工况的区分做更细致的处理。一般来说，对工况的区分做得越细致，则对发动机的控制策略就越有针对性，这将改进控制效果。

基于 MC9S08DZ60 微控制器的发动机怠速工况喷油器控制思路见图 3.10，参考程序如下：

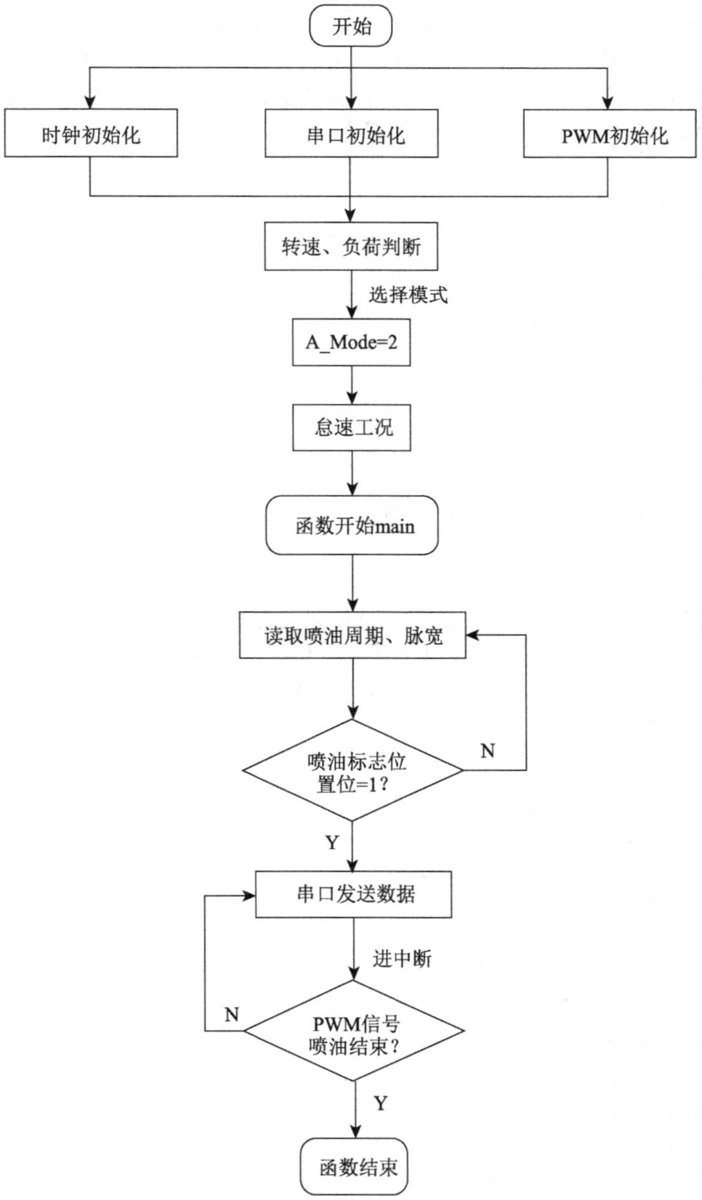


图 3.10 发动机怠速工况喷油控制程序框图

怠速工况喷油控制程序

```
#include <hidef.h>        /* for EnableInterrupts macro */
#include "derivative.h"   /* include peripheral declarations */
#include <MC9S08DZ60.h>   /* derivative information */

#define INBUF_LEN 6       /* 数据长度 */
/***********************************************/
/* global variables definitions 全局变量 */
/***********************************************/
byte inbuf1[INBUF_LEN]; //怠速工况 喷油参数：周期、喷油脉宽、喷油次数
byte inbuf2[INBUF_LEN]; //停止工况 喷油参数：周期、喷油脉宽、喷油次数
byte inbuf3[INBUF_LEN]; //启动工况 喷油参数：周期、喷油脉宽、喷油次数
byte inbuf4[INBUF_LEN]; //常规工况 喷油参数：周期、喷油脉宽、喷油次数
byte inbuf5[INBUF_LEN]; //限速工况 喷油参数：周期、喷油脉宽、喷油次数
byte read_flag=1;       //串口读取完成标志
int count=0;            //喷油计数器
int count1=0;
byte i=0;
uint  A_Mode;           //全局变量
void MCGInit(void)      //多功能时钟发生器初始化
{
   MCGC1=0b10100000;
   MCGC2=0b01110100;
}

void SCIInit(void)      //SCI 初始化
{
  SCI1BDH=0x00;         //波特率=BUSCLK/(16*BR)
  SCI1BDL=0x34;         //波特率 BAUD 设置为 9600
  SCI1C1=0x00;          //数据长度为 8 位，等待模式停止，无奇偶校验
  SCI1C2=0x2C;          //使能接收、发送、接收中断
  SCI1C3=0x00;
}

void PWMInit(void)
{
  TPM1CNT=0;
  TPM2CNT=0;
  TPM1MOD=inbuf1[0]*125-1;
  TPM2MOD=inbuf1[0]*125-1;    //20ms,1ms 对应 125 个脉冲
  TPM1C0SC=0b00100100;
  TPM1C1SC=0b00100100;
  TPM2C0SC=0b00100100;        //5:边缘对齐;32:低脉冲
  TPM2C1SC=0b00100100;
  TPM1C0V=(inbuf1[0]-inbuf1[3])*125;
  TPM1C1V=(inbuf1[0]-inbuf1[4])*125;
  TPM2C0V=(inbuf1[0]-inbuf1[1])*125;
```

```
    TPM2C1V=(inbuf1[0]-inbuf1[2])*125;
    TPM1SC=0b11001110;            //5:边缘对齐;43:总线时钟 8M;210:64 分频，脉冲 8μs
    TPM2SC=0b00001110;
  }
  void SCI_send_char_com(byte ch) //SCI 发送字符
  {
    SCI1D = ch;
    while(SCI1S1_TDRE!=1);        //等待 TDRE 置位，确认数据被传送到发送移位器
  }

  void SCI_send_string_com(byte *str,word strlen)   //SCI 发送字符串
  {
    word k = 0;
    for(k=0;k<strlen;k++)
    {   SCI_send_char_com(*(str+k));  }
  }
  void main(void)
  {
    uint  Mode;
    inbuf1[0]=0x00;
    inbuf1[1]=0x00;
    inbuf1[2]=0x00;
    inbuf1[3]=0x00;
    inbuf1[4]=0x00;
    inbuf1[5]=0x00;
    Mode=2;
    MCGInit();
    SCIInit();                        /* 初始化串口 */
    EnableInterrupts;                 /* enable interrupts */
    /* include your code here */
    for(;;)
    {
       A_Mode=Mode;
         if(read_flag&&A_Mode==2)                //标志位置位，判断工况为怠速工况，
串口发送喷油相关数据
         {
            read_flag=0;
            SCI_send_string_com(inbuf1,INBUF_LEN);
            count=0;
            count1=0;
          }
         __RESET_WATCHDOG(); /* feeds the dog */
        }

  }

   interrupt  VectorNumber_Vsci1rx void Int_Vsci1(void)       //中断子程序
```

```
{
  byte ch,i;
  for(i=0;i<6;i++)
  {
    while(!SCI1S1_RDRF);
    ch = SCI1D;
    inbuf1[i]=ch;
  }
  read_flag = 1;
}
interrupt  VectorNumber_Vtpm1ovf void Int_VPWM(void)        //中断子程序
{
  count++;
  if(count>100)
  {
    count=0;
    count1++;
  }
  if(count1<inbuf1[5])
  {
    TPM1SC_TOF=0;
    TPM2SC_TOF=0;
  }
  else
  {
    TPM1SC=0x00;
    TPM2SC=0x00;
  }
}
```

### 3.3.3　软件开发环境

本书选用的控制芯片 MC9S08DZ60 支持 C 语言编程，因此，软件选用 C 语言来进行编写。与汇编语言相比，C 语言具有源程序易读性强、库函数丰富、移植性好以及易于修改等优点。

进行 MCU 软件的开发需要有专门的开发环境，这里介绍 CodeWarrior 的使用。CodeWarrior 是 Metrowerk 公司开发的软件集成开发环境。Freescale 所有系列的微控制器都可以在 CodeWarrior IDE 下进行软件开发。CodeWarrior 可以在不同的操作系统(包括 Windows、Macintosh 和 Linux)下使用，而且在这些操作系统下的界面完全相同。CodeWarrior 不仅支持 C 语言，还支持汇编语言、C++和 Java 高级语言。CodeWarrior 支持深入的 C 语言和汇编语言调试：启动/停止、单步、设置跟踪出发器、校验/修改存储器以及执行其他仿真功能。

1. CodeWarrior 调试工具

在 CodeWarrior 软件中进行喷油控制程序的设计，界面如图 3.11 所示。设计好程序后保存，点击▦，CodeWarrior 软件自动编译设计好的程序，如果无语法错误则通过编译。确认电控 ECU 上电后，点击 CodeWarrior 软件的 DEBUG 键，即可下载并调试程序。

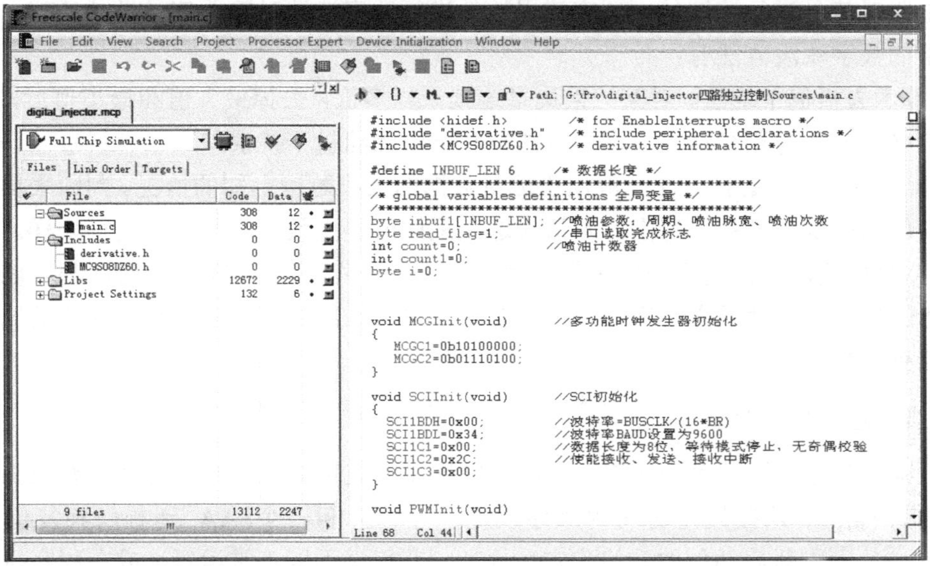

图 3.11 CodeWarrior 程序设计与调试界面

2. 单片机存储空间分配

在 CodeWarrior 开发环境下，MCU 存储空间的分配是通过一个后缀为 PRM 的文件来实现的。在 PRM 文件中，可以根据实际需要将 MCU 的存储空间划分成不同的区域，然后利用特定的指令#pragma 把不同的程序和数据存放在相应的存储区域内。

3. 中断向量的处理

Metrowerks CodeWarrior 开发环境提供了两种处理中断向量的方式：

(1) 利用标识符“interrupt”和中断向量号直接在主程序中进行编写中断程序，具体格式为：interrupt 中断向量号中断服务程序名。这样当中断发生时，就能根据中断向量号来执行相应的中断服务子程序，不过前提是必须知道单片机各中断源的对应中断向量号。

(2) 写中断向量表。在中断向量表中将各个中断服务子程序的名称写入到相应中断源的向量地址内，具体格式为：VECTOR 中断向量号 中断服务程序名。然后把中断向量表放入 PRM 文件。同时，软件中所有中断子程序前都要加上标识符“#pragma TRAP_PROC”，以区分中断子程序和非中断子程序。

### 3.3.4 软件抗干扰措施

由于车用发动机控制系统所受干扰的复杂多样性，尽管采取了硬件上的措施加以抑制，但为了进一步确保系统的高度可靠性，需在软件中也采取一定措施。MCU 系统受到干扰时，会造成程序运行失常，导致程序飞出数据区及工作寄存器中数据破坏，甚至会输出错误的控制信号导致发动机无法正常工作。在具体软件编写过程中采取了如下的抗干扰措施。

1. 数字滤波

传感器信号输入时，容易受到干扰。为了消除传感器信号中的干扰信号，除了用前述的硬件电路对信号进行滤波外，还应该用软件进行数字滤波对输入信号做预处理。

常用的数字滤波方法有：

(1)算术去极值平均法。对某一采集量连续采样多次，去掉最大值和最小值后，对剩下的数据取平均值作为测量结果。这种方法有利于消除随机干扰误差。

(2)极值判别法。这种方法一般用于测量数据的大小范围已知的情况。判断采样值是否超出正常值的范围，若超出范围，则认为这次采样值是无效的，并重新进行采样。

(3)重复检测法。控制系统所采集的模拟量信号，相对于 A/D 转换时间都可以看作是缓慢变化的信号，连续采样两次，其值不会变化很大，因此可通过两次采样值的比较来判断信号的有效性。

2. 启动看门狗定时器

看门狗定时器是一种允许 MCU 从故障中恢复的装置。当 MCU 内部的看门狗定时器开始计时，程序必须在规定时间内顺序发送一个$55 和一个$AA 到看门狗复位寄存器 ARMCOP，从而重新启动新的看门狗定时周期。若程序不能正常运行，或在程序执行过程中没能及时对看门狗定时器进行清零，看门狗定时器发生溢出，就会产生一个 COP 复位。复位进而有可能清除原先导致程序发生异常的错误。干预指令必须发送得足够紧凑，以预防看门狗定时器在正常程序的运行期内溢出。若干个$55 和$AA 的重启序列对可以有策略地放置在程序的关键入口处。

3. 设置软件陷阱

当程序因干扰而跑飞时，程序落到非程序区，如 EPROM 中未使用的空间或程序中的数据表格区。为了使程序回到正常的操作，可以采用设置软件陷阱的做法，在未使用的中断向量区、未使用的程序存储空间和表格区设置强制跳转指令，使程序强制跳转到程序的入口处。

## 3.4　RS232 通信软件设计

### 3.4.1　RS232 通信基本原理

在 MC9S08DZ60 芯片中，用 SCI 表示 MCU 的串口通信模块，MC9S08DZ60 系列中的所有 MCU 都包括 SCI1 和 SCI2(也有用 SCI0 和 SCI1，具体根据电路图上标注来进行程序设计)，SCI1 模块的 TxD1 和 RxD1 管脚一般作普通 IO 口或者 TxD1 和 RxD1；SCI2 模块的 TxD2 和 RxD2 管脚的位置可以在软件控制下重新安排，如图 3.12 所示。

SCI 有 8 个 8 位寄存器，来控制波特速率、选择 SCI 选项、报告 SCI 状态和发送/接收数据。以 SCI1 模块为例，一般运用比较频繁的有：SCI 波特率寄存器(SCI1BDH、SCI1BDL)、SCI 控制寄存器 1(SCI1C1)、SCI 控制寄存器 2(SCI1C2)、SCI 状态寄存器 1(SCI1S1)、SCI 数据寄存器(SCI1D)。

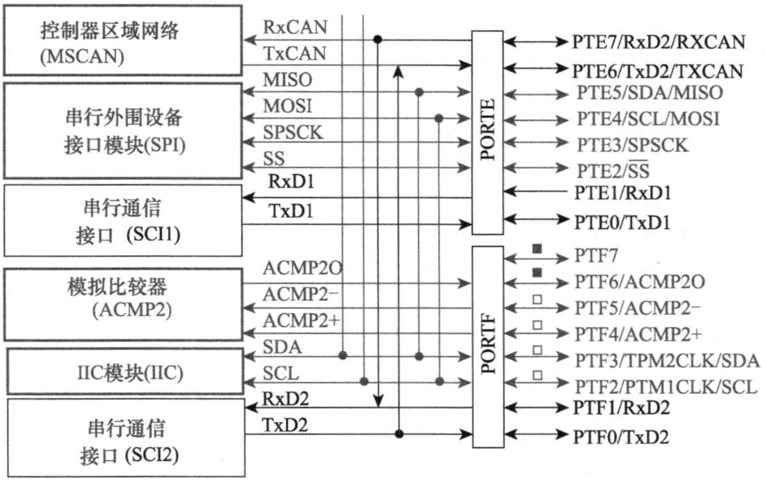


图 3.12　SCI 模块

SCI 数据寄存器(SCI1D)实际上是两个独立寄存器。读返回只读接收数据缓冲器的内容，写进入只写发送数据缓冲器的内容。

SCI1BDH 的后五位为 SBR[12:8]，与 SCI1BDL 的全八位 SBR[7:0]组成的 SBR[12:0]统称为 BR，它们为 SCI 波特率发生器设置模数除数系数。当 BR=0，SCI 波特率发生器禁止，以降低电源电流。当 BR=1～8191 时，SCI 波特率=BUSCLK/(16xBR)。

SCI 控制寄存器 1(SCI1C1)一般用得比较少，用得相对多一点的就是串口通信的奇偶校验设置和 8 位、9 位选择了。SCI 控制寄存器 2(SCI1C2)是 DZ60 串口通信比较核心的寄存器，这个 8 位寄存器的 8 个位分别控制不同功能，包括：发送中断使能、接收中断使能、发送完成中断使能、发射器使能、接收器使能、闲置线路中断使能、接收器唤醒控制和发送终止字符。

SCI 状态寄存器 1(SCI1S1)有 8 种只读状态标记。写没有影响，特殊软件顺序(不包括写入该寄存器)用来清除这些状态标记。

### 3.4.2　串口通信模块程序设计

串行口通信模块程序设计除了 SCI 外，还涉及 MCG(时钟发生器)、中断模块。多功能时钟发生器(MCG)模块为 MCU 提供了几个时钟源选项，MCG 还控制一个外部振荡器(XOSC)，以便把晶体或共鸣器用作外部参考时钟。MC9S08DZ60 系列的所有器件都含有 MCG 模块。

通过 MCG 模块来设置系统时钟，再通过 SCI 波特率寄存器设置波特率，再进行 SCI 工作方式设置。串口通信模块程序设计例程如下，该例程可以实现单片机收发功能。

```
/*****************头文件*****************************************/
#include <hidef.h> /* for EnableInterrupts macro */
#include "derivative.h" /* include peripheral declarations */
/****************变量和函数定义**********************************/
#define scibandrate  9600
void SCI_INIT(void);
```

```
void DELAY(int x);
void MCU_INIT(void);
void ICS_INIT(void);
uchar BUFF1=0x23;
/********************主函数***********************************/
void main(void) {
    EnableInterrupts; /* enable interrupts */
    /* include your code here */
    ICS_INIT();
    MCU_INIT();
    SCI_INIT();
    for(;;) {
        //__RESET_WATCHDOG(); /* feeds the dog */
        while(SCI1S1_TDRE)
        {
               SCI1S1_TDRE=0;
                     DELAY(100);
                SCI1D=BUFF1;
           }/**/
    }
}
    /**********************MCU 初始化函数*************************/
void MCU_INIT(void){
    SOPT1=0x42;      //关看门狗，BKGD 使能
    SOPT2=0x00;
}
/**********************ICS 初始化函数*****************************/
void ICS_INIT(void)
{
    MCGC1=0x04;      //选择内部时钟
    MCGC2=0x40;      //时钟源二分频
  MCGTRM=0xa8;       //内部时钟微调
}
/*******************SCI_INIT 函数********************************/
void SCI_INIT(void)
{
      SCI1BD =8000000/16/scibandrate;
    SCI1C1=0x00;
    SCI1C2=0x2C;     //使能接受中断
}

 /********************延时函数***********************************/
void DELAY(int x)
{
    int i,j;
    for(i=0;i<x;i++)
    {
```

```
        for(j=0;j<100;j++)
        {;}
    }
}
/****************串口接收中断*************************************/
interrupt 15 void  SCI_RE(void)
{
   while(SCI1S1_RDRF)
        BUFF1=SCI1D;
   SCI1S1_RDRF=0;
}
```

## 3.5　CAN 通信软件设计

### 3.5.1　MSCAN 的基础

Freescale 控制器局域网(MSCAN)是一种通信控制器，它按照 1991 年 9 月定义的 Bosch 规范执行 CAN2.0A/B 协议。MSCAN 使用先进的缓冲器安排，实现了可预测的实时性，并简化了应用软件。MSCAN 模块应用在 MC9S08DZ60 系列的所有器件上。

1. MSCAN 的基本特性

(1) 实施 CAN2.0A/B 协议，标准和扩展数据帧，0～8 字节数据长度，高达 1Mbps 的可编程波特率 1，支持远程帧。

(2) 5 个具有 FIFO 存储机制的接收缓冲器。

(3) 3 个具有使用“本地优先”概念的内部优先顺序的发送缓冲器。

(4) 灵活可掩码标识符滤波器，支持 2 个全尺寸(32 位)扩展标识符滤波器或 4 个 16 位滤波器或 8 个 8 位滤波器。

(5) 集成低通滤波器的可编程唤醒功能。

(6) 可编程环回模式，支持自测操作。

(7) 可编程监听模式，用于 CAN 总线监控。

(8) 可编程总线脱离恢复功能。

(9) 独立的信号和中断功能，适用于所有 CAN 接收器和发射器错误状态(警报、错误严重状态、总线脱离)。

(10) 可编程 MSCAN 时钟源，采用总线时钟或振荡器时钟。

(11) 内部计时器提供给接收和发送的报文的时间标签。

(12) 三种低功耗模式：睡眠、关机和 MSCAN 使能。

(13) 配置寄存器的全局初始化。

2. MSCAN 的特定运行模式

(1) 监听模式。

(2) MSCAN 睡眠模式。

(3) MSCAN 初始化模式。

(4) MSCAN 关机模式。

(5) 环回自测模式。

3. MSCAN 的结构

如图 3.13 所示，外部信号即 MSCAN 使用的两个外部管脚，RXCAN 是 MSCAN 接收器输入管脚；TXCAN 是 MSCAN 发送器输出管脚。TXCAN 输出管脚代表 CAN 总线上的逻辑层：0-显性状态；1-隐性状态。

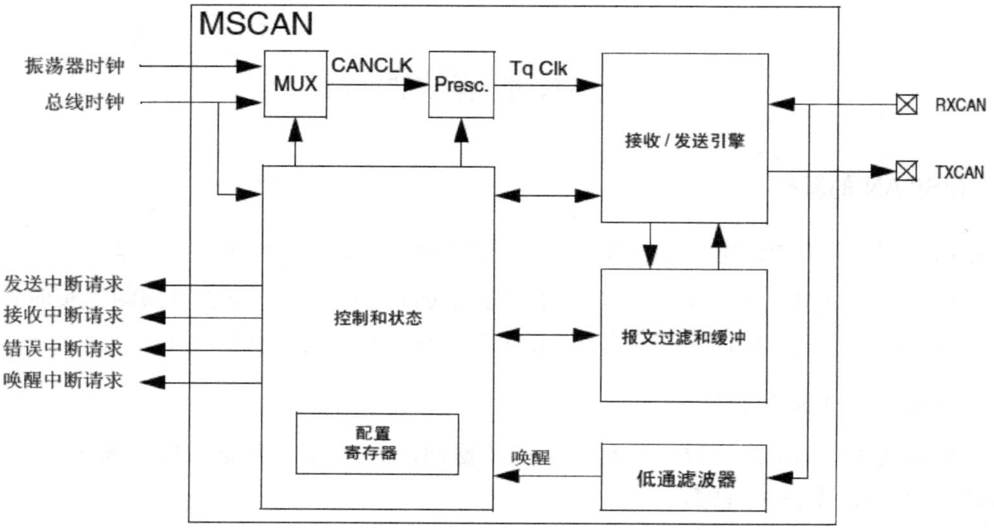


图 3.13　MSCAN 结构

4. MSCAN 的功能描述

这里主要介绍报文存储、报文收发以及标识符滤波。

1) 报文存储

每个报文缓冲器都在包含 13 字节数据结构的存储器映射中分配 16 个字节。

为发送缓冲器定义一个发送缓冲器优先级寄存器(TBPR)。在该存储器映射的最后两个字节中，MSCAN 保存一个特殊的 16 位时间标签，采样于报文成功传输或接收后的内部计时器。如果设置了 TIME 位，这种功能只出现于发送和接收器缓冲器。

本程序设计用到的消息帧为标准帧。标准格式标识符的寄存器由 13 个位组成；ID[10:0]、RTR 和 IDE 位。ID10 是最高位，仲裁流程期间最先在 CAN 总线上发送。对于标准标识符，只应用前两个(CANIDR0/1)。标识符寄存器 0 中标识符的优先级定义为处于最高位的最小二进制数。标准标识符寄存器 1，对标准帧/远程帧，标准格式/扩展格式进行相应的控制。

标准标识符在 ID 寄存器中的映射如图 3.14 所示。

读取：对于发送缓冲器，当设置了 TXEx 标志[参照“MSCAN 发送器标志寄存器(CANTFLG)”]且在 CANTBSEL 中选择了相应发送缓冲器[参照“MSCAN 发送缓冲器选择寄存器(CANTBSEL)”]的任何时间。对于接收缓冲器，仅当设置了 RXF 标志[参照“MSCAN 接收器标志寄存器(CANRFLG)”]。

| Register Name | | Bit 7 | 6 | 5 | 4 | 3 | 2 | 1 | Bit 0 |
|---|---|---|---|---|---|---|---|---|---|
| IDR0 | R<br>W | ID10 | ID9 | ID8 | ID7 | ID6 | ID5 | ID4 | ID3 |
| IDR1 | R<br>W | ID2 | ID1 | ID0 | RTR[1] | IDE[2] | | | |
| IDR2 | R<br>W | | | | | | | | |
| IDR3 | R<br>W | | | | | | | | |

□ = 不使用，始终读为 ‘x’

图 3.14　标准标识符映射

写入：对于发送缓冲器，当设置了 TXEx 标志且在 CANTBSEL 中选择了相应发送缓冲器的任何时间。对于接收缓冲器，不执行。

报文的存储图如图3.15所示。

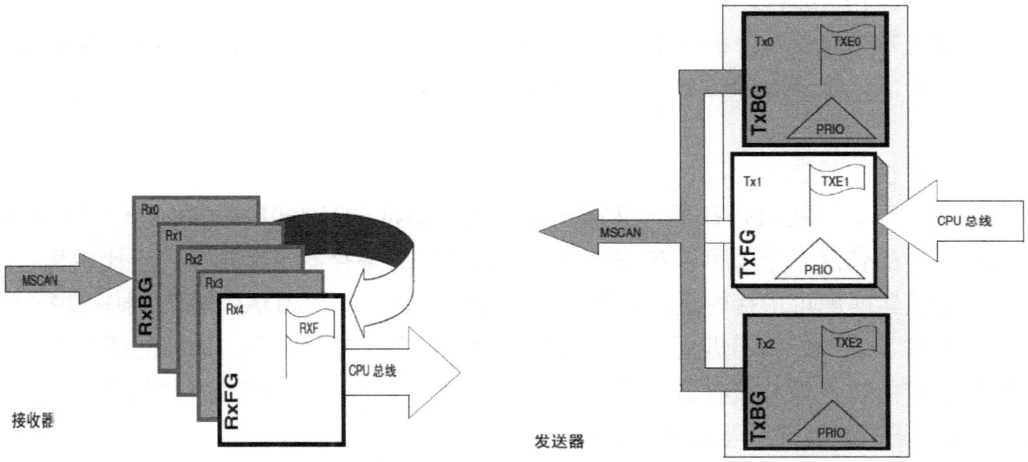


图 3.15　报文缓冲器结构的用户模型

2) 报文发送结构

应用层软件的建立基于两个基本假设：

(1) 任何 CAN 节点都能够发送出安排好的报文流，而不需要在两条报文间释放 CAN 总线。这些节点在发送上一条报文后立即仲裁 CAN 总线，只当仲裁丢失时释放 CAN 总线。

(2) 安排 CAN 节点内的内部报文队列，如果有多条报文准备发送时，最高优先级报文首先发出。

为了满足上述两个假设，至少需要三个发送缓冲器来满足上述第一个要求，内部有限排队满足第二个要求。

MSCAN 三重发送缓冲器机制允许提前建立多条报文，从而优化实时性能。这三个缓冲器都具有类似接收缓冲器的 13 字节数据结构，要发送报文，CPU 必须确定可用的发送缓冲器，这由置位的发送器缓冲器空(TXEx)表示。如果发送缓冲器可用，CPU 必须通过写入 CANTBSEL 寄存器，为该缓冲器设置一个指针。这使得各自的缓冲器能够在 CANTXFG 地址空间内访问。

CPU 将标识符、控制位和数据内容保存到一个发送缓冲器。通过清除相关 TXE 标志，缓冲器标志为发送准备就绪。MSCAN 然后安排报文发送，并通过设置相关 TXE 标志，通知缓冲器成功发送。

3)报文接收结构

如图 3.15 所示，收到的报文保存在 5 级输入接收器 FIFO 中。5 个报文缓冲器被交替映射到单个存储器区域。后台接收缓冲器(RxBG)只与 MSCAN 相关，但前台接收缓冲器可以通过 CPU 寻址。这种机制简化了处理程序软件，因为接收流程只需访问一个地址。

接收时，检查每条报文，看看它是否通过滤波器，同时被写入有效 RxBG(后台接收缓冲器)。成功接收到有效报文后，MSCAN 将 RxBG 的内容转移到接收器 FIFO2，设置 RXF 标志并向 CPU3 生成一个接收中断。用户的接收处理程序必须从 RxFG 读取收到的报文，然后复位 RXF 标志，确认中断、释放前景缓冲器。

当 FIFO 中的所有接收报文缓冲器充满了带有已接收标识符的正确接收报文，且从 CAN 总线中正确接收到另外一条带有已接收标识符的报文时，就会出现溢出。后面这一条报文被丢弃，并生成带有溢出标志的错误中断。当接收器 FIFO 已满时，MSCAN 仍能发送报文，但所有进入报文会被丢弃。一旦 FIFO 中的接收缓冲器重新可用，就能接收新的有效报文。

4)标识符接收滤波器

MSCAN 标识符接收寄存器定义标准或扩展标识符(ID[10:0]或 ID[28:0])的可接收模式。这些位中的任意一个都可以在 MSCAN 标识符掩码寄存器中标志为“不比较”。

一次滤波器匹配可由接收缓冲器已满标志(RXF=1)和 CANIDAC 寄存器中的 3 个位通知给应用软件。这些标识符匹配标志(IDHIT[2:0])能够清晰识别引起接收的滤波寄存器。它们简化了应用软件处理接收器中断来源的任务。如果出现一次以上的匹配(两个或多个滤波器匹配)，低地址的寄存器具有优先权。

灵活的可编程通用标识符接收滤波器可以有效降低 CPU 的中断负载，该滤波器在经过编程后可在四种不同模式中运行，即 2 个标识符接收滤波器；4 个标识符接收滤波器；8 个标识符接收滤波器；关闭滤波器。

### 3.5.2 CAN 总线通信的软件设计

本程序主要是对报文的发送与接收进行编写，实现 CAN 通信中信息的传递。

CAN 软件设计一般分为三个部分，即 MSCAN 的初始化、报文的发送与接收。这三部分是 CAN 通信的基础。

1. MSCAN 初始化

MSCAN 的初始化只是在复位模式下进行。初始化过程主要是对一些寄存器设定初值，其中包括 MSCAN 工作方式的设置、参考时钟、位速率的设置，以及中断使能寄存器的设置等。在 CAN 通信中，只有先进行 MSCAN 的初始化才能保证 CAN 的通信顺利进行。完成 MSCAN 的初始化后，MSCAN 还要返回到工作模式，然后进行通信。

2. MSCAN 发送报文

MSCAN 初始化之后，就可以进行通信收发程序的设计。报文的发送，将发送的报文放在发送缓冲区，然后通过中断程序判断是否向总线发送数据，但是在将报文送入 MSCAN 的发送缓存之前，先要对寄存器进行判断，然后才能将报文发送。MSCAN 接收到报文后，应将接收到的报文放在发送缓冲区中，然后再将此报文发送出去并在相应的界面上收到这组报文。

3. MSCAN 接收报文

在处理接收报文的同时，会出现各种情况。这里输入一组数据，然后发送到总线上，经过验收滤波器验收滤波之后，相应的节点上接收这组数据，并存入接收缓冲区。

### 3.5.3 基于 CAN 总线的软件程序设计实例

这里以车灯 CAN 总线通信为例，讨论 CAN 总线通信程序的设计。

本系统采用 MSCAN08 模块，即在系统复位模式下完成初始化流程。CAN 模块软件设计必须满足 CAN 总线通信协议。CAN 设计的三层结构模型为物理层、数据链路层和应用层。物理层和数据链路层的功能由 CAN 接口器件完成，包括硬件电路和通信协议两部分。CAN 通信协议，包括各种报文的组织和发送，均是由集成在 MSCAN08 模块中的电路实现的，应用层软件的核心部分是 CPU 与 MSCAN08 模块之间的数据接收和发送程序，即 CPU 把待发送的数据发送到 MSCAN08 模块，再由 MSCAN08 模块通过 CAN 收发器发到总线上;当 MSCAN08 模块通过 CAN 收发器从总线接收到数据后，CPU 再把数据取走。首先，应对 MSCAN08 模块中的有关控制寄存器写入控制字，进行初始化。之后，CPU 即可通过 MSCAN08 模块接收、发送缓冲区数据，向物理总线接收和发送数据。

1. 点对点 CAN 通信实现的设计

中央节点对前后灯节点的控制基本类似，所以仅以中央节点对前车灯节点控制为例。将左前转向车灯开关置于“ON”状态时，则中央节点对前车灯节点的转向灯发出“开”的控制命令，同时用示波器分别对 CAN 总线的 CANH、中央节点总线收发器的 TXD 管脚和前节点总线收发器的 RXD 管脚进行记录。

当中央节点发送一个数据字节“AA”后(数据字节“AA”表示开转向灯)，从前车灯节点就接收该数据字节“AA”。中央节点发送到 MSCAN08 模块的 TXD 管脚上的数据与发送到 CAN 总线上的数据一致，从前车灯节点接收到的数据与中央节点发送的数据也一致。

2. CAN 模块程序设计

CAN 模块程序设计包括初始化子程序、发送子程序和接收子程序。

1)CAN 初始化

初始化程序主要是通过 CAN 控制器控制段中的寄存器写入控制字，从而确定 CAN 控制器的工作方式等。有三种方式进入初始化程序:上电复位、硬件复位、软件复位(在运行期间通过给 CAN 控制器发一个复位请求)，置复位请求位为“1”。在复位期间必须初始化的寄存器有控制寄存器 CTL、发送控制寄存器 TCR、接收中断允许寄存器 RIER、总线定时寄存器 BTR、验收控制寄存器 IDAC、验收寄存器 IDAR、验收屏蔽寄存器 DMR 等。

调用本程序 MSCAN08 模块将中止目前所有的发送或接收操作并进入初始化模式，由于 MSCAN08 模块进入初始化模式，标志寄存器以及中断屏蔽寄存器将变为复位态。CAN 初始化流程图如图 3.16 所示。

2)CAN 的数据发送

根据 CAN 协议规范，报文的传输由 CAN 控制器 MSCAN08 模块独立完成。本函数将特定数据目标下载到 MSCAN08 模块发送缓冲区以便 MSCAN08 模块将数据发送出去，此函数直接负责发起数据发送操作。函数首先对发送的数据报文采用的标识符类型进行判断，然后细分为数据帧和远程帧两类进行不同操作。

数据帧和远程帧主要的区别是数据场不同，其作用不相同，因此它们的报文组织发送流程不同，在程序中要首先判断某报文是数据帧还是远程帧。局部优先级是指由于 CAN 控制器有多个发送缓冲区，不同的缓冲区要设置不同的优先级，高优先级的缓冲区的报文可以优先发送。

报文发送有两种方式，即查询和中断。由于 CAN 报文每个循环都有发送，具有一定的周期性，且中断方式对 CPU 的资源消耗比较大，当中断调用或者退出的时候，CPU 要单独处理，增加了 CPU 的负担，同时 CAN 总线的传输速率和可靠性可以保证数据的正确发送。所以采用查询的方式进行 CAN 报文的发送。图 3.17 为查询方式下的报文发送流程图。

以下是车灯控制 CAN 发送程序范例。

车灯控制 CAN 发送程序

```
#include <hidef.h> /* for EnableInterrupts macro */
#include "derivative.h" /* include peripheral declarations */
#include "mscan.h"
  unsigned int  i = 0;
  unsigned int  j = 0;
  unsigned int  c = 0;

void MCGInit(void)        //多功能时钟发生器初始化
{
  MCGC1=0b10110000;       //10 选择外部参考时钟作为系统时钟，110 参考时钟除以 64
给 FLL
  MCGC2=0b00110100;       //00 外部参考时钟不分频即作为总线时钟，1 外部频率范围为
高频范围，1 配置为高增益震荡，外部参考源外选择振荡器
}
```

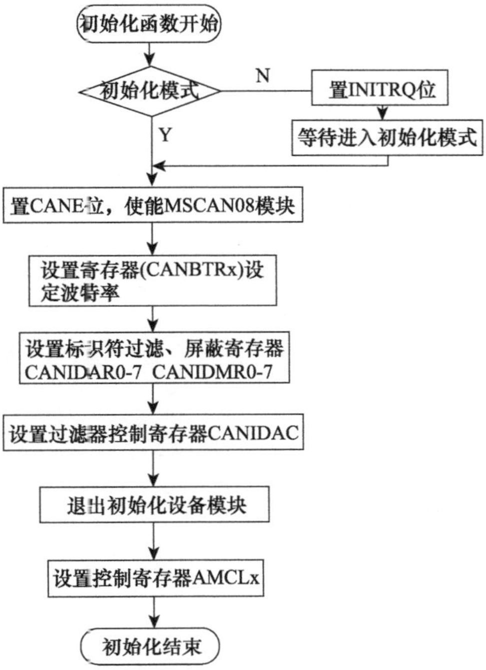


图 3.16　CAN 初始化流程图

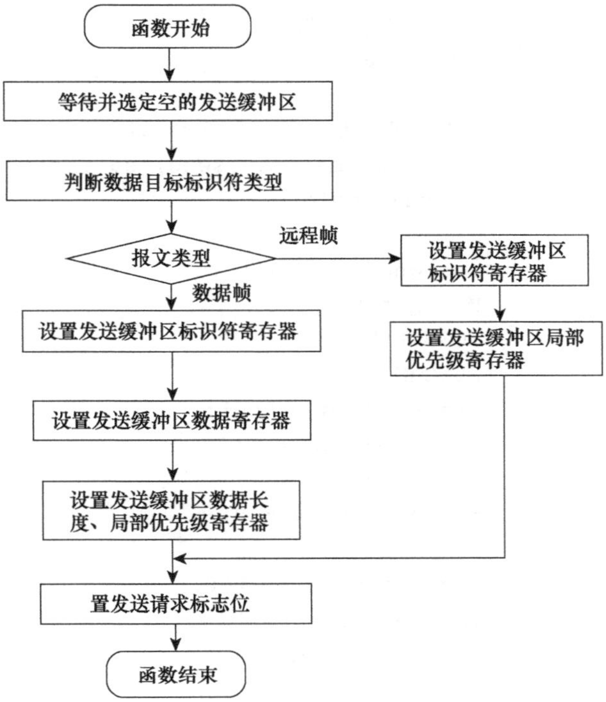


图 3.17　查询方式下的报文发送流程图

```
void IOInit(void)
{
  /*初始化 D 口为输入口，A 口为输出口，未使用中断*/
  PTDD=0x00;              /*初始化 A 口，先向 A 口写 0 防止初始值非 0*/
  PTDDD=0x00;             /*设置 A 口为输入口，虽然复位后默认为输入，重写一次*/
  PTDPE=0xFF;             /*内部上拉/ 下拉器件使能*/
  PTAD=0x00;              /*初始化 A 口，先向 A 口写 0 防止初始值非 0*/
  PTADD=0xFF;             /*设置 A 口为输入口，虽然复位后默认为输入，重写一次*/
}

void ADInit(void)
{
 APCTL1=0xF0;             //将端口 A 设置为 A/D 采集通道
 ADCCFG=0b01110001;       //选择高速配置，时钟除以 8，长采样时间，8 位转换模式，
输入时钟选择总线时钟除以 2
 ADCSC2=0x00;             //软件触发，比较功能禁止
}

void delay(void)          //延时 5ms
{
  TPM2SC=0b00001011;      //01 溢出中断使能，001 选择总线时钟作为参考时钟，011
是 8 分频；
  TPM2MODH=0x13;          //计数周期为 1μs,5ms 计数 5000 次，即 0x1388
  TPM2MODL=0x88;
  while(!TPM2SC_TOF)      //等待定时器溢出标志
```

```
    __RESET_WATCHDOG();
    TPM2SC=0x00;
  }
  void S08CANReceive_Msg(void);
  struct can_msg msg_send,msg_reset;
  void main(void)
  {
    unsigned int  k = 0;
    MCGInit();
    IOInit();
    S08CANInit();
    msg_send.id = 0x01;
    msg_send.len = 1;
    msg_send.RTR = 0;
    msg_send.prty = 0;

    msg_reset.id = 0x00;
    msg_reset.len = 1;
    msg_reset.RTR = 0;
    msg_reset.prty = 0;
    msg_reset.data[0]=0x00;

    TPM1SC=0b00001011;    //01 溢出中断使能，001 选择总线时钟作为参考时钟，011
是 8 分频；
    TPM1MODH=0x13;        //计数周期为 1μs,5ms 计数 5000 次，即 0x1388   *3
    TPM1MODL=0x88;

    EnableInterrupts; /* enable interrupts */
    /* include your code here */
    for(;;)
    {
        if(i!=PTDD)
        { delay();
          if(i!=PTDD)
          { delay();
            if(i!=PTDD)
            { i=PTDD;
              j=255-i;
              c=j;

              if(j&0x01)  PTAD_PTAD1=1,
                         PTAD_PTAD2=1;
                else      PTAD_PTAD1=0,
                         PTAD_PTAD2=0;
              if(j&0x04)  c&=0xFB;
                else      PTAD_PTAD0=0;
                         c&=0xFB;
```

```
        if(j&0x08)  c&=0xF7;
          else      PTAD_PTAD3=0;
                   c&=0xF7;

        msg_send.data[0]=c;
       S08CANSend_Msg(msg_send);
        delay();
      }
    }
}

if(TPM1SC_TOF)  //检验定时器 1 是否溢出，如溢出执行以下程序，如无溢出，则
{

  if(k==0)
    {
      if(j&0x04)
      { PTAD_PTAD0=1;            //左转向灯亮
        c|=0x04;
        msg_send.data[0]=c;
      S08CANSend_Msg(msg_send);
      delay();
      }
      if(j&0x08)
      { PTAD_PTAD3=1;            //右转向灯亮
        c|=0x08;
        msg_send.data[0]=c;
     S08CANSend_Msg(msg_send);
      delay();
      }
      if(j&0x10)
      {
        PTAD_PTAD4=1;            //彩灯 1
        PTAD_PTAD5=0;
        PTAD_PTAD6=0;

      }
        else      PTAD&=0x0F;
    }

  if(k==100)
    {
      if(j&0x04)
      { PTAD_PTAD0=0;            //左转向灯灭
        c&=0xFB;
        msg_send.data[0]=c;
      S08CANSend_Msg(msg_send);
```

```
              delay();
              }
              if(j&0x08)
              {  PTAD_PTAD3=0;          //右转向灯灭
                c&=0xF7;
                msg_send.data[0]=c;
              S08CANSend_Msg(msg_send);
              delay();
              }
              if(j&0x10)
              {
                PTAD_PTAD4=1;          //彩灯 12
                PTAD_PTAD5=1;
                PTAD_PTAD6=0;
              }
                else      PTAD&=0x0F;
            }
            if(k==200)  k=0;
            TPM1SC=0b00001011;          //将定时器 1 的溢出标志清零，让其重新计数
     }
     __RESET_WATCHDOG();          /* feeds the dog */
    }
  }
```

mscan.h 程序：

```
#include <hidef.h> /* for EnableInterrupts macro */
#include "derivative.h" /* include peripheral declarations */
struct can_msg                   //发送报文的结构体
{
  unsigned int id;
  byte RTR;
  byte data[8];
  byte len;
  byte prty;
};

void S08CANInit(void)
{
  if(CANCTL0_INITRQ==0)          //查询是否进入初始化状态
    CANCTL0_INITRQ=1;            //进入初始化状态
  while (CANCTL1_INITAK==0);     //等待进入初始化状态

  CANBTR0=0b01000011;            //同步跳转宽度为 2 个 Tq 周期，波特率预分频为 4
  CANBTR1=0b00100100;            //每位一个样本，设置为时间段 2 为 3 个 Tq,时间
段 1 为 5 个 Tq，位速率是 62.5K
  CANIDAC=0b00000000;            //设置 2 个 32 位接收滤波器
  CANIDMR0=0xFF;                 //关闭滤波器
```

```
    CANIDMR1=0xFF;                  //
    CANIDMR2=0xFF;                  //
    CANIDMR3=0xFF;                  //
    CANIDMR4=0xFF;                  //
    CANIDMR5=0xFF;                  //
    CANIDMR6=0xFF;                  //
    CANIDMR7=0xFF;                  //关闭滤波器
    CANIDAR1=0x80;
    CANIDAR5=0x80;
    CANCTL1=0b11000000;             //CAN 使能，选择总线为时钟源，环回自测模式禁
止，关闭监听模式
    CANCTL0=0x00;                   //退出初始化模式，进入正常模式
    while (CANCTL1_INITAK==1);      //等待 CAN 退出初始化模式
    while (CANCTL0_SYNCH==0);       //等待 MSCAN 与 CAN 总线同步
    CANRIER=0x01;                   //设置 CAN 接收中断使能，接收缓冲器已满(成功报
文接收)事件引起接收器中断请求
  }
  void S08CANSend_Msg(struct can_msg msg)
  {
    unsigned char n_tx_buf, i;

    n_tx_buf = 0;
    do
    {
      // Looks for a free buffer
      CANTBSEL=CANTFLG;
      n_tx_buf=CANTBSEL;
    }
    while(!n_tx_buf);

    // Write Identifier
    CANTIDR0 = (unsigned char)(msg.id>>3);
    CANTIDR1 = (unsigned char)(msg.id<<5);

    if(msg.RTR)
      // RTR=Recessive
      CANTIDR1 |= 0x10;             //CANTIDR1 ID2 ID1 ID0 RTR IDE - - -

    // Write Data Segment
    for(i = 0; i < msg.len; i++)
      *((&CANTDSR0)+i) = msg.data[i];

    // Write Data Length
    CANTDLR = msg.len;

    // Write Priority
    CANTTBPR = msg.prty;
```

```
    // Clear TXx Flag (buffer ready to transmission)
    CANTFLG = n_tx_buf;             //0 相关报文缓冲器已满(加载了准备发送的报文)

  }
  void main(void)
  {

   S08CANInit();
  msg_send.id = 0x01;
    msg_send.len = 1;
    msg_send.RTR = 0;
    msg_send.prty = 0;

    msg_reset.id = 0x00;
    msg_reset.len = 1;
    msg_reset.RTR = 0;
    msg_reset.prty = 0;
    msg_reset.data[0]=0x00;
  For(;;)
    msg_reset.data[0]=0x00;
  }
```

3) CAN 的数据接收

CAN 报文的接收主要有中断和查询两种接收方式。为提高通信的实时性，本文中采用中断接收方式，这样也可保证接收缓存器不会出现数据溢出现象，CAN 的数据接收函数流程如图 3.18 所示。函数为接收中断处理函数，函数对接收到的报文做出处理。主要操作包括对接收的报文标识符格式判断、报文标识符复原、报文类型判定及数据、接收缓冲寄存器区到目标数据缓冲区的转存。如果接收到远程帧则自动回复和中断标志位的清零，对不同格式报文的处理办法如下：

当接收到数据帧时，中断处理函数将接收到的数据保存到相应类型为接收数据的目标数据缓冲区中；当所有具有相同 ID 号的接收数据类型的目标数据缓冲区都不为空时，处理函数将第 1 个具有相同 ID 号的目标数据缓冲区设置为溢出状态，同时丢弃该数据帧。顺利转存时，相应的目标数据缓冲区标识为拥有新数据状态。

当接收到远程控制帧时，处理函数在目标数据缓冲池中寻找具有相同 ID 号的类型为自动发送的目标数据缓冲区，当有状态为拥有新数据目标数据缓冲区时，处理函数自动发送该缓冲区内数据，并将该缓冲区设置为已发送状态。如果目标数据缓冲区没有新数据处理，处理函数将第 1 个具有相同 ID 号的目标数据缓冲区设置等待状态。值得注意的是：当目标数据缓冲区一旦存入新数据时，应该尽快地把数据处理掉，比如读取利用、转存其他处，否则容易被新数据覆盖。

以下为车灯控制 CAN 接收程序设计范例：

车灯控制 CAN 接收程序

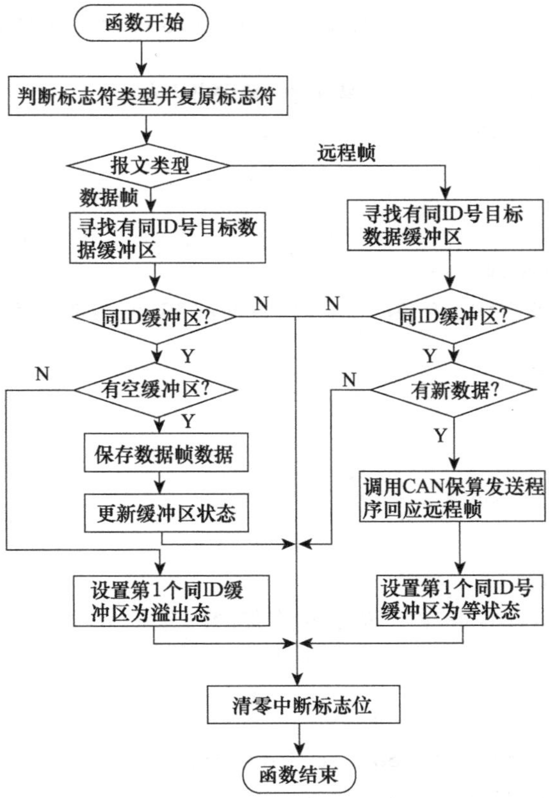


图 3.18　CAN 的数据接收函数流程

```
#include <hidef.h> /* for EnableInterrupts macro */
#include "derivative.h" /* include peripheral declarations */
#include "mscan.h"
unsigned int j=0,k=0;

void MCGInit(void)        //多功能时钟发生器初始化
{
  MCGC1=0b10110000; //10 选择外部参考时钟作为系统时钟,110 参考时钟除以 64 给 FLL
  MCGC2=0b00110100; //00 外部参考时钟不分频即作为总线时钟, 1 外部频率范围为高频
范围, 1 配置为高增益震荡, 外部参考源外选择振荡器
}

void IOInit(void)
{
  PTAD=0x00;                /*初始化 A 口, 先向 A 口写 0 防止初始值非 0*/
  PTADD=0xFF;               /*设置 A 口为输入口, 虽然复位后默认为输入, 重写一次*/
}

void delay(void)            //延时 5ms
{
  TPM2SC=0b00001011;        //01 溢出中断使能, 001 选择总线时钟作为参考时钟, 011
是 3 分频;
```

```
    TPM2MODH=0x13;          //计数周期为 1μs,5ms 计数 5000 次，即 0x1388
    TPM2MODL=0x88;
    while(!TPM2SC_TOF)      //等待定时器溢出标志
    __RESET_WATCHDOG();
    TPM2SC=0x00;
  }

  void S08CANReceive_Msg(void);
  struct can_msg msg_send,msg_receive,msg_ack,msg_status;

  void main(void)
  {
    unsigned int  i = 0;
    j = 0;
    MCGInit();
    IOInit();
    S08CANInit();
    TPM1SC=0b00001011;//01 溢出中断使能,001 选择总线时钟作为参考时钟,011 是 8 分频;
    TPM1MODH=0x13;     //计数周期为 1μs,5ms 计数 5000 次，即 0x1388
    TPM1MODL=0x88;

    EnableInterrupts; /* enable interrupts */
    /* include your code here */

    for(;;)
    {
        if(j&0x02)  PTAD_PTAD1=1,PTAD_PTAD2=1;
          else      PTAD_PTAD1=0,PTAD_PTAD2=0;
        if(j&0x04)  PTAD_PTAD0=1;
          else      PTAD_PTAD0=0;
        if(j&0x08)  PTAD_PTAD3=1;
          else      PTAD_PTAD3=0;

      __RESET_WATCHDOG(); /* feeds the dog */
    } /* loop forever */
  }   /* please make sure that you never leave main */

  interrupt  VectorNumber_Vcanrx void S08CANReceive_Msg(void)
      {
        unsigned int  i = 0;
        msg_receive.id = (unsigned int)(CANRIDR0<<3) | (unsigned char)
(CANRIDR1>>5);
        if(CANRIDR1&0x10)
          msg_receive.RTR = 1;
        else
          msg_receive.RTR = 0;
        msg_receive.len = CANRDLR;
```

```
        for(i = 0; i < msg_receive.len; i++)
        msg_receive.data[i] = *((&CANRDSR0)+i);    //接收信息完毕
//        TPM1SC=0x00; //首先关闭定时器
          //对接收的信息进行分类处理，如果是故障复位信息，则将故障码清零，如果是开关
信息，则应答，并输出控制
        j=msg_receive.data[0];
        TPM1SC=0b00001011; //00 关闭溢出中断使能，001 选择总线时钟作为参考时钟，
110 预分频为 110，是 64 分频;
        CANRFLG = 0x01;     //清除接收标志，准备下次接收
    }
```

mscan.h 程序:

```
#include <hidef.h> /* for EnableInterrupts macro */
#include "derivative.h" /* include peripheral declarations */
#include "mscan.h"
unsigned int j=0,k=0;

void MCGInit(void)  //多功能时钟发生器初始化
{
  MCGC1=0b10110000; //10 选择外部参考时钟作为系统时钟,110 参考时钟除以 64 给 FLL
  MCGC2=0b00110100;//00 外部参考时钟不分频即作为总线时钟，1 外部频率范围为高频
范围，1 配置为高增益震荡，外部参考源外选择振荡器
}

void IOInit(void)
{
  PTAD=0x00;              /*初始化 A 口，先向 A 口写 0 防止初始值非 0*/
  PTADD=0xFF;             /*设置 A 口为输入口，虽然复位后默认为输入，重写一次*/
}

void delay(void)          //延时 5ms
{
  TPM2SC=0b00001011;      //01 溢出中断使能，001 选择总线时钟作为参考时钟，011
是 8 分频;
  TPM2MODH=0x13;          //计数周期为 1μs,5ms 计数 5000 次，即 0x1388
  TPM2MODL=0x88;
  while(!TPM2SC_TOF)      //等待定时器溢出标志
  __RESET_WATCHDOG();
  TPM2SC=0x00;
}

void S08CANReceive_Msg(void);
struct can_msg msg_send,msg_receive,msg_ack,msg_status;

void main(void)
{
  unsigned int  i = 0;
  j = 0;
```

```
    MCGInit();
    IOInit();
    S08CANInit();
    TPM1SC=0b00001011;//01 溢出中断使能,001 选择总线时钟作为参考时钟,011 是 8 分频;
    TPM1MODH=0x13;     //计数周期为 1μs,5ms 计数 5000 次, 即 0x1388
    TPM1MODL=0x88;

    EnableInterrupts; /* enable interrupts */
    /* include your code here */

    for(;;)
    {
        if(j&0x02)  PTAD_PTAD1=1,PTAD_PTAD2=1;
          else      PTAD_PTAD1=0,PTAD_PTAD2=0;
        if(j&0x04)  PTAD_PTAD0=1;
          else      PTAD_PTAD0=0;
        if(j&0x08)  PTAD_PTAD3=1;
          else      PTAD_PTAD3=0;

      __RESET_WATCHDOG(); /* feeds the dog */
    } /* loop forever */
  }   /* please make sure that you never leave main */

  interrupt  VectorNumber_Vcanrx void S08CANReceive_Msg(void)
    {
      unsigned int  i = 0;
      msg_receive.id  =  (unsigned  int)(CANRIDR0<<3)  |  (unsigned  char)
(CANRIDR1>>5);
      if(CANRIDR1&0x10)
        msg_receive.RTR = 1;
      else
        msg_receive.RTR = 0;
      msg_receive.len = CANRDLR;
      for(i = 0; i < msg_receive.len; i++)
      msg_receive.data[i] = *((&CANRDSR0)+i);   //接收信息完毕
//      TPM1SC=0x00;          //首先关闭定时器
        //对接收的信息进行分类处理，如果是故障复位信息，则将故障码清零，如果是开关
信息，则应答，并输出控制
      j=msg_receive.data[0];
      TPM1SC=0b00001011;      //00 关闭溢出中断使能，001 选择总线时钟作为参考时
钟，110 预分频为 110，是 64 分频;
      CANRFLG = 0x01;         //清除接收标志，准备下次接收
    }
```

## 习题与思考题

3-1　简要说明汽车电控单元 ECU 的组成原理。

3-2　利用 C 语言设计并调试 RS232 通信程序。

# 第 4 章　车辆发动机电子控制系统

## 4.1　发动机电子控制技术发展史

随着汽车节能、低碳环保要求的不断提高，极大地促进了汽车发动机电子控制技术的发展，汽油发动机电子控制技术的发展历程如下。

1967 年，德国博世公司基于美国本迪克斯公司的专利技术，开始批量生产利用进气歧管绝对压力信号和计算机来控制发动机空燃比 A/F 的 D 型燃油喷射系统 D-Jetronic，D 型燃油喷射系统控制喷油器的开启时刻与脉宽，并装备在德国大众汽车公司产的 VW-1600 型和奔驰 280SE 型轿车上，率先达到了当时美国加利福尼亚州的排放法规要求，开创了电子控制汽油发动机燃油喷射技术的新时代。

1973 年，博世(Bosch)公司在 D 型燃油喷射系统(D-Jetronic)的基础上，改进发展成为 L 型燃油喷射系统(L-Jetronic)，用叶片式空气流量计直接测进气空气体积流量来控制空燃比，相比进气管绝对压力间接控制的方式精度高，稳定性好。并历经晶体管、集成电路到微机处理三大发展进程，成为汽油机燃料供给系统电子控制的主流。

1976 年，美国克莱斯勒(Chrysler)汽车公司研制成功微机控制点火系统——电子式稀混合气燃烧系统(ELBS)。1977 年，美国通用汽车公司研制成功了微机点火控制系统，该微机控制点火系统根据大气压力、进气温度、发动机冷却液温度、发动机负荷与转速等信号计算最佳点火时刻。同年，美国通用汽车公司开始采用微机控制点火系统，取名为 miSAR 系统，该控制系统有 CPU、RAM、ROM、A/D 等组成，装备在“特罗纳德”轿车上。从此开辟了汽车发动机点火数字控制技术的新时代。

1977 年，美国福特汽车公司与日本东芝公司合作开发研制出同时控制点火时刻、废气再循环、二次空气供给 EEC 发动机电子控制系统，并装备在林肯凡尔赛轿车上。

1978 年，福特公司在 EEC 微机控制系统的基础上，增加了空燃比反馈控制和怠速控制等内容，研制成功了 EEC-Ⅱ系统。后续进一步完善了控制功能，发展成为 EEC-Ⅲ系统和 EEC-Ⅳ系统。

1978 年，美国通用汽车公司也研制成功控制点火时刻、空燃比、废气再循环和怠速转速的 C-4 型微机控制系统，该系统具有故障诊断功能和故障应急功能。

1979 年，Bosch 公司在 L 型燃油喷射系统的基础上，集点火与喷油于一体的 Motronic 数字式发动机综合电子控制系统，将点火控制与燃油喷射控制集成为一体，并采用数字式计算机进行控制，从而构成了当今汽车广泛采用的 M 型发动机控制系统。1979 年，日产(Nissan)汽车公司研制成功了集点火时刻控制、空燃比控制、废气再循环控制和怠速转速控制于一体的发动机集中控制系统 ECCS，并具有自诊断功能。

1980 年，日本丰田汽车公司开发成功了能综合控制点火时刻、爆震、空燃比、怠速转速，具有故障诊断功能的丰田计算机控制系统 TCCS。同年，三菱汽车公司也研制成功了采用卡尔曼涡流式空气流量传感的电子控制燃油喷射系统 ECI。1981 年，博世公司在 L 型燃油喷射系统 L-Jetronnic 的基础上，用新颖的热线式空气流量传感器直接测量发动机空气质量流量，从而替代了叶片式空气流量传感器，该系统取名为 LH 型燃油喷射系统 LH-Jetronic。

1995 年，日本三菱(MITSUBISHI)汽车公司公布了电控缸内直喷汽油机(GDI 系统)。2001 年，Volkswagen/Audi 集团研制出独有的 FSI(Fuel Stratified Injection)缸内直喷系统。Bosch 公司也开发成功了具有节气门门控制功能的 ME-Motronic 系统和采用缸内直喷技术的 MED-Motronic 系统。

我国轿车工业虽然起步较晚，但是全球经济一体化的国际环境大大促进了国产汽车电子技术的跨越式发展。同时，国家高度重视汽车节能环保，大大促进了汽车电子技术的发展。1995 年底，上海大众汽车有限公司与德国博世公司合资成立了上海联合汽车电子有限公司，研发生产了汽车发动机电子控制燃油喷射系统，极大地保障了汽油发动机电子控制燃油喷射系统研发和应用，特别是一汽无锡油泵油嘴研究所等开发了汽油发动机缸内直喷技术，天津内燃机所和南京航空航天大学研发成功了气助雾化缸内低压喷射技术，汽油机燃油喷射电子控制技术迎头赶上，并取得了巨大的技术进步。我国已经从 2001 年 7 月 1 日以后取消了化油器式发动机的生产，目前汽车化油器式发动机已经淘汰，汽油发动机电子控制燃油喷射系统得到了广泛的应用。

柴油发动机电子控制技术的发展历程如下。

20 世纪 80 年代开始，电控汽油喷射系统逐步走向成熟，但柴油车如果要达到欧Ⅲ甚至更为严格的排放标准就须采用电控喷油系统。为了降低柴油机的碳烟排放、振动噪声，电控共轨系统成为解决柴油机排放问题和进一步改善性能的关键技术。日本电装公司从 1985 年开始研究柴油机电子控制高压共轨系统，十年后成功推出了世界第 1 台柴油机共轨系统；1987 年前后，由菲亚特首先提出的电控高压共轨系统后来逐步成为一个主流的方向。从 1993 年前后，博世购买菲亚特专利，开始了共轨系统的研发，1997 年开始批量生产柴油乘用车共轨系统，开创了清洁柴油机新纪元。

我国从 90 年代末开始研究电控共轨系统，20 多年来柴油机高压共轨控制技术和产业化得到了迅猛发展，包括潍柴、常柴、锡柴等公司技术逐步赶上世界先进水平，但是还存在技术和制造瓶颈，例如，喷油器材料、精度、使用寿命、一致性、耐压等问题，需要进一步提升，控制策略需要进一步优化。

## 4.2　汽油进气管喷射发动机电子控制系统

### 4.2.1　发动机模型

1. 二冲程发动机模型基本结构

假设空燃比保持不变，忽略燃油系统的相关动态特性(如进气管内油膜的动态特性)，汽油机的动态特性主要有进气管空气流量子模型、发动机扭矩输出、发动机曲轴旋转动态特性三部分组成，简化的模型结构如图 4.1 所示。

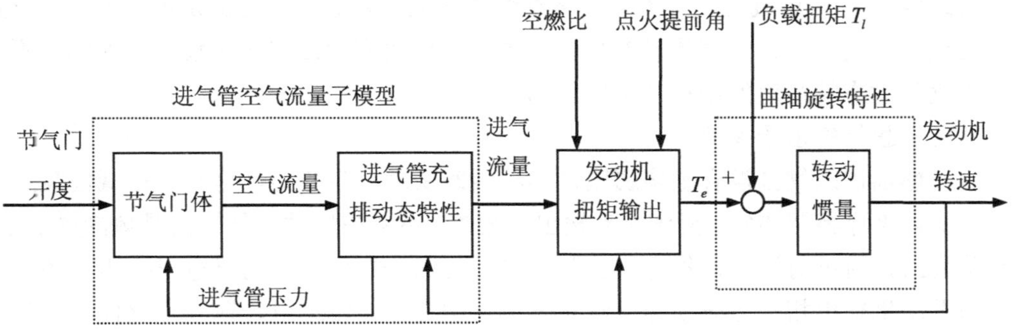


图 4.1　发动机模型结构示意图

1) 进气管空气质量流量子模型

进气管空气质量流量子模型是对进气管内气体流动进行分析得到的，其主要动态特性由进气充排效应构成，即当节气门打开时，迅速增加的进气流量首先需要填充进气管容积才能到达进气阀，所以通过节气门的进气流量要大于实际进入缸内的进气流量。当节气门关闭时，节气门处的进气流量要小于实际进入气缸的进气流量。根据质量守恒定律，进气管内空气质量的变化率 $\dot{m}_a$，即为节气门处空气质量流量 $\dot{m}_{at}$ 和进气门处空气质量流量 $\dot{m}_{ac}$ 之差，计算公式为

$$\dot{m}_a = \dot{m}_{at} - \dot{m}_{ac} \tag{4.1}$$

根据理想气体方程 $P_m V_m = m_a R T_m$，由式 (4.1) 可得到进气管内压力动态特性：

$$\dot{P}_m = \frac{RT_m}{V_m}[\dot{m}_{at}(\theta_{th}, P_m) - \dot{m}_{ac}(n, P_m)] \tag{4.2}$$

式中，$P_m$ 为进气管内压力；$\dot{m}_{at}$ 为进入进气管的空气质量流量（节气门处空气质量流量）；$\dot{m}_{ac}$ 为离开进气管进入曲轴箱的空气质量流量（进气口处空气质量流量）；$R$ 为理想气体常数；$T_m$ 为进气管内气体温度；经过节气门进入进气管的空气质量流量 $\dot{m}_{at}$ 可近似为一维等熵绝热流动，可看作是节气门开度 $\theta_{th}$ 和进气管压力 $P_m$ 的非线性函数。

根据速度—密度公式，进气门处空气质量流量 $\dot{m}_{ac}$ 可表示为发动机转速 $n$ 和进气管压力 $P_m$ 的非线性函数：

$$\dot{m}_{ac} = \frac{n}{60}\frac{V_d e_{\text{vol}}}{RT_m}P_m \tag{4.3}$$

式中，$n$ 为发动机转速；$V_d$ 为发动机排量；$e_{\text{vol}}$ 为曲轴箱的容积效率；$P_m$ 为进气管内空气压力；$V_m$ 为进气管容积；$T_m$ 为进气管内空气温度；$R$ 为理想气体常数。

将式 (4.3) 代入式 (4.2) 整理可得

$$\dot{P}_m = -\frac{n}{60}\frac{V_d e_{\text{vol}}}{V_m}P_m + \frac{RT_m}{V_m}\dot{m}_{at}(\theta_{th}, P_m) \tag{4.4}$$

由式(4.4)可知，进气管空气流动动态特性的时间常数主要取决于进气管容积$V_m$的大小。

由于空间的严格限制，二冲程汽油机一般没有进气稳压腔，进气管和进气道的容积非常小，由式(4.4)可知进气管空气流动动态特性的时间常数较小。也就是说，节气门位置的变化会迅速引起进气口处空气流量的变化，进气充排效应的影响相对较小。因此，不考虑进气管内气体动态特性对发动机功率的影响。

2)发动机扭矩输出子模型

空气与燃油进入气缸混合燃烧膨胀，推动活塞做功产生扭矩，这一扭矩减去泵气阻力矩和发动机内部摩擦阻力矩，得到对外输出扭矩$T_e$。不考虑发动机气缸内具体的燃烧过程，基于经验公式，通过对测功机稳态试验数据进行回归分析可得发动机输出扭矩$T_e$的静态关系式，即发动机输出扭矩可表示为气缸充气量、空燃比、发动机转速和点火提前角的非线性函数。

由汽油机基本工作循环过程可知，吸入的空气和燃油要经过一定的延迟才能转换为输出扭矩，即存在吸气至扭矩产生(Induction-to-Power，IP)的时间延迟。另外，从点火到扭矩产生之间也存在一定滞后，其值要小于IP延迟。这两个时间延迟是发动机转速的非线性函数。

假设空燃比和点火提前角分别由各自独立的控制器控制其保持在最佳值不变，进入燃烧室的燃油流量及充气量可以表示为发动机转速$n$和节气门开度$\theta_{th}$（全闭为 0%，全开为100%)的函数。

基于以上所述，发动机的稳态输出净扭矩$T_e$(发动机产生力矩与发动机内部转动阻力矩的差值)可表示为发动机转速$n$和节气门开度$\theta_{th}$的非线性函数：

$$T_e = f_e(n,\theta_{th}) \tag{4.5}$$

式中，$f_e$表示发动机稳态扭矩特性函数。

发动机稳态扭矩特性函数$f_e$是在节气门开度和发动机转速稳定在不同固定值时测得的，为了表示节气门开度及发动机转速变化时发动机输出扭矩的动态特性，将发动机扭矩特性函数$f_e$与一个一阶惯性环节相结合，来表征发动机输出扭矩的动态特性，式(4.5)变为

$$\tau_e \cdot \dot{T}_e + T_e = f_e(n,\theta_{th}) \tag{4.6}$$

式中，$\tau_e$表示一阶惯性环节时间常数；发动机处于稳态时，导数项$\dot{T}_e = 0$。

3)发动机曲轴旋转动态特性

发动机输出动力经减速器传给负载装置，由于该动力装置所采用的传动轴刚性都非常大，因此可假设传动机构是刚性的，发动机转速仅由可用功率与需用功率来决定。由于减速器的存在，使整个动力系统各轴的转速不一样，因此要对系统各部分的转动惯量对某一转速进行当量化。这里以发动机曲轴转速为基准，根据转动惯量当量化原则即动能守恒原理进行当量化计算。

根据牛顿第二定律，发动机曲轴旋转动态特性可表示如下：

$$J_e\dot{n} = (30/\pi)T_e - (30/\pi)T_l \tag{4.7}$$

式中，$J_e$为当量转动惯量；$n$为发动机转速；发动机输出净扭矩$T_e$；$T_l$为折合到曲轴上的负载扭矩。

2. 发动机模型试验辨识实例

1) 发动机试验数据获取

这里以 Hirth3203 二冲程发动机为辨识对象，该发动机为直列、双缸、二冲程、风冷电控燃油喷射汽油机。发动机模型辨识所用试验数据来源于发动机台架试验。发动机试验台架主要由 EST-2002 型内燃机测控系统、CWF110G 电涡流测功机、试验发动机、YMD-1 型油门执行器等构成，结构示意如图 4.2 所示。

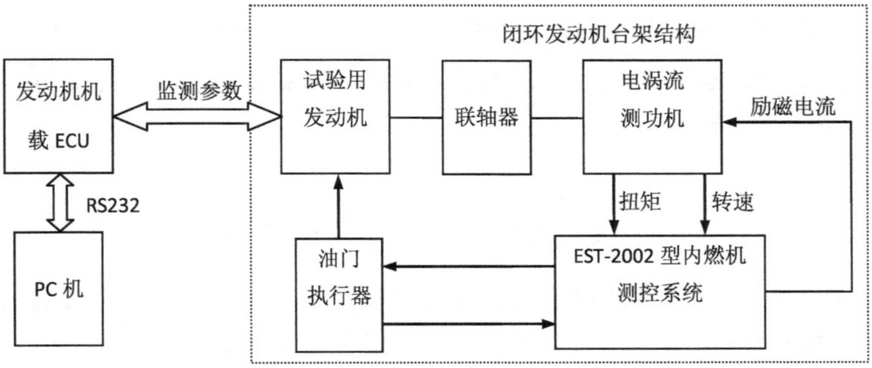


图 4.2　发动机试验台架结构示意图

EST-2002 型内燃机测控系统采用测功机回路和发动机油门双回路的控制技术，实现对发动机负载和油门的全面控制，具有恒位置、恒转速、恒扭矩等控制特性，其中油门位置的控制通过 YMD-1 型油门执行器来实现。该设备使用方便，易于控制，可实现发动机动态试验的重复性操作。

CWF110G 型电涡流测功机是功率吸收型的小功率测功机，改变其励磁电流的大小，可模拟发动机不同的外界负载。其额定制动功率为 110kW，额定制动扭矩为 300N · m，额定转速 3500r/min，最高转速 10000r/min。

PC 机通过 RS232 串口与发动机机载 ECU 进行通信，实时监测发动机转速、节气门开度、喷油脉宽、缸体温度、进气温度、大气压力等参数，其采样频率为 5Hz。

2) 发动机稳态扭矩模型辨识

简化的发动机模型中发动机稳态扭矩特性函数，可表示为节气门开度和发动机转速的非线性函数。汽油机的扭矩输出特性采用三次多项式即可得到较满意的拟合精度。根据发动机在不同油门开度下的稳态测试试验数据，运用多元逐步回归辨识方法进行变量的选取与剔除，并采用最小二乘法确定多项式系数，即可得发动机的稳态扭矩特性函数，辨识过程简介如下。

根据试验测量得到的不同油门开度下扭矩和转速的对应数据，选取了 9 组不同的油门开度，分别为 20%、24%、33%、42%、52%、61%、71%、80%、100%，共 121 组试验数据。设汽油机的扭矩输出特性可表示为

$$T_e = b_0 + b_1 n^3 + b_2 n^2 \theta_{th} + b_3 n \theta_{th}^2 + b_4 \theta_{th}^3 + b_5 n^2 + b_6 n \theta_{th} + b_7 \theta_{th}^2 + b_8 n + b_9 \theta_{th} \tag{4.8}$$

式中，$b_i, i=0,1,2,\cdots,9$ 为待定系数。

为了提高辨识精度，减少辨识误差，避免由于发动机转速、扭矩、节气门开度的取值范围与所取单位不同而带来的计算不便，对所采用试验数据进行了归一化处理，则式(4.8)可表示为

$$\begin{aligned}\overline{T_e} &= \beta_0+\beta_1\overline{n}^3+\beta_2\overline{n}^2\overline{\theta}_{th}+\beta_3\overline{n}\overline{\theta}_{th}^2+\beta_4\overline{\theta}_{th}^3+\beta_5\overline{n}^2\\&+\beta_6\overline{n}\overline{\theta}_{th}+\beta_7\overline{\theta}_{th}^2+\beta_8\overline{n}+\beta_9\overline{\theta}_{th}\end{aligned} \tag{4.9}$$

式中，$\beta_i$，$i=0,1,2,\cdots,9$ 为相应的待定系数，$\overline{T_e}$ 是归一化的扭矩，$\overline{n}$ 是归一化的转速，$\overline{\theta}_{th}$ 是归一化的油门开度。令 $x_1=\overline{n}^3$，$x_2=\overline{n}^2\overline{\theta}_{th}$，$x_3=\overline{n}\overline{\theta}_{th}^2$，$x_4=\overline{\theta}_{th}^3$，$x_5=\overline{n}^2$，$x_6=\overline{n}\overline{\theta}_{th}$，$x_7=\overline{\theta}_{th}^2$，$x_8=\overline{n}$，$x_9=\overline{\theta}_{th}$，$y=\overline{T_e}$，则式(4.9)可表示为

$$\begin{aligned}y &= \beta_0+\beta_1x_1+\beta_2x_2+\beta_3x_3+\beta_4x_4+\beta_5x_5\\&+\beta_6x_6+\beta_7x_7+\beta_8x_8+\beta_9x_9\end{aligned} \tag{4.10}$$

采用 Matlab 统计工具箱所提供的多元逐步回归方法，对式(4.10)进行变量的选取与剔除后，选入的变量为 $x_3$，$x_4$，$x_5$，$x_6$，$x_7$，$x_8$，$x_9$，最后得到的 Hirth 3203E 汽油机的稳态输出扭矩为

$$\begin{aligned}\overline{T_e} &= 0.0564-6.0792\overline{n}\overline{\theta}_{th}^2+3.6304\overline{\theta}_{th}^3-1.5907\overline{n}^2+10.3330\overline{n}\overline{\theta}_{th}\\&-5.7043\overline{\theta}_{th}^2-1.7777\overline{n}+1.9141\overline{\theta}_{th}\end{aligned} \tag{4.11}$$

式中，$\overline{T_e}$、$\overline{n}$ 和 $\overline{\theta}_{th}$ 皆为[0, 1]的无量纲值，对应的 $T_e$、$n$ 和 $\theta_{th}$ 为

$$T_e = 72\overline{T_e}\ (\text{Nm})$$

$$n = 3500\overline{n}+3000\ (\text{r/min})$$

$$\theta_{th} = 100\overline{\theta}_{th}(\%)$$

3) 发动机试验辨识模型

联立式(4.6)、式(4.7)、式(4.11)可得发动机模型：

$$\begin{cases}\tau_e\cdot\dot{T}_e+T_e=f_e(n,\theta_{th})\\J_e\dot{n}=(30/\pi)T_e-(30/\pi)T_l\\\overline{T_e}=0.0564-6.0792\overline{n}\overline{\theta}_{th}^2+3.6304\overline{\theta}_{th}^3-1.5907\overline{n}^2+10.3330\overline{n}\overline{\theta}_{th}\\\qquad-5.7043\overline{\theta}_{th}^2-1.7777\overline{n}+1.9141\overline{\theta}_{th}\end{cases} \tag{4.12}$$

### 4.2.2 喷油控制模型的建立

根据控制需要确定喷油控制模型的输入和输出参数。由于喷油控制器的原理是根据各种传感器的数据信息判断发动机的工况，根据一定的喷油控制算法，通过执行器对发动机进行准确的控制。二冲程发动机传感器提供的主要数据包括节气门、转速信号、进气压力和进气温度信号，喷油控制器根据四路信号的大小确定该工况下所需的喷油量，因此，喷

油控制器模型的结构如图 4.3 所示，其中空燃比 MAP 图是经过优化的最佳空燃比数据，根据各个工况工程要求来确定是经济空燃比还是功率空燃比。

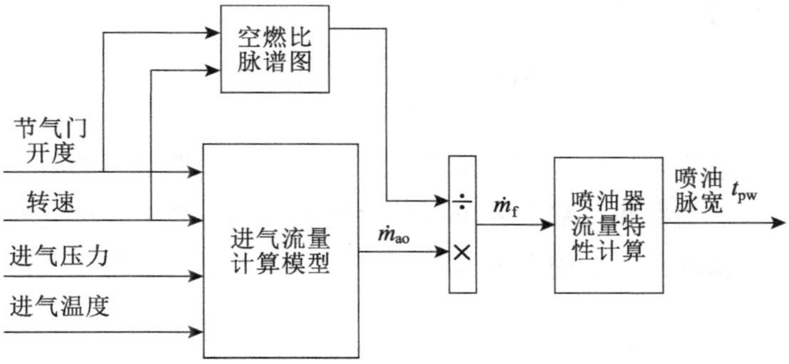


图 4.3　稳态工况喷油控制模型结构示意图

图 4.3 所示模型结构中，进气流量模型整合了进气道空气流量子模型和曲轴箱扫气子模型。喷油器流量特性计算模块是根据喷油器的流量特性公式把喷油量转换为喷油脉宽，以便喷油控制软件的编程，因为实际控制中对喷油量的控制是通过对喷油器控制线圈的通电时间来实现的。

上述模型结构只适用于稳态工况，在稳定工况时，由喷油器喷出进入油膜的燃油和油膜蒸发汽化的燃油相同，油膜处于一个动态平衡的状态。当油膜处于平衡状态时，喷油器喷出的燃油与进入到缸内的燃油量相同。

但油膜现象的存在使得瞬态工况下喷油器的喷油量和进入气缸的燃油量不相等。节气门开度增大的瞬态工况下，进气流量增大，而油膜蒸发的惯性使得实际从油膜蒸发出来的燃油量的增量比进气量增量小，从而造成进气混合气偏稀；相反，在节气门开度减小时，油膜蒸发出的燃油量又未及时减小，从而造成混合气偏浓。特别是在节气门急开、急关时，这种由油膜蒸发动态特性而带来的空燃比振荡将更为显著，因而必须对瞬态工况下油膜蒸发的动态特性进行补偿。为了消除上述影响，需要建立一个油膜补偿器来对喷油量进行补偿。

油膜子模型的传递函数为

$$G(s)=\frac{\dot{m}_{f}(s)}{\dot{m}_{fi}(s)}=\frac{1+(1-x)\tau_{ff}s}{1+\tau_{ff}s} \tag{4.13}$$

式中，$\dot{m}_{fi}$ 为燃油质量流量；$\dot{m}_{f}$ 为进入曲轴箱内的燃油流量；$\tau_{ff}$ 为燃油蒸发时间常数；$x$ 为喷射燃油沉积比例。

补偿器的最终目的是使实际进入气缸的油量 $\dot{m}_{f}$ 等于计算给定量 $\dot{m}_{fu}$，即 $\dot{m}_{fu}=\dot{m}_{f}$。代入式并联立式，得到如下补偿器模型方程：

$$\dot{m}_{fi}=\frac{1}{1-x}\left(\dot{m}_{fu}-\frac{m_{ff}}{\tau_{ff}}\right) \tag{4.14}$$

$$\dot{m}_{ff}=\frac{dm_{ff}}{dt}=-\frac{m_{ff}}{\tau_{ff}}+x\dot{m}_{fi} \tag{4.15}$$

将式(4.14)、式(4.15)进行拉氏变换得到燃油动态补偿子模型的传递函数为

$$H(s)=\frac{m_{\rm f1}(s)}{m_{\rm fu}(s)}=\frac{\tau_{\rm ff}s+1}{(1-x)\tau_{\rm ff}s+1} \tag{4.16}$$

其单位阶跃响应的传递函数为

$$\frac{1}{s}H(s)=\frac{1}{s}\frac{\tau_{\rm ff}s+1}{(1-x)\tau_{\rm ff}s+1} \tag{4.17}$$

补偿器的输入量是进入气缸的燃油流量，而输出是喷油器需要喷射的燃油量。如果能够精确辨识出补偿器里的参数，那么就可以消除燃油的动态效应。此时发动机工况要求的空燃比所需的喷油量和进入气缸的燃油量是相等的。图 4.4 为瞬态工况前馈燃油补偿控制策略原理框图。

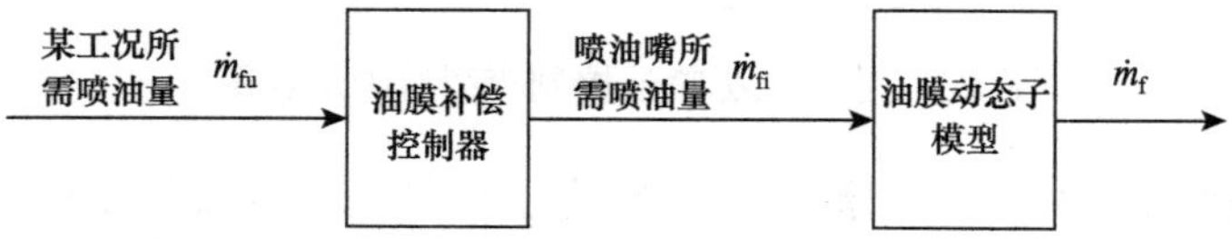


图 4.4　瞬态工况前馈燃油补偿控制策略原理框图

图 4.5 为具有前馈燃油补偿控制策略的喷油模型结构示意图。在实际喷油控制中，判断节气门变化进入瞬态工况后，油膜前馈补偿控制器激活，计算出喷油嘴需要喷出的喷油量，使某工况所需喷油量与实际进入曲轴箱的喷油量相等。

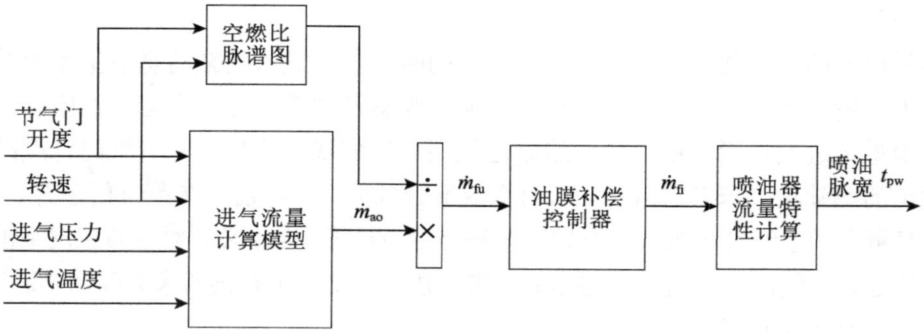


图 4.5　瞬态工况前馈燃油补偿控制模型结构示意图

### 4.2.3　发动机初始喷油 MAP 图的数值计算

研发电控燃油喷射系统需要初始喷油控制 MAP 图，它是保证控制系统正常工作最基本的控制数据。在保证发动机正常运转的基础上才能进行优化标定试验并最终确定喷油控制 MAP 数据。然而传统的获取喷油初始 MAP 数据的发动机台架试验需要大量的时间，浪费大量人力和物力。这里根据所建立的发动机工作循环数值模型，通过改变不同工况下模型中空燃比参数的大小进行发动机性能的数值计算，得到不同工况下发动机动力性、经济性和排放性指标随空燃比的变化关系，然后根据各工况对发动机性能要求优化计算最佳空燃比。

由所建二冲程发动机工作循环数值模型计算出不同工况下的进气道空气质量流量，根据初始空燃比 MAP 图计算出发动机初始喷油量数据，再由喷油嘴流量特性计算出初始喷油脉宽 MAP 图。

1. 发动机空燃比的数值优化计算

发动机 GT-Power 数值模型建立后，通过改变模型中空燃比参数的大小仿真计算不同工况下不同空燃比对发动机动力性、经济性等性能的影响及变化规律，通过一定的空燃比优化策略，优化出发动机不同工况下的最佳空燃比。这里根据项目要求对燃料喷油数据的数值优化标定主要以动力性为主要目标，适当兼顾燃油经济性，采用多目标优化最优技术来确定每一工况的最佳喷油脉宽。

为了保证发动机有良好的冷启动性能及大负荷工况的动力性能，对发动机启动工况采用喷油脉宽加浓的功率空燃比，大负荷工况区各工况点控制参数的优化以输出扭矩最大为优化目标，同时把发动机不产生爆震、缸体温度不超过一定值为限制条件。其他工况采用以动力性为主适当兼顾经济性指标的优化标定策略。大负荷工况区对某一工况点的优化可以表示成如下的形式：

$$\begin{cases} \max T = f(n,\alpha,\lambda,\theta) \\ T_{\mathrm{b}} \leqslant T_{\mathrm{Lim}} \end{cases} \tag{4.18}$$

式中，$T$ 为发动机输出扭矩，$n$ 为发动机转速，$\alpha$ 为节气门开度，$\lambda$ 为空燃比，$\theta$ 为点火提前角，$T_{\mathrm{b}}$ 为缸体温度，$T_{\mathrm{Lim}}$ 为缸体温度限定值。原型发动机为磁电机点火系统，点火提前角使用原型机的参数值，因此数值计算优化以空燃比为主要控制参数。

表 4.1 为数值优化计算出的发动机部分工况的空燃比。

**表 4.1　数值优化计算出的发动机部分工况的空燃比**

| $\alpha$/(unit) | $n$/(r/min) | | | | | |
|---|---|---|---|---|---|---|
| | 2000 | 3000 | 4000 | 5000 | 6000 | 6500 |
| 250 | 14.317 | 14.801 | 14.271 | 13.834 | 13.507 | 13.852 |
| 230 | 14.348 | 14.904 | 14.289 | 13.874 | 13.657 | 13.843 |
| 210 | 14.370 | 14.916 | 14.275 | 13.934 | 13.661 | 13.882 |
| 190 | 14.353 | 14.911 | 14.283 | 13.955 | 13.807 | 13.995 |
| 170 | 14.447 | 14.905 | 14.299 | 13.962 | 13.925 | 14.057 |
| 150 | 14.468 | 14.919 | 14.331 | 14.106 | 14.045 | 14.352 |
| 130 | 14.370 | 14.932 | 14.378 | 14.122 | 14.113 | 14.158 |
| 110 | 14.383 | 14.944 | 14.441 | 14.434 | 14.358 | 14.366 |
| 90 | 14.447 | 14.957 | 14.558 | 14.632 | 14.463 | 14.352 |
| 70 | 14.468 | 14.972 | 14.611 | 14.710 | 14.534 | 14.933 |
| 50 | 14.570 | 14.983 | 14.734 | 14.765 | 14.872 | 15.013 |
| 30 | 14.653 | 14.962 | 14.839 | 14.843 | 15.110 | 15.134 |
| 10 | 14.667 | 14.954 | 14.871 | 14.934 | 15.134 | 15.211 |

从表 4.1 中看出，发动机在启动工况范围，空燃比较小，使得喷油脉宽加大；发动机在小负荷、高转速工况及中速范围，发动机空燃比接近理论空燃比；而在大负荷高转速工况范围，空燃比较小，喷油脉宽较大，发动机空燃比为功率空燃比。

GT-Power 软件为一维数值计算模拟软件，考虑了管道内的一维气体动力特性，能较好地计算气体流过的管路、容积腔等零部件时引起的压力和温度、流动速度、气体密度等参数的变化。利用 GT-Power 模型可以计算进气道等气体管路的空气质量流量，这对不同工况下计算初始喷油量提供了重要数据。表 4.2 为二冲程发动机通过簧片阀进入曲轴箱的空气质量流量的部分计算值，其流量单位为 g/s。

**表 4.2　进入曲轴箱的空气质量流量计算值**

| α/(unit) | n/(r/min) | | | | | | |
|---|---|---|---|---|---|---|---|
| | 3500 | 4000 | 4500 | 5000 | 5500 | 6000 | 6500 |
| 250 | 15.3936 | 18.9686 | 22.2736 | 25.5506 | 29.9520 | 34.4462 | 33.0170 |
| 230 | 14.9046 | 17.7846 | 21.3398 | 24.7486 | 28.7106 | 33.0222 | 31.9796 |
| 210 | 14.2708 | 16.4880 | 20.0076 | 23.9712 | 27.5144 | 30.9882 | 309746 |
| 190 | 13.5124 | 15.2740 | 18.9546 | 23.2064 | 26.0818 | 29.3808 | 29.9964 |
| 170 | 12.9308 | 14.1396 | 17.7564 | 22.2306 | 24.7176 | 27.5500 | 28.7386 |
| 150 | 12.3722 | 13.0812 | 16.6252 | 20.8332 | 22.9366 | 25.0000 | 26.0782 |
| 130 | 11.4462 | 11.9534 | 15.2150 | 18.8818 | 20.3198 | 21.9240 | 23.6434 |
| 110 | 9.9934 | 11.6988 | 13.1462 | 15.8100 | 16.6224 | 17.9302 | 21.4076 |
| 90 | 8.2832 | 8.3252 | 9.4774 | 11.1796 | 12.5930 | 15.0924 | 16.3124 |
| 70 | 6.1108 | 6.1720 | 6.7276 | 7.2188 | 8.7092 | 10.3840 | 11.5396 |
| 50 | 3.1768 | 3.4564 | 3.7472 | 1.5588 | 4.6662 | 5.2740 | 7.0518 |
| 30 | 2.1048 | 2.2228 | 2.3332 | 2.4726 | 2.5924 | 2.6198 | 3.9668 |
| 10 | 1.4848 | 1.7464 | 2.0652 | 2.4726 | 2.3332 | 2.1534 | 2.1446 |

图 4.6 为数值计算出的原型二冲程发动机全工况进入曲轴箱的空气质量流量的三维坐标图。从图中可以看出，随着节气门开度的增大，进气道空气质量流量逐渐增加。

利用 GT-Power 发动机数值计算模型计算出进入曲轴箱的空气流量 $\dot{m}_a$，单位为 g/s，发动机的转速为 $n$，则每循环进入曲轴箱的空气质量流量 $\dot{m}_{\text{acy}}$ 可由下式计算：

$$\dot{m}_{\text{acy}} = \frac{60 \cdot \dot{m}_a}{n} \tag{4.19}$$

2. 发动机初始喷油脉宽 MAP 图的数值计算

发动机的循环喷油量由下式计算：

$$\dot{m}_{\text{fcy}} = \frac{60 \cdot \dot{m}_{\text{a}}}{n \cdot \lambda} \tag{4.20}$$

式中，$\lambda$ 为发动机目标空燃比，采用数值优化计算出的发动机的空燃比；$\dot{m}_{\text{fcy}}$ 为每循环的喷油量(g/循环)。

计算出各工况的循环喷油量后，根据喷油器事先标定的流量特性曲线，可以计算出对应的喷油脉宽 $t_{\text{pw}}$ (ms)。通过这种计算方法计算出发动机喷油控制所需的初始喷油脉宽 MAP 图。根据式(4.20)结合喷油器流量特性曲线计算出发动机不同工况下每循环的喷油脉宽，表 4.3 为发动机部分工况初始喷油脉宽数据，全工况初始喷油脉宽 MAP 图如图 4.7 所示，喷油脉宽单位为 ms。

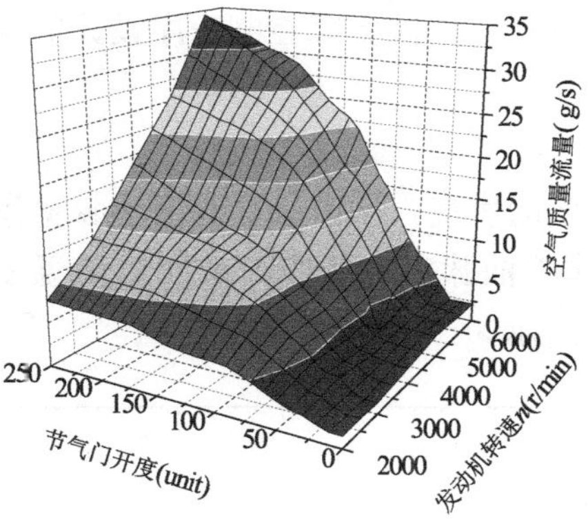


图 4.6　进入曲轴箱的空气质量流量三维图

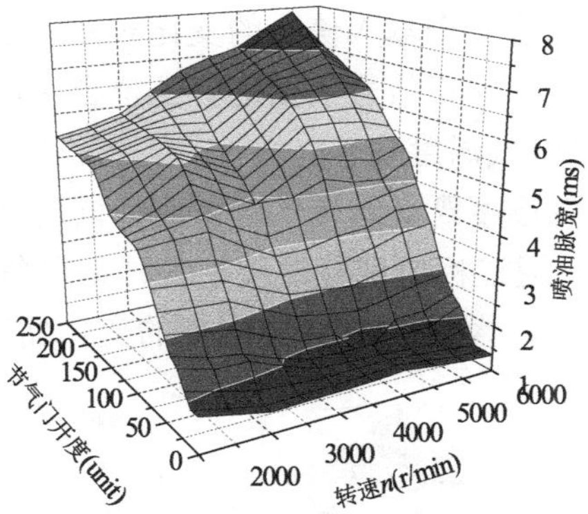


图 4.7　发动机初始喷油 MAP 图三维图

**表 4.3　发动机部分工况初始喷油脉宽数据**

| $\alpha$/(unit) | $n$/(r/min) | | | | | |
|---|---|---|---|---|---|---|
| | 2000 | 3000 | 4000 | 5000 | 6000 | 6500 |
| 250 | 5.481058 | 5.840040 | 6.697989 | 7.143002 | 7.906012 | 7.106018 |
| 230 | 5.430990 | 5.786989 | 6.340015 | 6.949019 | 7.618987 | 6.913002 |
| 210 | 5.382011 | 5.734986 | 5.947997 | 6.760986 | 7.209010 | 6.726014 |
| 190 | 5.285986 | 5.682983 | 5.5809527 | 6.576000 | 6.885019 | 6.544013 |
| 170 | 5.237974 | 5.632028 | 5.2379747 | 6.339979 | 6.515999 | 6.309990 |
| 150 | 4.743946 | 5.530038 | 4.9179747 | 6.001983 | 6.002016 | 5.815003 |
| 130 | 4.377022 | 5.285986 | 4.576992 | 5.529989 | 5.382011 | 5.361991 |
| 110 | 4.262011 | 4.786999 | 4.500015 | 4.786999 | 4.577012 | 4.946004 |
| 90 | 4.150023 | 4.26197 | 3.480030 | 3.667023 | 4.005019 | 3.998005 |
| 70 | 3.540983 | 3.420005 | 2.829025 | 2.709007 | 3.055984 | 3.109990 |
| 50 | 2.811973 | 2.586989 | 2.007982 | 1.339997 | 2.026002 | 2.275002 |
| 30 | 2.3539833 | 2.142988 | 1.635011 | 1.561027 | 1.491015 | 1.701015 |
| 10 | 1.761028 | 1.450018 | 1.490975 | 1.561027 | 1.390070 | 1.361982 |

### 4.2.4　喷油控制策略及控制软件设计

为了实现对发动机的喷油控制，在完成硬件电路的设计后，制定不同工况喷油控制策略和软件的研发。对发动机喷油控制器采用基于插值算法的喷油控制策略，即根据工况信号对基本喷油 MAP 图进行插值获得基本喷油量数据，再根据修正信号对基本喷油量进行修正。发动机基于插值的喷油控制策略可以借鉴原型机基于插值和修正的控制策略。

1. 喷油控制策略

1) 发动机基本喷油数据及修正数据

图 4.8 为发动机基本喷油 MAP 图，在供油压力保持一定的情况下，喷油器的每循环喷油量仅和喷油时间有关，所以喷油量可以用相应的喷油脉宽来表示。

进气温度、发动机缸体温度、蓄电池电压的变化对发动机的喷油量有一定的影响，需要根据上述几个输入信号的变化对基本喷油脉宽进行修正。因实际控制程序设计的需要，对上述三个修正信号数据进行了拟合，形成公式。

(1)进气温度修正。

进气温度既影响进气的密度，同时又影响混合气的燃烧，因而必须对喷油脉宽作相应的校正。通过标定试验发现在各种工况条件下，基本喷油脉宽 $T_0$ 的修正系数 $K_1$ 随温度变化基本相同，修正系数 $K_1$ 随温度的变化曲线如图 4.9 所示。

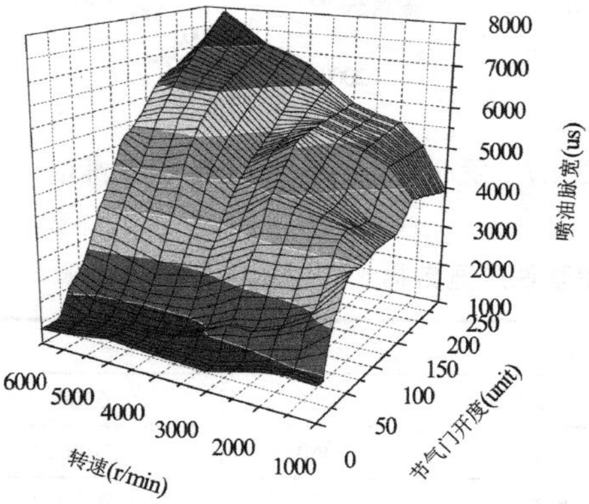


图 4.8　发动机基本喷油脉宽 MAP 图

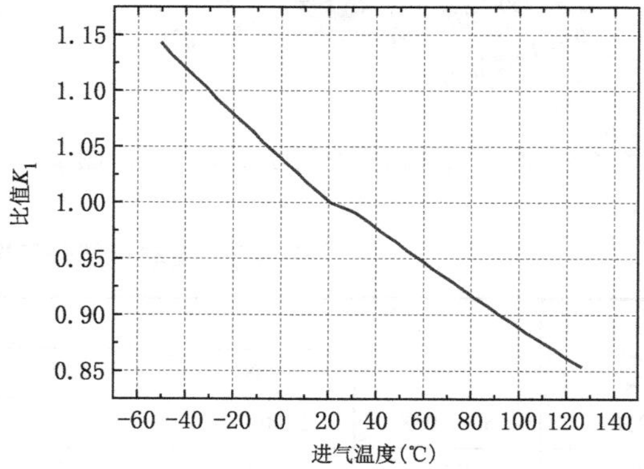


图 4.9　进气温度修正比值系数曲线

修正系数 $K_1$ 随进气温度的变化的数据拟合公式为

$$K_1 = 1.0426 - 0.0018t_1 + 0.000003t_1^2 \tag{4.21}$$

式中，$t_1$ 为发动机进气温度。

根据图 4.9 可以看出，当进气温度约为 21℃时 $K_1 = 1$。当进气温度大于 21℃时，随着温度的升高，$K_1$ 逐渐减小，即发动机修正后的喷油脉宽减小；当进气温度小于 21℃时，随着温度的降低，$K_1$ 逐渐增大，即发动机修正后的喷油脉宽增大，即加浓混合气的浓度以弥补因燃油冷凝而造成的混合气过稀。

(2)缸体温度修正。

缸体温度反映了发动机的工作状态，缸体温度影响混合气的汽化程度和燃烧的速度。为了保证燃烧所需要的有效空燃比，需要根据该温度调整空燃比，即修正喷油脉宽。基本喷油脉宽 $T_0$ 随缸体温度变化的修正系数为 $K_2$，图 4.10 为经标定试验修正系数 $K_2$ 随缸体温度变化的曲线。

修正系数 $K_2$ 随缸体温度的变化的数据拟合公式为

$$K_2 = \begin{cases} -0.0024t_2 + 1.0450t_2{}^2 & t_2 \leqslant 25 \\ 1 & t_2 > 25 \end{cases} \tag{4.22}$$

式中，$t_2$ 为发动机缸体温度。

从图 4.10 中可以看出，当缸体温度低于 25℃时，随着温度的降低，$K_2$ 逐渐增大，即发动机的修正后的喷油脉宽增大，逐渐加浓。当缸体温度高于 25℃时，喷油脉宽基本不需要校正。

在冬天发动机进行冷启动时(缸体温度低于 25℃)，为了提高有效空燃比，必须加大喷油脉宽，以实现顺利启动；否则，将会出现启动困难、怠速不稳、熄火、抖动等现象。当缸体温度高于 25℃时，因为高温的发动机成为加热汽油的能量，产生汽油蒸气，提高了有效空燃比，此时发动机启动不属于冷启动工况，因此 ECU 程序将不对喷油量进行加浓修正，以防止淹缸。

(3) 蓄电池电压修正。

电源电压影响喷油器线圈产生的电磁提升力。当电源电压较低时，喷油器针阀延迟时间和开启反应时间均增加，从而使有效喷油时间缩短，喷油量将会减少；若电压偏高，则可以使喷油器的开启速度加快，无效喷油时间缩短，喷油量就会比原来有所增加。另外，低电压还会使燃油泵转速降低。当燃油输出压力低于压力调节器可调节的工作范围时，燃油轨内的压力降低，进一步减少了喷油量。

由于发动机的供电是由蓄电池和发电机供电的，标称电压 12V，并存在一定变化。当启动机接通时蓄电池电压可降至 10V 左右，高速运转时发电机电压又可高达 14V 左右。为了获得稳定的空燃比控制，对电源电压的校正是十分重要的。通过改变喷油器线圈通电时间的方法可以修正蓄电池电压波动对喷油量产生的影响，电压偏高时应减小喷油脉宽值，电压偏低时应增大喷油脉宽值。图 4.11 为蓄电池电压变化时基本喷油脉宽 $T_0$ 的修正系数 $K_3$ 的变化曲线。

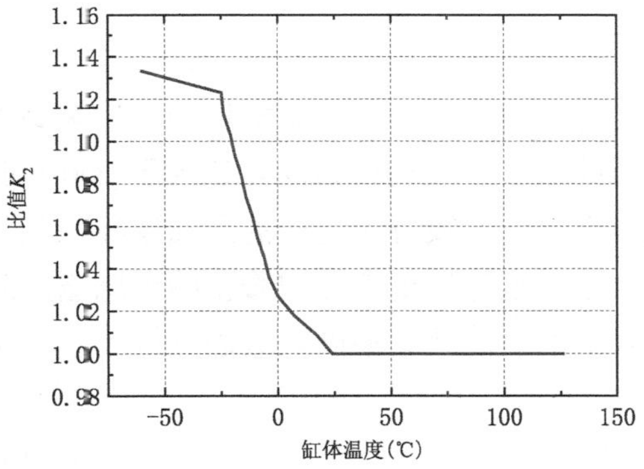


图 4.10　缸体温度修正比值系数曲线

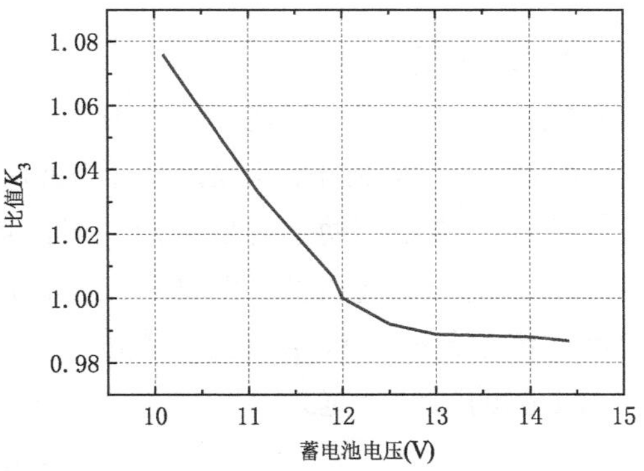


图 4.11　蓄电池电压修正比值系数曲线

修正系数 $K_3$ 随蓄电池的变化的数据拟合公式为

$$K_3 = 2.3629 - 0.2019u_3 + 0.0074u_3^2 \tag{4.23}$$

式中，$u_3$ 为供电电压。

从图 4.11 中可以看出，随着蓄电池电压的增大，修正后的喷油脉宽逐渐减小。

进气温度、发动机缸体温度、蓄电池电压对发动机喷油脉宽的修正数据获得后，最终喷油脉宽 $T$ 可以由下式计算：

$$T = T_0 + T_1 + T_2 + T_3 = (1 + K_1 + K_2 + K_3)T_0 \tag{4.24}$$

由于喷油量的控制是通过控制喷油器线圈的通断时间来完成的，所以在发动机喷油控制器实际控制中，某一稳定工况下的循环喷油量的大小即为喷油器线圈通电时间所喷的燃油量。

进气温度、发动机缸体温度、蓄电池电压对发动机喷油脉宽的修正与基本喷油脉宽一样，也作为发动机各个工况喷油器喷油脉宽的一部分。

2)喷油控制策略设计

发动机工作过程具有显著的时变性和非线性，很难建立精确的数学模型，完成发动机的控制任务。现代电控发动机通常采用基于 MAP 图的查表控制方法。最终喷油脉宽为基本喷油脉宽加修正喷油脉宽。当 ECU 接到点火开关接通信号时，ECU 便开始接收各个传感器的输出信号。ECU 根据发动转速和节气门信号来判定发动机的工况，并考虑发动机的急加速和急减速等过度工况下的控制策略。由于发动机基本 MAP 图中喷油脉宽已经包含了启动加浓、大负荷高转速加浓等修正，且进气温度、发动机缸体温度、蓄电池电压等修正信号的修正喷油脉宽已经标定，根据实际工程，这里把整个发动机运行工况分为上电初始化、启动工况、稳定工况、瞬态工况(急加/减速工况)、超速断油及意外处理工况，对启动工况的加浓修正根据试验做了进一步修正；把怠速暖机工况和稳定运行工况合并为一个工况，燃油喷射器最后执行的喷油脉宽均为基本喷油脉宽加修正喷油脉宽。

(1)ECU 上电初始化处理及预喷油功能。

ECU 上电后，控制器引脚输出高电平，油泵继电器动作，建立油压，大约 7 秒钟(由自由定时器控制)，控制器引脚输出低电平，继电器释放，油泵断电停止运转，然后 ECU 进入判工况程序。ECU 基本喷油脉宽插值计算程序和修正脉宽计算程序启动并不断进行工况判断。

(2)启动工况。

根据点火开关信号和转速信号判断进入启动工况，例如发动机启动机启动转速最高达 2000r/min 左右，因此 ECU 设定低于 900r/min 时不喷油，当发动机启动转速大于 900r/min 时开始喷油，这还有助于降低因启动时间过长或多次启动失败可能造成的溢油现象。除了基本喷油脉宽和进气温度、发动机缸体温度、蓄电池电压等修正信号的修正喷油脉宽反映了启动加浓信息外，根据试验做了进一步修正，对基本喷油脉宽乘以系数进行校正，修正后启动工况的喷油脉宽为

$$T=(F_S+K_1+K_2+K_3)T_0 \tag{4.25}$$

式中，$F_S$ 为启动喷油脉宽校正因子，$F_S>1$，这里取为 1.1。

发动机启动阶段的特点是电压低、温度低、转速低、进气量少、发动机阻力大。由于在启动阶段发动机气缸和进气道的温度较低，喷入进气道的燃油大部分是液态状态，实际进入气缸的混合气较稀，因此启动阶段供给的空燃比较浓，同时，要防止因燃油过多而淹缸。启动阶段喷入进气道的燃油的汽化率随着进气道壁的温度和进气温度而变化。温度越低，汽化率越低，需要供给的混合气越浓；温度越高，汽化率越高，需要供给的混合气越稀。启动阶段的标定目标是根据进气温度和缸体温度，调整启动阶段的空燃比，使气缸以最快速度产生第一次点火。启动阶段的供油规律是：启动开始时燃油供给量很大，使进气道壁很快变湿，产生可燃烧的混合气，然后逐渐减少供油量，防止淹缸。标定的基本喷油脉宽和进气温度、发动机缸体温度修正喷油脉宽，反映了该阶段的供油规律，能保证启动性能良好。

(3) 稳定工况。

判断进入稳定工况的方法是设定一个时间间隔，如果在该时间间隔内转速均大于一个固定值(这里取为 1200r/min)判断进入了稳定工况，发动机真正启动，该时间间隔取值要适当。

在稳定工况，ECU 根据发动机的节气门和转速信号采用二维插值算法插值出基本喷油脉宽，再加上进气温度、发动机缸体温度、蓄电池电压的修正喷油脉宽，作为最后执行喷油脉宽进行喷油。原型发动机由于没有怠速恒转速控制器，稳定性较差，转速波动较大。例如设置发动机的初始节气门开度为 5%，发动机启动稳定后，怠速约为 1500r/min。

(4) 瞬态工况。

为了增强发动机在急加/减速工况的动态性能，在 ECU 中设置了急加/减速工况喷油控制策略。ECU 根据节气门的变化情况来判断为稳定工况还是瞬态工况。当在规定的时间内采集的两次节气门开度大小之差大于某一定值时，判断处于瞬态工况，否则为稳定工况。

对于加速工况，节气门开度迅速增大，由于进入发动机各缸的空气量迅速增加，喷到进气管内的燃油量虽然也随之增加，但由于其通过进气道的速度不如空气快，加上加速过程中进气管内压力降低，燃油汽化程度降低，会使附在进气道壁面上的燃油量增多，这一部分附着的燃油需要一定的时间才能汽化，因此加速时实际进入气缸的燃油量不足，有效空燃比值提高，气缸混合气变稀而不易燃烧，发动机会出现熄火、喘震等现象。因此，加速过程中，要增加燃油喷射量，加大喷油脉宽。

对于减速工况，当节气门开度迅速减小时，发动机由于惯性会维持一段时间的高速运行，这使得进气管内压力值急剧降低，从而导致凝结在进气道壁上的液态燃油迅速汽化进入气缸，使进入气缸内的混合气瞬间变浓，严重时甚至会引起发动机失速、过浓失火现象，同时使排放恶化。因此在减速工况中，要根据节气门的变化率减小供油量，减小喷脉宽。

因此，ECU 对急加/减速的喷油脉宽进行了修正，加速加浓，减速减油。采用对基本喷油脉宽乘以校正因子的方法实现对急加/减速喷油脉宽的修正。急加速工况修正后的喷油脉宽计算如下式：

$$T = (F_A + K_1 + K_2 + K_3)T_0 \tag{4.26}$$

式中，$F_A$ 为急加速喷油脉宽校正因子，$F_A > 1$，是节气门变化率的函数，随着节气门变化率的增大而增大。试验标定直接取常数。

急减速工况喷射器最后执行喷油脉宽的计算如下式：

$$T = (F_D + K_1 + K_2 + K_3)T_0 \tag{4.27}$$

式中，$F_D$ 为急减速喷油脉宽校正因子，$F_D < 1$，是节气门变化率的函数，随着节气门变化率的增大而减小。试验标定直接取为常数。

在急减速工况中有一种发动机高速运转节气门突然复位工况，此时 ECU 应停止燃油喷射，发动机转速逐渐下降，待转速下降到某一预设值时(例如 2000r/min)才恢复供油，维持发动机运转，直到怠速工况。在高速时节气门突然复位，进气管压力很低，引起燃烧不稳定。采用断油策略不仅可以降低油耗，防止过浓而使发动机熄火，还可以改善不稳定燃烧造成的排放，减速断油还可以增加发动机的制动作用。ECU 设定在检测到发动机转速大于

4500r/min、节气门迅速减小到小于 10%时，认为进入到高速运转节气门突然复位工况，喷油嘴停止供油，直到转速下降到 2000r/min 恢复供油。

(5)超速断油工况。

发动机超速断油是为了防止发动机转速过高而引起损坏，要对其最高转速进行限制。过去为了防止发动机转速过高或飞车，常在发动机达到最高转速时采用切断点火或点火瞬间延迟的办法，这对排放和燃油经济性是不利的。系统采用超速断油的方法，当转速达到设定的断油转速时切断供油。此时转速开始降低，当达到恢复供油的转速时，又恢复供油，如此循环，达到限制最高转速的目的。例如，设定 ECU 的开发设定断油的转速为 6500r/min，超过此转速时断油。

(6)意外处理工况。

由于设计的喷油 ECU 最后要直接进行发动机台架试验，考虑到 ECU 在控制过程中可能会遇到意外情况发生，比如发动机运行在高速区，某一路传感器信号突然中断的处理，以及程序陷入了死循环的处理等，所以程序控制中对一些意外情况的发生进行了安全处理。

对于发动机程序进入死循环的处理，ECU 采用微控制器具有的软件看门狗复位功能，在程序进入死循环后因不能及时“喂狗”而产生一个 COP 重启。ECU 对重启后程序的运行起点及初始喷油寄存器的写入值进行了重点设置，主要是为了使发动机在高速运行时保持连续运转而不至于由于复位使喷油暂时中断造成转速大的波动。

此外喷油控制程序中还使用了软件中断(SWI)功能和时钟监控中断功能。软件中断功能是把若干软件中断指令放置在剩余内存中，如果程序进入未使用空间就会产生一个软件中断，为错误恢复做了准备；时钟监控中断功能是系统时钟频率低于某个预设值或停止时，将触发时钟监控复位并产生中断。这两个中断功能的使用增强了程序的抗干扰能力和可靠性。

### 2. 控制软件设计

良好的软件设计思路是保障电控单元可靠工作的先决条件，控制软件的功能包括采集信号的处理、控制决策的确定以及正确控制信号的生成等。在喷油控制器软件的设计中，使用 C 语言和汇编语言混合编程。汇编语言程序占用存储空间小、对硬件控制灵活、反应速度快，但是汇编语言可读性差、难于进行调试与更新维护。C 语言程序开发时间短、更新维护方便、可移植性强，但是单独用 C 语言开发程序具有占用存储空间大、对硬件控制不灵活等缺点，所以编程过程中应该考虑两者结合，即采用 C 语言和汇编语言混合编程。喷油控制器程序用 C 语言编写嵌入式控制算法应用，而用汇编语言编写与时间有关的部分。

采用模块化的设计方法，尽量使程序优化，保证运行的实时性。按系统功能将整个程序分成若干个模块，每个程序模块完成特定的计算、处理或控制功能。控制系统软件具有结构清晰、易扩展和易调试的特点，可以满足控制系统实时控制的要求。

#### 1) 软件总体结构

(1)控制软件模块组成。

控制软件模块组成如图 4.12 所示，其中箭头所指方向为控制程序的编程顺序。

程序首先定义有关的各种变量和常量。本程序利用指令#pragma DATA_SEG〈segment name〉、#pragma CODE_SEG〈segment name〉、#pragma CONST_SEG〈segment name〉分

别把变量、常数和程序代码存储在存储器的不同位置。全局变量通常是为了给中断服务函数传递参数定义的，把它们定义在一个相对集中的 RAM 空间；本程序的基本喷油 MAP 图是作为常数以数组的形式定义的，利用指令#pragma CONST_SEG〈segment name〉把 MAP 图放在了 FLASH 存储区固定页，保证了数据的可靠性。接着定义了程序中用到的各种函数原型，然后按照功能需求进行了 AD、PWM、ECT 等功能模块的各种设置。

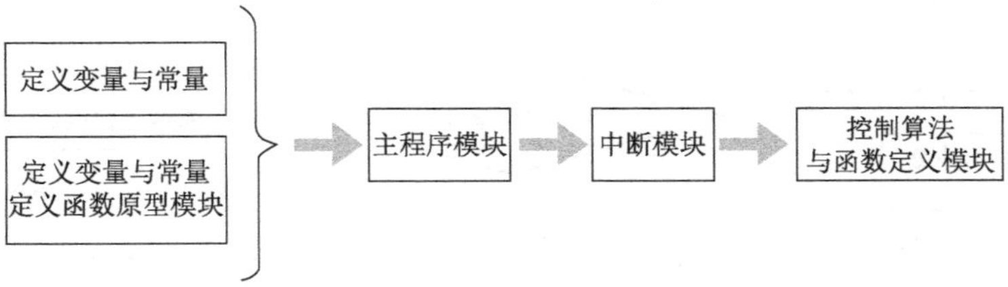


图 4.12　喷油控制软件模块组成框图

主程序模块主要完成 ATD、PWM、ECT 和 SCI 等微控制器芯片外围功能模块的初始化设置，各种输入采集信号的计算，喷油脉宽的计算，判工况和各工况处理以及通信的实现等功能，是控制程序的核心模块。中断模块主要完成各个中断的处理，中断程序主要的中断子程序如图 4.13 所示。其中定时器输入捕捉中断子程序用来计算转速，PWM 模块对喷油器的执行控制也在此中断子程序中完成。

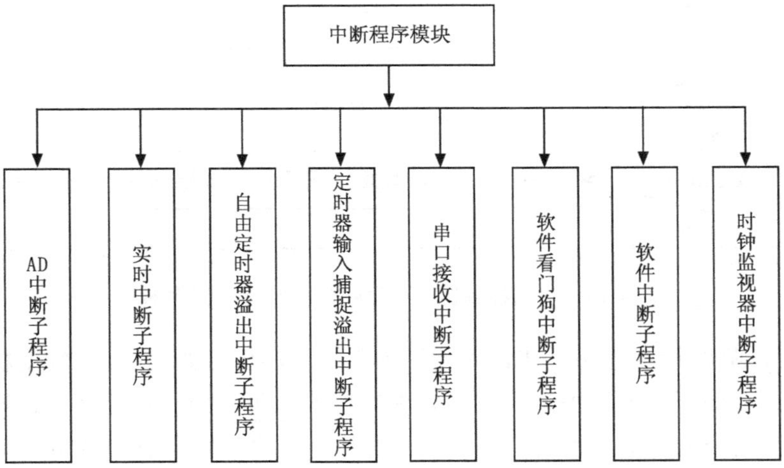


图 4.13　喷油控制程序中包含的中断子程序

控制算法与函数定义模块是一些计算算法函数子程序，这些计算子程序供主程序调用。程序主要包括采集计算子程序、二维插值控制算法子程序、转速周期频率计算子程序、滤波程序、各种修正公式计算子程序、串口发送和接收字符子程序、各种输入信号 AD 转换值和显示值的转换子程序、两次计数之差计算子程序、节气门变化率计算子程序等一些函数计算程序。

(2) 主程序喷油控制策略流程图。

喷油控制器的主程序喷油控制策略流程如图 4.14 所示，中断处理程序根据各自中断响应级别产生中断。

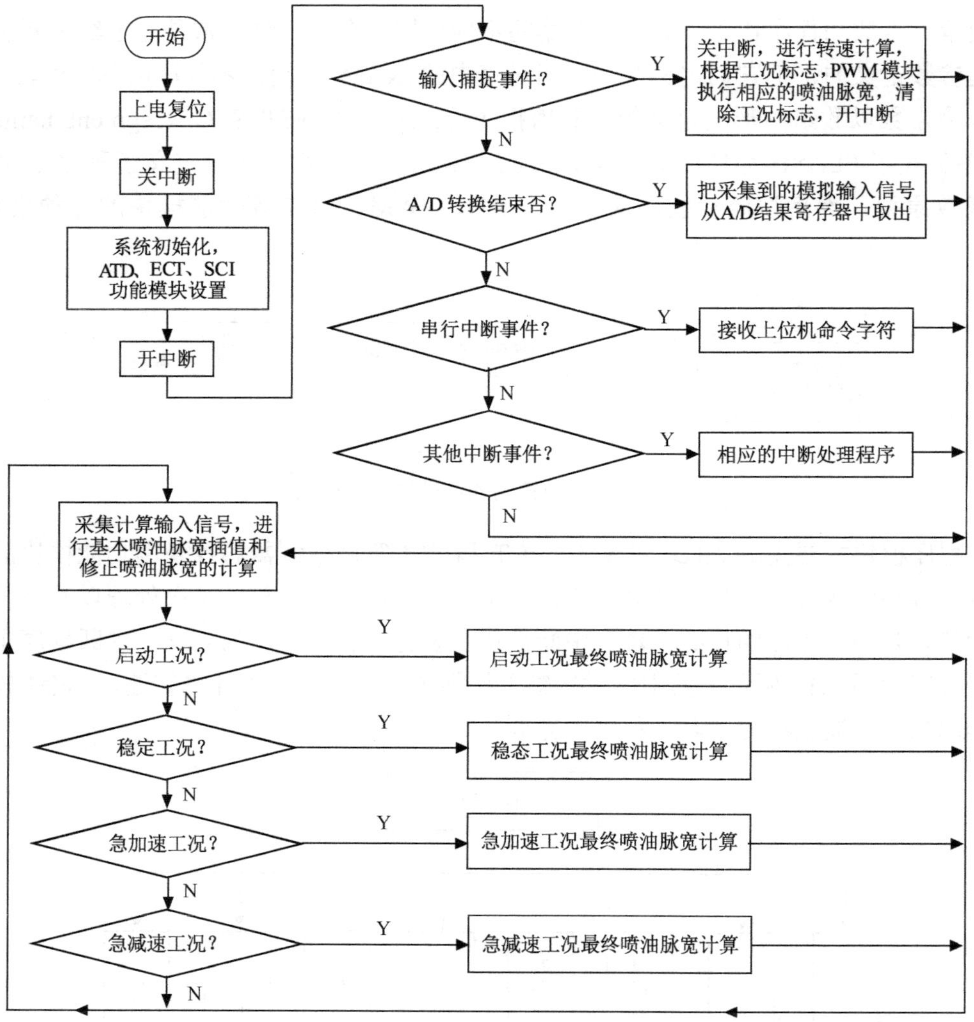


图 4.14　喷油控制器主程序喷油控制策略流程图

设计的 ECU 喷油控制程序是在输入捕捉中断子程序中开始喷射的。发动机对喷油时刻的要求不高，只要保证每循环每缸喷入所要求的燃油即可。由于每循环转速波形有两个周期的方波，即有两个上升沿，而且两个上升沿分别是两个气缸最佳点火时刻。每个上升沿为压缩上止点前某个角度，此时也正是发动机的曲轴箱进气过程，而二冲程发动机喷油的最佳时刻为进气过程，所以可以采用转速信号的每一个上升沿喷油一次，每循环两个上升沿喷射两次的控制策略，保证两个气缸都有在进气过程喷射一次的机会。

2) 软件功能的实现

(1) 转速计算。

转速测量有测频法和测周期法两种，通过测量转速传感器发出信号的频率或周期来获得转速值。测频法是在固定测量时间对转速传感器发出的脉冲信号进行计数，测量精度取决于转速传感器的分辨率。设每转一周转速传感器能发出 $Z$ 个脉冲，则转速脉冲频率 $f_x$(Hz) 与被测转速 $n$(r/min) 的关系为 $f_x = Zn/60$ 。测周期法测量转速的基本原理就是在 $K$ 个（$K \geqslant 1$）转速脉冲信号周期 $T_x$ 内对具有恒定频率 $f_0$（周期 $T_0$）标准时钟脉冲信号进行计数，再利用计

数结果 $N_x$ 计算出转速脉冲信号周期 $T_x = N_xT_0/K$ ， $K$ 为转速脉冲个数。经过简单的换算，即可由 $T_x$ 求得被测转速。

(2) 二维插值算法。

ECU 喷油控制算法采用二维插值算法，插值算法直接影响喷油基本脉宽的输出，准确可靠的二维插值程序对整个喷油电控单元的控制效果尤为重要。

例如，二冲程发动机喷油控制为开环控制，开环控制系统只受发动机运行工况参数变化的控制，按事先设定在计算机控制单元中的控制规律工作。发动机的转速和负荷是发动机运行工况的特征量，并且对空燃比等控制量的影响最大，因此 MAP 图通常都以转速和负荷为变量。其中转速单位以 r/min 表示，而负荷通常用进气管压力或节气门位置或进气流量来表示。为了提高精度，可以将转速和负荷分得较精细，但是间隔划分越小，试验工作量就越大，往往需要高额的费用与大量的时间。

为了提高精度将转速和负荷分得较细，但无论如何划分转速和负荷的间隔，二维数表总是有限的离散量，而实际运行时转速和负荷可以为任意正数。所以控制器在实际确定基本量时往往要采用二维插值的方法，利用相邻点的值进行二维线性插值。如图 4.15 所示，E 点为待求点；A、B、C、D 四点为 E 点所对应工况所在区间的四个节点；$T_{P1}$、$T_{P2}$、$T_{P3}$、$T_{P4}$ 为各节点所对应的最佳测量值(如空燃比、喷油脉宽等)。

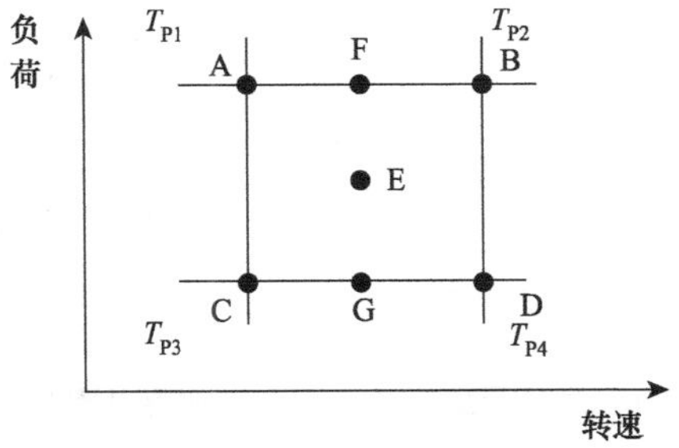


$$T_{PF} = \frac{\overline{FB}\times T_{P1}+\overline{AF}\times T_{P2}}{\overline{AB}}$$

$$T_{PG} = \frac{\overline{DG}\times T_{P3}+\overline{CG}\times T_{P4}}{\overline{CD}}$$

$$T_{PE} = \frac{\overline{EG}\times T_{PF}+\overline{EF}\times T_{PG}}{\overline{FG}}$$

图 4.15　基本量的四点插值

根据图 4.15 所示的插值算法采用微控制器 C 语言开发二维插值程序。对基本喷油数据定义为数组形式，转速和节气门开度采用一维数组，对应的喷油脉宽采用二维数组，作为常数定义存放在 FLASH 存储区固定页。其中转速范围在[0,6500]区间内(间隔为 100r/min)，共 66 个点；节气门开度范围为 0～100%(间隔为 2%)，共 50 个点。所以喷油脉宽数据共 66×52 个，喷油脉宽数据信息量较大。利用数组进行二维插值程序计算，方便定位工况点的 66×50 个数据，所编插值程序能对区间范围内任何工况点进行二维插值。

## 4.3　汽油缸内直喷发动机电子控制系统

汽油缸内直喷(GDI)发动机则直接把燃油喷入气缸内，通过组织合理的气流运动和控制精确的喷油时间，在不同的工况实现不同的混合气制备，从而实现更好的燃油经济性和更低的排放。在汽油机中采用缸内直接喷射后，提高冷启动性能，能有效提高缸内充气系数，降低爆震极限，提高压缩比，改善发动机的经济性、冷启动性能和动力性能。

### 4.3.1 缸内直喷发动机燃烧模式

缸内直喷汽油发动机，主要有两种燃烧模式：分层燃烧和均质燃烧。两种燃烧模式的本质区别在于喷油定时、节气门位置和混合气成分的不同。

在部分负荷时，发动机采用分层燃烧模式。燃油在压缩行程后期喷入气缸内，以火花塞为中心形成具有一定浓度梯度的分层混合气。发动机点火时，火花塞附近的浓混合气遇火燃烧，远离火花塞区域的稀混合气和新鲜空气隔断了燃烧放热与缸壁之间的热传导，提升了热效率。形成良好的分层混合气，需要燃烧室形状、喷油器位置、喷油正时等协同工作，达到分层燃烧的效果。

在较高负荷范围，发动机使用均质燃烧模式。燃油在排气口关闭后喷入气缸内，混合气的浓度在理论空燃比附近，混合气在气缸内均匀分布，燃烧充分，以获取较大的扭矩和功率。均质燃烧发生在整个燃烧室内，对燃烧室形状、喷油器位置、喷油正时等要求没有分层燃烧严格。二冲程缸内直喷发动机，新鲜燃油在气缸内存留的时间较短，形成高度均质混合气较困难，多形成分层混合气，进行分层燃烧。

为了在缸内直喷发动机上实现分层燃烧模式，出现了三种不同的燃烧系统，它们的区别在于燃料从喷油器转移到火花塞附近的引导方式，如图 4.16 所示。

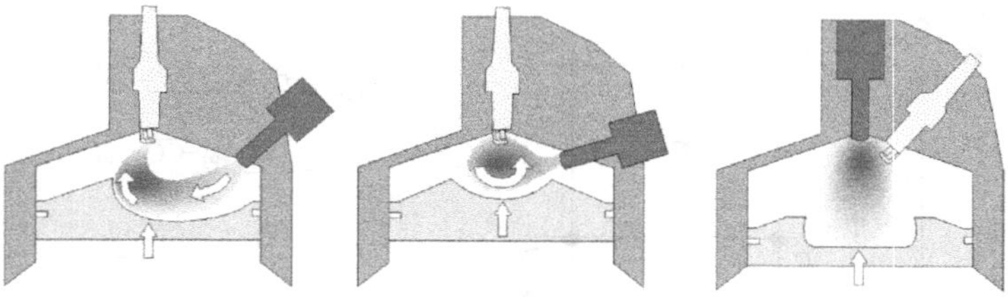

(a)壁面引导型　(b)空气引导型　(c)喷雾引导型

图 4.16　缸内直喷发动机燃烧系统分类

1. 壁面引导型

火花塞布置在气缸盖中央，喷油器和火花塞之间的距离较大，喷油器布置在气缸盖侧边。燃油喷射在特殊形状的活塞表面，燃油随着气缸内的气流运动，在火花塞附近形成较浓的混合气。当火花塞点火时，有部分燃油来不及蒸发，这部分燃油燃烧不充分，导致未燃碳氢(UBHC)排放量较高。此外，喷油定时与活塞运动直接相关，因而也就与发动机转速直接相关。混合气从喷油器运动到火花塞过程中经过较长的距离，为了在不同转速下在火花塞附近获得较浓的混合气，对喷油正时和点火正时要求较高，但效果不明显。

2. 空气引导型

喷油器远离火花塞布置，燃油直接喷射到气缸中，不会喷射到活塞表面，气缸内组织良好的气流将燃油送至火花塞附近，在火花塞周围形成较浓的混合气。特殊形状的活塞会对空气运动起到促进作用。与壁面引导型燃烧过程不同，理论上空气引导型燃烧系统不存在燃油湿壁。燃烧过程的成功实现依赖于喷油与进气运动之间的配合，因此将定向的空气运动维持到压缩行程后期特别重要，然而气流运动所要求的涡流和滚流会使充气效率降低，发动机性能会有所下降。

3. 喷雾引导型

喷油器布置在气缸盖中央，火花塞布置在气缸盖侧面，火花塞和喷油器间的距离较小。这种布置可以使得燃烧室内形成分层良好的混合气的同时，火花塞附近有较浓的混合气，对燃烧室形状和活塞顶面无特殊要求。气缸内不需要形成特定的气流运动，可以实现灵活的喷油正时控制。而且，混合气的分层梯度非常高，即在火花塞附近有极浓的混合气，而在远离火花塞处混合气的浓度很低。因此，许多研究人员认为，喷雾引导型燃烧系统能够充分发挥分层充气燃烧的最大潜力。但喷雾引导型燃烧系统对喷油器的喷雾特性要求非常高，发动机高速时易出现混合气漂移现象。

### 4.3.2　缸内高压喷射控制系统

1. 缸内高压直喷汽油机的基本组成

图 4.17 所示为 MED-7 GDI 系统。

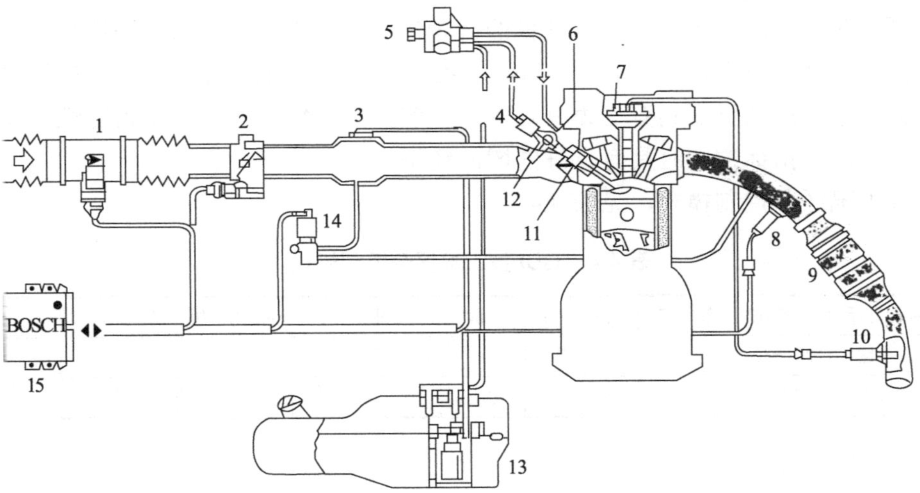


图 4.17　MED-7 GDI 系统

1-空气质量流量传感器；2-电子节气门；3-进气歧管压力传感器；4-燃油压力控制阀；5-高压油泵；6-共轨式燃油蓄压器；7-点火线圈；8-上游宽带氧传感器；9-$NO_x$催化转化器；10-下游宽带氧传感器；11-电磁高压旋流喷油器；12-燃油压力传感器；13-低压油泵；14-EGR 阀；15-ECU

装在发动机气缸盖上的高压旋流喷油器，如图 4.18 所示，直接将汽油喷在燃烧室内。活塞的顶部设计成特殊的凹坑形状，使吸入气缸内的空气形成旋流，汽油在火花塞周围形成较浓的混合气，以利于混合气的点燃。

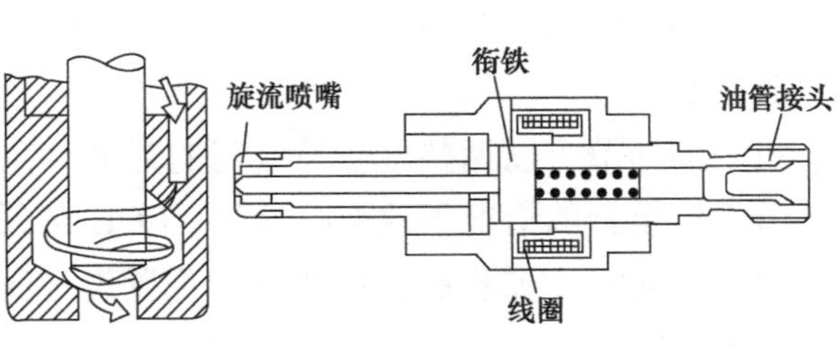


图 4.18　GDI 喷油器

与传统的 PFI 发动机不同的是，采

用充气效率较高的立式吸气进气道，高压油泵提供缸内直喷所需的 8～12MPa 的喷油压力，使缸内的直喷油雾粒直径可达 20～25μm。

2. GDI 控制策略

1) GDI 控制基本原理

GDI 控制的基本目标包括改善车用汽油机的燃油经济性、控制排放(主要是 $NO_x$ 和未燃 HC 的排放)。发动机在不同负荷条件下实行不同的控制策略。

当发动机工作在低速部分负荷时，采用推迟点火、分层燃烧的控制模式，进入气缸的空气形成旋涡在压缩行程后期喷入燃油，利用特殊的燃烧室形状和直立进气道，在火花塞间隙周围局部形成具有良好着火条件的较浓混合气(空燃比为 12～13.4)，而在燃烧室其余远离火花塞的区域则是纯空气或较稀的混合气，在两者之间，为了有利于火焰的传播，混合气浓度从火花塞开始由浓到稀逐步过渡，从而实现混合气分层燃烧，其空燃比一般可达 25～50，同时通过采用质调节避免了节流阀的节流损失，达到了与柴油机相当的燃油经济性。

在高速大负荷时，采用均匀混合稀燃混合气以克服节油与降低 $NO_x$ 排放之间的矛盾；而在全负荷时，燃油在进气行程中提早喷油，实现均质预混燃烧。采用此方案后由于喷入缸内燃油蒸发时的冷却作用，增加了整机的抗爆性能，可采用较高的压缩比(12～14)，有助于提高循环的理论效率，同时充气冷却作用还提高了发动机的充气效率， 提高发动机的动力性，缸内直喷汽油机还具有更为良好的加速响应性和优异的瞬态驱动特性，使汽油机在保持高动力性能指标的同时具有良好的燃油经济性。

GDI 按工况区分控制模式，见表 4.4。

**表 4.4　GDI 按工况区分控制模式**

| 工况 | 控制目标 | 空燃比 | 节气门 | 转矩调节 | 充量 | 喷油正时 | 喷油压力 | 喷油雾化 | 油束穿透 |
|---|---|---|---|---|---|---|---|---|---|
| 低 | 经济性 | 25～40 | 全开 | 质调节 | 分层 | 压缩行程后期 | 高 | 好 | 浅 |
| 高 | 动力性 | 14.7 | 节气 | 量调节 | 均质 | 进气行程早期 | 低 | 差 | 深 |

2) 扭矩控制策略

在任何工况下 ECU 首先要识别需求的扭矩。油门踏板的位置反映了驾驶员对扭矩的需求。但是，还会出现其他方面对扭矩的需求，例如，发动机本身在启动、怠速时和对催化转化器进行加热时都会要求对扭矩进行补偿。又如对发动机和汽车进行限速保护时会提出减少扭矩的要求。在底盘电子控制中牵引力矩的减少和行驶动力学的控制都涉及发动机扭矩。ECU 综合分析上述这些对扭矩的需求，结合扭矩在传输过程中的损失，确定要将扭矩调整到什么程度。

扭矩的调节可以调整电子节气门的开度，在稀薄燃烧时还可以改变空燃比，也就是在电子节气门全开的情况下改变喷油量。ECU 必须根据当时的工况做出选择。在没有其他情况发生时，ECU 主要根据油门踏板的位置确定应有的扭矩。如果这个扭矩和转速对应于低工况区域，即油门踏板位移量较小时，电子节气门就保持全开，通过改变空燃比调节燃油量进而控制扭矩，这就是质调节，此时进气量和点火提前角几乎不影响扭矩；如果这个扭矩和转速对应于高工况区域，即油门踏板位移量较大时，那么空燃比就保持稳定在 14.7 左右，通过改变电子节气门开度调节进气量，进而改变燃油量，控制扭矩，这就是量调节，此时点火提前角对扭矩有很大影响。

3) 喷油正时的控制

两种控制模式对油束和喷油正时有不同的要求。低工况时，采用分层燃烧，要求油束集中，雾化好，对油束的穿透深度有一定的要求，且喷油推迟到压缩行程后期，使火花塞附近能形成易于点燃的浓混合气；高工况时，采用均质燃烧，要求油束分散，并有适中的穿透深度，且喷油提前到吸气行程的前期，以此避免燃油沾湿活塞或气缸壁面。在质调节时，当转速发生变化时，喷油提前角随转速增加而增加，以保证喷油和点火之间有足够的间隔时间。

4) 喷油压力的控制

喷油压力对油束的雾化及穿透深度有明显的影响。在油束涡流相同的情况下，提高喷油压力，能改善燃油雾化程度，使油束穿透深度减小，此类现象适合分层燃烧情况；反之，均质燃烧模式，应适当降低喷油压力，以满足混合气形成的要求。

### 4.3.3　空气辅助缸内直喷发动机电控系统

1. 空气辅助缸内直喷系统原理

空气辅助缸内直接喷射系统如图 4.19 所示。

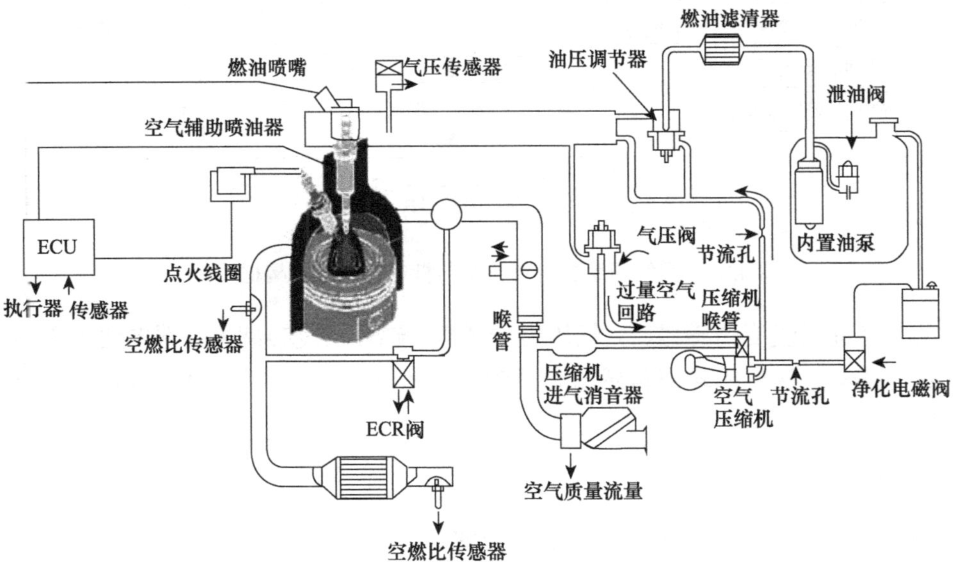


图 4.19　空气辅助缸内直接喷射燃油系统

与缸内高压喷射有所不同，空气辅助缸内直喷是借助于 0.5MPa 左右的压缩空气，通过气助雾化喷油器，如图 4.20 所示，将燃油粉碎成粒径 10μm 以下。喷油压力一般低于 1MPa。

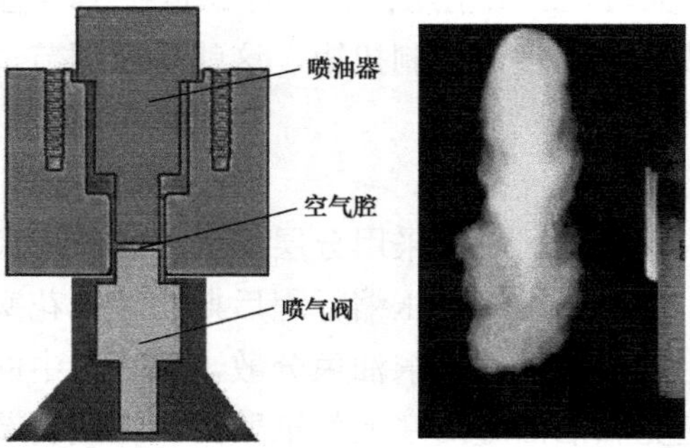


图 4.20　空气辅助喷油器剖视图

2. 电控系统的基本组成

图 4.21 所示为空气辅助缸内直喷发动机电控系统结构框图。电控系统主要由三部分组成：传感器、ECU 和执行器。传感器检测发动机的当前工作状态；ECU 通过信号调理电路采集传感器信号，并根据具体的控制策略和存储在 ROM 中的试验数据，通过数学计算和逻辑判断确定适合发动机当前工况的点火提前角和喷油脉宽等参数，并将这些数据转变为电信号输出控制命令到执行器；执行器接收来自控制器的指令，使发动机在不同工况下稳定工作。

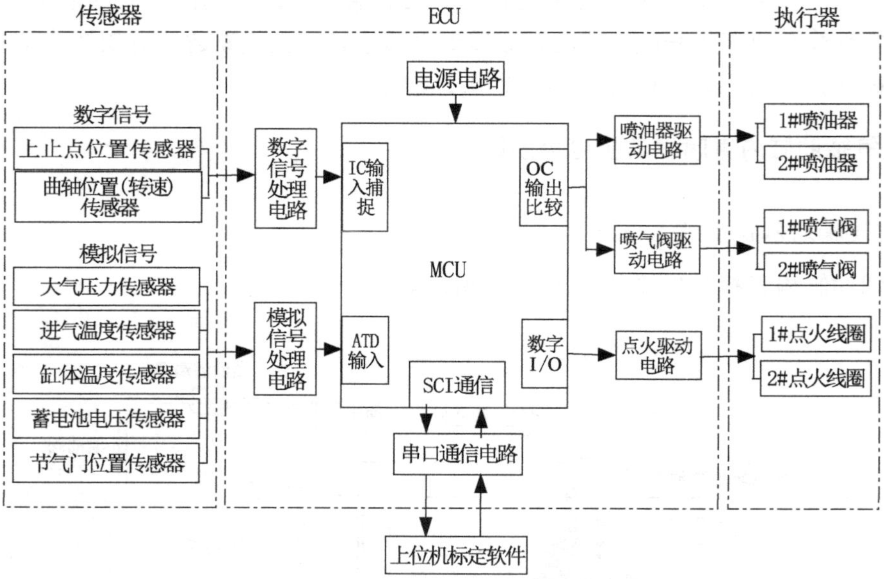


图 4.21　空气辅助缸内直喷发动机电控系统结构框图

发动机上有进气温度传感器、大气压力传感器、缸体温度传感器、蓄电池电压传感器、节气门位置传感器、磁电机转速传感器和曲轴位置传感器，曲轴位置传感器为发动机提供上止点信号与曲轴位置信号。

3. ECU 硬件系统

发动机的 ECU 由两部分组成：硬件系统和软件系统。主要设计 ECU 的硬件系统，ECU 的硬件系统由五个部分组成：微控制器最小系统、电源电路、传感器接口电路、输出驱动电路和通信电路。

4. 发动机控制策略

将发动机控制策略分为两部分：基本控制策略和正时控制策略。发动机基本控制策略中，制定发动机分工况控制策略，比如冷启动加浓、稳态工况 MAP 控制；正时控制策略，主要负责空气辅助缸内直喷发动机的时序控制，精确的正时控制策略是缸内直喷发动机电控系统的关键。

1) 基本控制策略

不同的运行工况，发动机的控制策略不同。将发动机的运行工况分为冷启动工况、怠速工况、急加/减速工况和稳态工况。

(1) 冷启动工况。

发动机冷启动工况的控制目标是实现发动机由停机状态顺利启动，此时要求冷启动时间尽可能短、油耗低、排放满足法规要求。冷启动工况，发动机缸体温度较低，燃油雾化条件差，部分燃油会以油膜的形式沉积在缸壁，而且发动机润滑不良，发动机需要克服较大的摩擦阻力。发动机冷启动过程的显著特点是启动时间短，发动机燃烧边界条件变化快。此时需要适当的燃油加浓控制策略，并提高火花塞的点火能量。

(2) 怠速工况。

怠速工况的控制目标是维持发动机的怠速稳定。不同的进气温度和缸体温度，发动机的怠速不同。常用的怠速控制策略是由温度参数确定当前的目标怠速，结合 PID 算法控制喷油量或者调节怠速旁通阀控制进气量将发动机转速稳定在目标转速范围内。由于燃烧条件的改善，此时的喷油量和点火能量相比冷启动工况有相应的降低。

(3) 急加/减速工况。

急加/减速工况的控制目标是确保发动机平稳工作在目标空燃比附近。急加/减速工况下，发动机的负荷突然变化，导致气缸内的进气量变化，为了使发动机工作控制在目标空燃比，需要对当前的喷油量进行修正，ECU 通过检测当前负荷的变化率决定油量修正的大小。

(4) 稳态工况。

发动机稳态工况，常采用闭环空燃比控制策略。ECU 确定发动机的当前转速与负荷，读取存储在 ROM 中的喷油 MAP 和充磁 MAP 确定基本喷油量和充磁脉宽，并根据当前各传感器的信号，对基本喷油量和充磁脉宽进行修正，确定最终的喷油量和充磁脉宽。典型的缸内直喷发动机空燃比控制策略如图 4.22 所示。

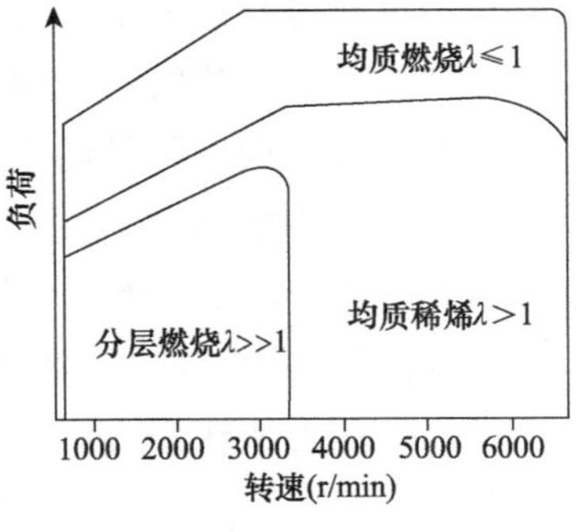

图 4.22　缸内直喷发动机空燃比控制策略

小负荷时，保证有良好的排放性能，同时要有良好的燃油经济性，采用分层燃烧的控制策略，空燃比在 30 附近；由于过量空气的作用火焰不会传导到气缸壁，混合气燃烧充分，减少了缸壁散热损失，提高了发动机的热效率，同时降低了发动机油耗。中等负荷工况下，发动机要输出一定的功率以满足负载需要，同时发动机要有良好的燃油经济性和排放指标，此时采取均质稀薄燃烧的控制策略，空燃比在 22 附近。大负荷工况下，要求发动机输出较大的功率和扭矩，此时应供给较浓的混合气，空燃比在 14.7 附近；由于此时转速较高，为了提供较大的功率，相应需要增加喷油量，此时要相应地增大喷油正时，排气口关闭时即可进行燃油喷射，以便有足够的时间在气缸内形成一定程度的均质混合气；此时空燃比较小，有较多的燃油进入燃烧室，燃油汽化吸热，使得发动机的爆震倾向降低，可以提高发动机的压缩比，以获取较大的动力性。

2) 正时控制策略

空气辅助缸内直喷发动机的正时，主要包括三部分：软件正时、空气辅助喷油正时和点火正时。软件正时是空气辅助喷油正时和点火正时的基础。正时控制的实现是基于对上止点信号和 60 齿信号的处理实现的，ECU 对这两个信号的处理采用了中断功能。

(1) 软件正时。

缸内直喷发动机软件正时是指 ECU 中的软件程序通过分析各种传感器信号，实现 ECU 软件程序和发动机当前工作状态同步的过程。图 4.23 所示为上止点信号和 60 齿信号示意图。发动机工作 1 个循环内产生 1 个上止点信号和 60 个 60 齿信号，将 60 齿信号对应的齿编码为 0#~59#。传感器安装位置与发动机一缸实际上止点位置关联，当发动机一缸活塞到达上止点时，曲轴位置传感器产生 1 个深齿脉冲信号。ECU 软件检测到上止点信号后，进入上止点中断，将当前的 60 齿信号对应齿编号设为 0#齿。以一缸上止点位置为基础，结合 60 齿信号便可实现 ECU 软件与发动机实际工作位置的正时同步。

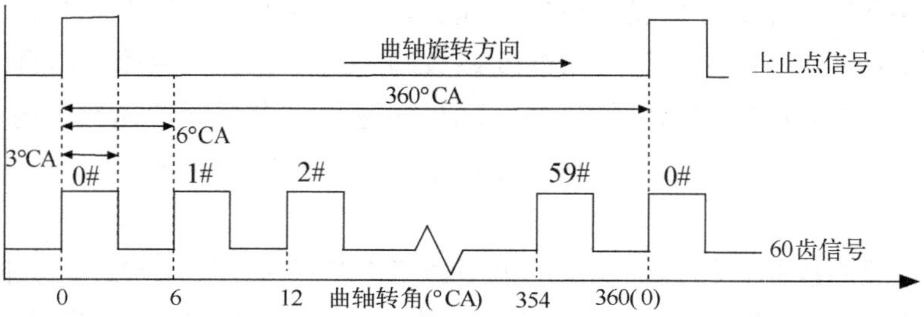


图 4.23　上止点信号与 60 齿信号示意图

(2) 空气辅助喷油正时。

空气辅助喷油正时是指 ECU 通过分析各传感器的信号，结合一定的控制策略，确定喷油器和喷气阀开启时刻的过程。曲轴位置传感器相邻两个缺齿之间的曲轴转角为 6°CA，如果以整齿数开始喷气、喷油，必然会像数齿正时策略那样存在最大 6°CA 的正时误差。减小或消除这个误差，可以从两个方面考虑：提高传感器的制造精度，或优化软件。倘若提高传感器的制造精度，将分度盘上的 60 个齿，扩大到 360 个齿，这样可以达到 1°CA 的控制精度。360 个齿均分在一个直径为 100mm 的圆盘上，单个齿宽只有 0.436mm，对制造工艺有较高的要求，而且齿间距较小，不利于信号采集。

为此，这里从软件优化方面着手，结合转速信号正时策略中的延时方法和数齿正时策略的数齿方法，提出了“数齿延时”控制方法，可实现对空气辅助喷油正时的精确控制。图 4.24 所示为空气辅助喷油正时控制示意图，具体实现过程见式(4.28)和式(4.29)。

$$C_{in} = \frac{360 - \beta_a - 6n(T_f + T_{afd} + T_a)}{6} \tag{4.28}$$

式中，$C_{in}$ 为喷油起始齿；$\beta_a$ 为喷气结束角；$n$ 为转速(r/min)；$T_f$ 为喷油脉宽(s)；$T_{afd}$ 为油气间隔(s)；$T_a$ 为喷气脉宽(s)。

$$T_d = \frac{\theta}{6n} \tag{4.29}$$

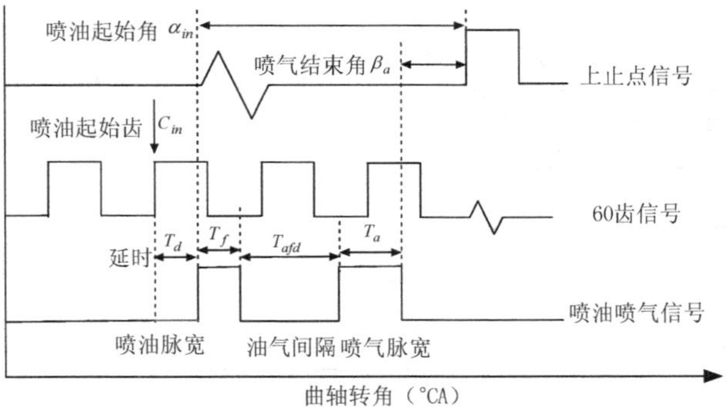


图 4.24　空气辅助喷油正时控制示意图

式中，$T_d$ 为延时时间(s)；$\theta$ 为延时角度；$n$ 为转速(r/min)。

对空气辅助喷油的正时控制，直接控制对象为喷气结束角 $\beta_a$。一般喷油正时 MAP 给出的是喷油起始曲轴转角 $\alpha_{in}$，这样不能直接得到喷油器关闭时刻与点火时刻之间的曲轴转角，对点火提前角控制带来隐患：喷油尚未结束，火花塞已开始点火，这样易造成发动机着火失败。这里以 $\beta_a$ 为直接控制对象，即喷气阀关闭时刻到发动机上止点之间的曲轴转角，可以从根本上消除这种隐患。ECU 给出的是喷气结束角 MAP，可以更加直观地看到喷气阀的关闭时刻和点火提前角 MAP 的对应关系，避免喷气尚未结束火花塞已开始点火，减少对喷气阀的损伤，准确地控制这段曲轴转角可以提高燃烧稳定性。喷气正时指的是喷气阀关闭时刻和发动机上止点之间的曲轴转角。例如，喷气阀在发动机上止点之前 30°CA 关闭，喷气正时记为 30°CA。

喷油器动作在喷气阀之前，首先要确定喷油正时。$\beta_a$、$n$、$T_f$、$T_{afd}$、$T_a$ 由 ECU 计算给出，代入式(4.28)，即可计算出喷油起始齿数 $C_{in}$。式(4.28)中[$360-\beta_a-6n(T_f+T_{afd}+T_a)$]对 6 取余，即可确定不足 6°CA 的延时角度 $\theta$，由式(4.29)转换为当前转速对应的时间 $T_d$。由喷油起始齿数 $C_{in}$ 和延时时间 $T_d$ 即可确定喷油正时。确定喷油正时后，使用控制器的输出比较功能即可实现对喷气正时的控制。从而实现对空气辅助喷油正时的精确控制。

(3) 点火正时。

点火正时是指 ECU 通过分析各传感器的信号，结合一定的控制策略，确定火花塞放电时刻的过程。点火正时的精确控制参考空气辅助喷油正时也采用了“数齿延时”控制方法。

设点火提前角为 $\beta_{ig}$，初级线圈充磁脉宽为 $T_{ig}$，点火线圈的充磁起始齿数为

$$C_{ig}=\frac{360-(6nT_{ig}+\beta_{ig})}{6} \tag{4.30}$$

式中，$C_{ig}$ 为充磁起始齿数；$n$ 为转速(r/min)。

图 4.25 所示为点火正时控制示意图。ECU 计算给出点火提前角 $\beta_{ig}$，初级线圈充磁脉宽 $T_{ig}$，由式(4.30)计算得出点火线圈充磁起始齿 $C_{ig}$。将式(4.30)中分子项[$360-(6nT_{ig}+\beta_{ig})$]对 6 取余，即可确定不足 6°CA 的延时角度 $\theta$，由式(4.29)转换为当前转速对应的时间 $T_d$。由充磁起始齿数 $C_{ig}$ 和延时时间 $T_d$ 即可确定点火正时，实现对点火正时的精确控制。

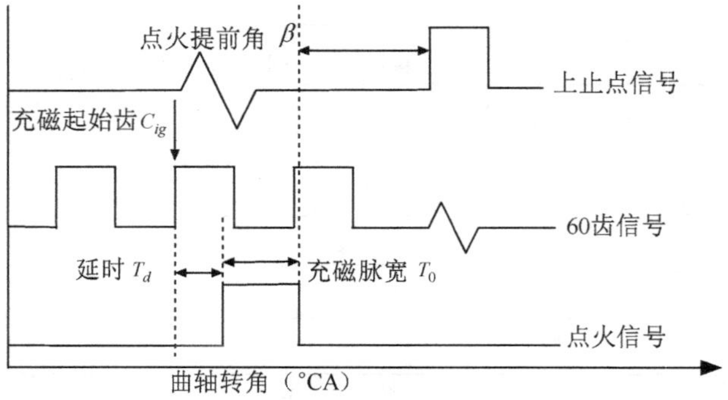


图 4.25　点火正时控制示意图

5. ECU 软件系统

在硬件的基础上，配合相应的软件，才能构成一个完整的电子控制单元。一般简易的嵌入式软件常采用汇编语言来编写应用程序，而在较复杂的系统中，通常采用高级语言。采用 C 语言编写软件代码，开发环境为 Freescale 的 CodeWarrior V4.7。

软件程序的基本功能是实现发动机分工况基本控制，实现喷油喷气事件和点火事件的精确控制，并可实现简单的发动机在线标定功能。喷油喷气事件包括喷油、喷气正时控制，喷油、喷气脉宽控制；点火事件包括点火正时和点火能量的控制。为实现发动机在线标定功能，设计了串口接收中断程序。软件设计的过程中，采用分功能模块化编写，控制系统软件具有结构清晰、易扩展和易调试的特点，可以满足控制系统实时控制要求。

1) 软件总体结构

嵌入式软件的总体结构可分为两类：前后台式和操作系统式。在前后台软件框架中，后台程序是一个无限的循环，循环中调用相应的函数完成相应的操作，前台程序通过中断来处理事件。在一些大型复杂的多任务管理系统中，需要多任务同时进行，这就需要采用嵌入式操作系统式软件架构，操作系统实现对多任务的管理和调度。相比操作系统，前后台软件框架多用在一些任务顺序执行、实时性要求较高的场合，而且软件开发周期较短。对于发动机控制而言，控制实时性要求高，而且发动机的燃油喷射事件和点火事件顺序执行，这里使用前后台式架构编写软件程序。

2) 后台程序

基于前后台程序架构和模块化程序编写思路，将 ECU 软件分为三个部分：后台程序、前台程序和服务程序。后台程序主要负责执行全局变量的初始化、微控制器各功能模块的初始化、发动机的工况判断、上传发动机的状态参数，并监控前台中断事件的发生条件，为前台程序的执行做准备；前台程序主要负责喷油喷气和点火等实时性要求比较高的事件的执行；服务程序包括一些通用的算法程序，提供给后台程序调用，例如查表、滤波和数据转换等子程序。

后台程序是整个控制软件的基础，按照编写顺序，后台程序主要包括全局变量和功能函数的声明程序、主程序，主程序里执行全局变量和局部变量的初始化、微控制器的功能模块初始化程序和主循环程序。图 4.26 所示为主程序流程图。

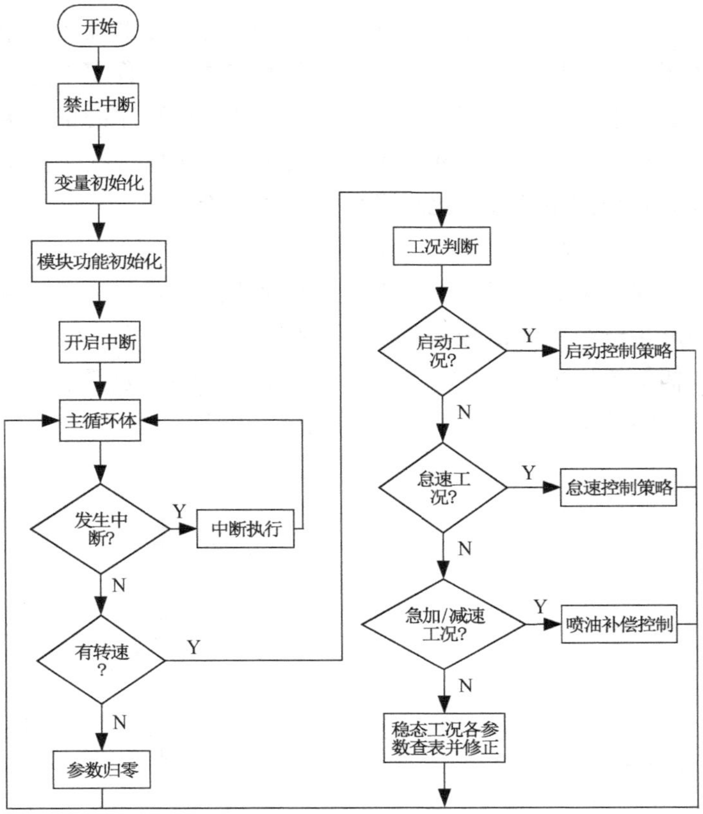


图 4.26　主程序流程图

程序首先关闭所有中断使能，对全局变量和局部变量初始化。微控制器的功能模块初始化程序中，主要对实时时钟模块、ECT 模块、串口通信模块、数字 I/O 口模块和 AD 模块进行初始化配置。实时时钟模块配置为 128μs 计数一次，主要为精度要求不高的事件计时。ECT 模块，配置时钟周期为 1μs，配置两个通道为输入捕捉，负责采集曲轴位置传感器提供的上止点信号和 60 齿信号；配置六个通道设为输出比较，用作空气辅助喷油器和点火线圈的精确计时。串口通信模块，波特率为 9600，具有使能接收与发送功能，以便将微控制器采集的发动机状态发送给上位机，并为以后的标定做准备。数字 I/O 口模块，配置 PORTA 和 PORTB 分别用作空气辅助喷油器和点火线圈的微控制器控制信号输出引脚。同时设置 8 个 LED 驱动引脚，用于监控程序的运行状态。初始化 AD 采样模块，采样频率设为 1MHz，AD 转换精度设为 8 位，数据采集由 AD0 通道开始，连续采集，采集到的数据存储方式为右对齐。

完成了变量和微控制器的功能模块的初始化，配置程序中断使能，进入主循环体。在主循环体中，对各中断标志位进行监控，满足中断条件，即执行中断事件。同时计算发动机转速，进行工况判断。分不同的工况，执行不同的控制策略。例如冷启动加浓，急减速断油，稳态工况查喷油点火 MAP 图表等。

3) 前台程序

前台程序主要是实时性要求较高的中断程序，主要包括实时时钟中断程序、AD 数据采集中断程序、上止点信号中断程序、60 齿信号中断程序、定时器溢出中断程序、串口接收中断程序等。由于中断程序较多，为了避免中断响应冲突，程序中定义了中断程序的优先级，图 4.27 所示为主要中断程序及中断优先等级，各中断程序的优先级从左到右依次降低。这里讨论上止点信号中断程序、60 齿信号中断程序、AD 数据采集中断程序和串口接收中断程序的设计。其他的中断程序比较简单，不作讨论。

(1)上止点信号中断程序。

曲轴位置传感器安装位置和发动机一缸上止点对应，即发动机一缸活塞到达上止点时曲轴位置传感器便产生一个方波信号，这个信号称为上止点信号。上止点信号为脉冲信号，由微控制器的输入捕捉模块采集，主要完成两个任务：转速计数值采集、实现 ECU 和发动机的软件正时。图 4.28 所示为上止点信号中断程序流程图。

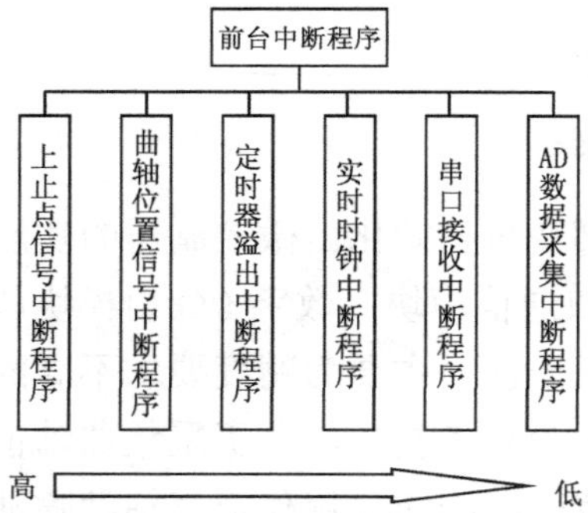


图 4.27　中断程序及中断优先等级

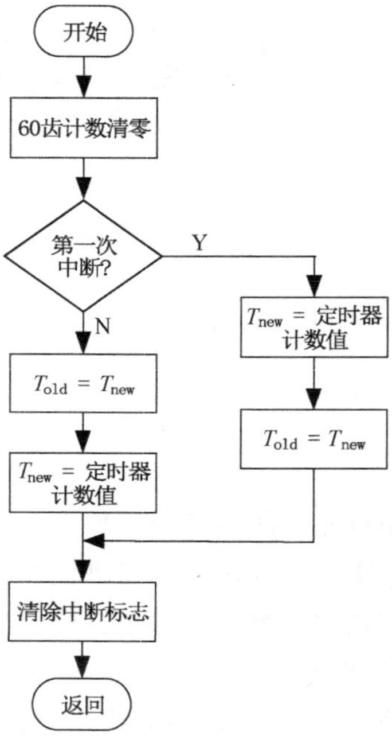


图 4.28　上止点信号中断程序流程图

中断程序将 60 齿计数清零，完成 ECU 和发动机的正时。记录定时器值，在主循环中完成转速计算。中断里记录相邻两个上止点定时器值，即为曲轴转一圈定时器的累加值。采集转速信号的频率是 1MHz，转速的计算公式如下：

$$n = \frac{6\times10^7}{T_{\text{new}} - T_{\text{old}}} \tag{4.31}$$

式中，$n$ 为转速(r/min)；$T_{\text{new}}$ 和 $T_{\text{old}}$ 分别为相邻两个上止点信号对应计时器值。计算的转速值，均值滤波程序进行滤波处理，以获取较为稳定准确的发动机转速。

(2)60 齿信号中断程序。

曲轴位置传感器提供的另一个脉冲信号便是 60 齿信号，60 齿信号主要是为喷油喷气动作和点火线圈充磁动作提供正时，图 4.29 所示为 60 齿信号中断程序流程图。进入程序后，立即进行判断，是否为开始喷油喷气动作或点火充磁动作对应的整齿，若是则对相应的定时器进行参数配置，相应的执行器准备进行喷油喷气或点火动作。

(3) AD 数据采集中断程序。

AD 模块用来采集模拟信号，主要包括大气压力传信号、进气温度信号、缸体温度信号、蓄电池电压信号、节气门位置信号等，图 4.30 所示为程序流程图。进入中断后，依次读取各数据寄存器值，结合传感器标定数据，计算出当前各信号的物理值，供 ECU 计算使用，同时这几个信号也通过串口上传，方便用户监测此时发动机的状态。

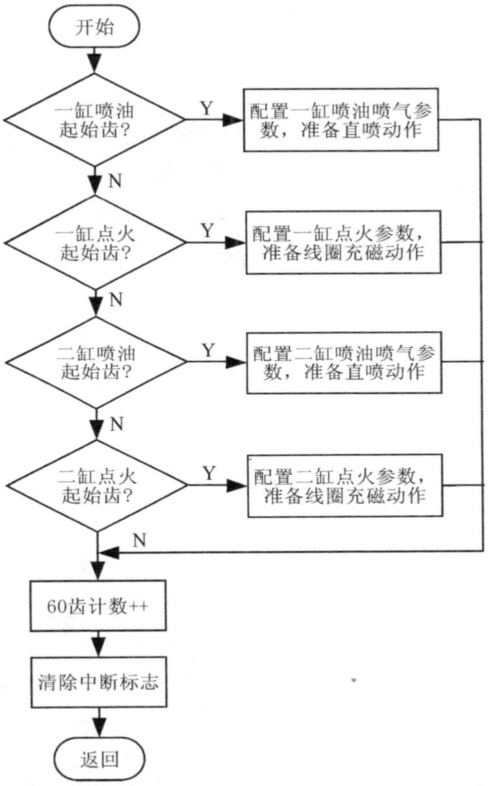


图 4.29　60 齿信号中断程序流程图

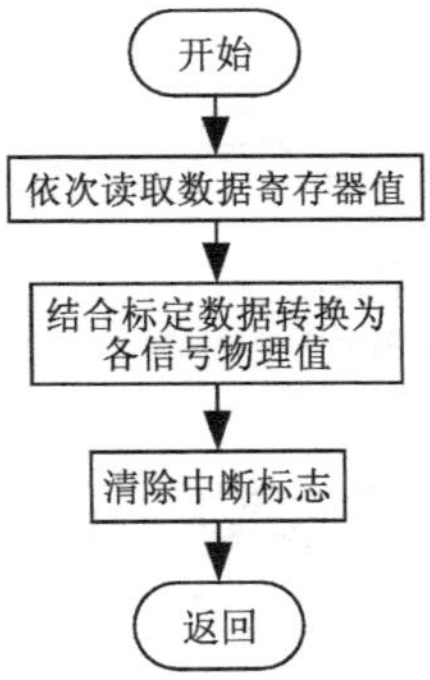


图 4.30　AD 数据采集中断程序流程图

(4) 串口接收中断程序。

利用串口实现 ECU 与上位机之间的通信。上位机通过串口发送指令，微控制器确认接收到正确的指令后，将发动机的状态参数通过串口发送给上位机。这些状态参数主要有发动机的转速、节气门开度、缸体温度、蓄电池电压、进气温度、进气压力、喷油喷气参数和点火参数等。图 4.31 所示为串口接收中断程序流程图。串口按位(bit)发送和接收字节，串口接收到数据后，进行判断，若是第一次接收到数据，新建数组，将该数据存储在数组第一位，并将标志位 Rec 置位。下次接收到数据后，依次存储在数组中，并判断是否接收完毕。若接收完毕，则将 Rec 置零，并将接收完成标志置位。

(5) 服务程序。

在后台程序中有一些集中封装的子程序，实现一些通用的功能。比如二维插值查表程序，在主程序查找喷油脉宽 MAP 和充磁脉宽 MAP 时都要用到；均值滤波程序，在节气门数据采集和转速采集时调用，主要是为了消除干扰，减少数据的剧烈波动；曲轴角度和时间相互转化程序，在计算喷油喷气正时和点火正时用到。这些通用程序本质上属于后台程序范畴，称之为服务程序，这里只讨论二维插值程序和均值滤波程序的设计。

①线性二维插值程序。

发动机在不同转速和负荷时的最佳喷油和点火参数是不同的，最佳的喷油和点火参数一般预先通过台架试验测试获得并以 MAP 的形式保存在微控制器的 ROM 中。发动机在稳态工况工作时，ECU 通过传感器获得转速和负荷大小，然后进行二维插值查表程序，查出当前工况下对应的最佳喷油和点火参数。

②均值滤波程序。

发动机工作时机体振动较大，而且传感器信号易受到复杂的电磁干扰，为了减少这些干扰的影响，对转速和节气门等主要发动机信号进行滤波处理。图 4.32 所示为均值滤波程序流程图。首先根据不同的变量配置滤波参数，共采集 $n$ 个数据，滤除最小值 $n_1$ 和最大值 $n_2$。采集完数据，排序滤除最大值和最小值，取平均值后返回数据。

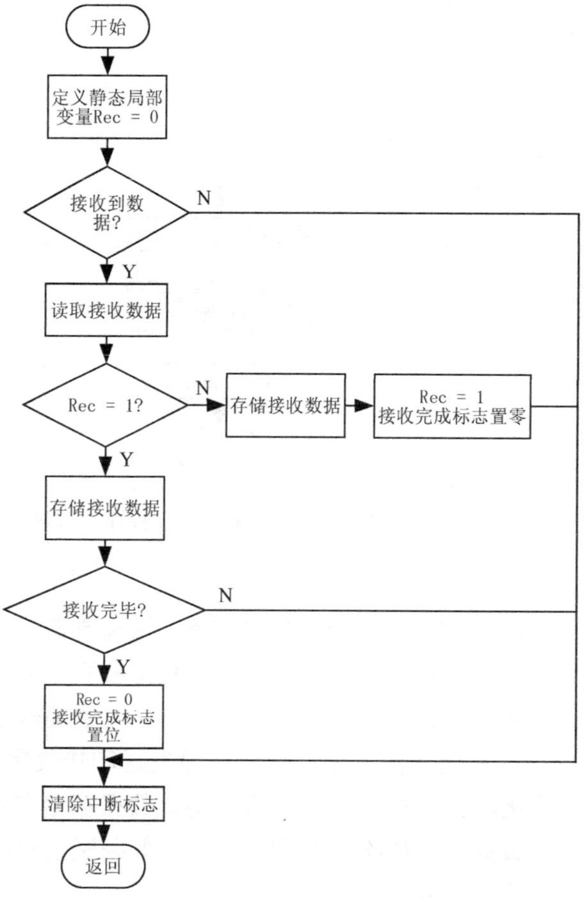


图 4.31　串口接收中断程序流程图

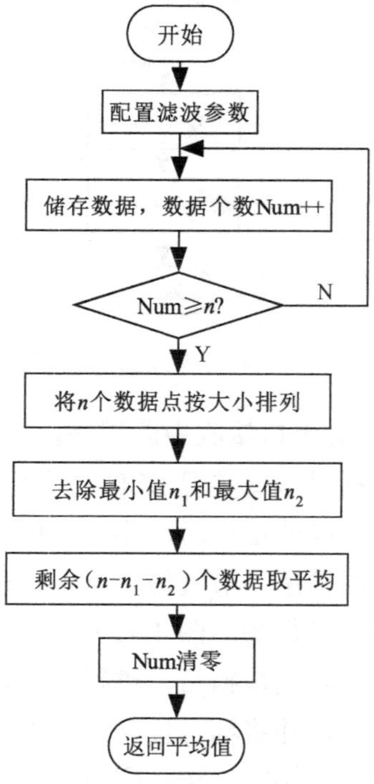


图 4.32　均值滤波程序流程图

# 4.4　汽油机电控单元仿真与标定

发动机电控单元仿真标定系统由仿真模块与标定模块组成，用于发动机点火电控单元与喷射电控单元的硬件在环仿真与在线标定。仿真模块包括仿真机箱与控制软件，用于点火 ECU 与缸内直喷 ECU 的硬件在环仿真与工况模拟；标定模块用于点火 ECU 与缸内直喷 ECU 仿真时的在线标定，记录并分析测量发动机工况数据。仿真控制软件与标定模块集成于同一界面。仿真标定系统内部及其与 ECU 之间通过 CAN 总线或 RS232 串口通信。仿真与标定系统框图如图 4.33 所示。

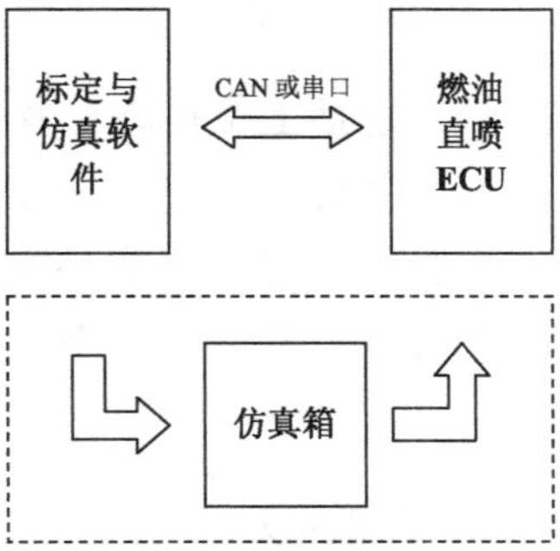


图 4.33　仿真与标定系统

## 4.4.1　仿真模块

仿真模块由仿真箱与控制软件组成。仿真模块由控制软件控制仿真箱，输出点火与直喷 ECU 工作所需要的各种传感器信号，并实时测量记录 ECU 的输出量，用以评价 ECU 的控制策略。各种传感器信号既可以静态输出，测量 ECU 静态响应；也可以按照一定曲线动态输出，验证 ECU 过渡工况；还可以多信号组合输出，模拟台架上难以验证的工况。系统框图如图 4.34 所示。

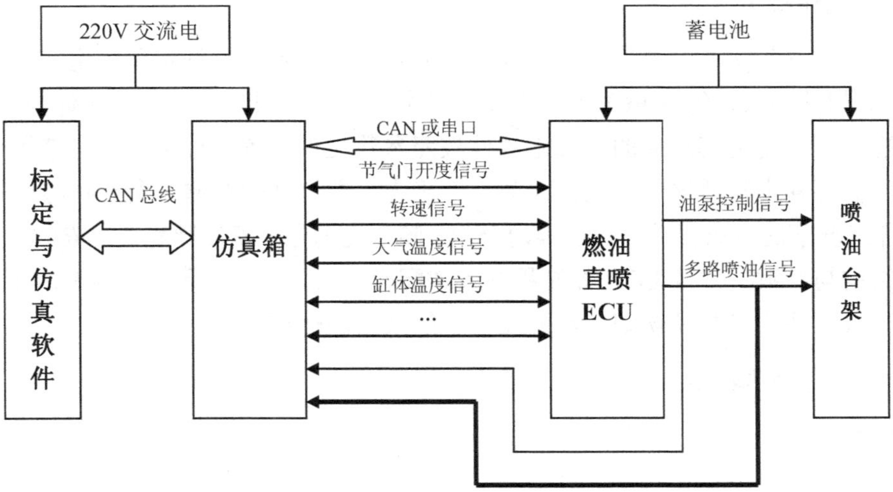


图 4.34　仿真模块系统框图

1．仿真箱

仿真箱的测控核心基于飞思卡尔 16 位单片机 MC9S12DP512，在上位机协调下由该单片机控制各功能模块输出信号，测量 ECU 输出，并上传结果。硬件结构由电源模块、控制模块、信号模拟模块、信号测量模块和通信模块等组成。

信号模拟模块：用以模拟各种实物传感器信号，在单片机控制下输出各种频率量、模拟量、开关量，例如转速、节气门、大气温度、缸体温度、进气压力、空气流量、爆震、氧传感器等输出信号；同时，提供电机及实体传感器供选择，以增加仿真的灵活性。

通信模块：用来实现上位机与下位机及 ECU 的通信，以及控制模块与其他各模块的数据传递。上下位机通信主要采用 CAN 以实现大数据量传递，ECU 通信根据 ECU 的不同，可采用 CAN 或串口，板内通信采用 SPI 与 $I^2C$。

2. 软件结构

软件包括上位机软件及下位机软件。其中上位机软件用以协调仿真箱各主要输出与测量功能，并对回传结果进行分析记录，与标定模块共用界面，详细介绍见标定模块；下位机软件直接控制仿真箱各模块工作，与硬件紧密联系，根据上位机给出的参数控制输出，除控制各硬件模块工作外，还预存一定的基本工况曲线，以减小变工况模拟时的通信数据量。

### 4.4.2 标定模块

标定模块主要指标定软件，无硬件部分。标定软件基于 C++ Builder 环境开发，可分别或同时对点火 ECU 与燃油直喷 ECU 进行在线标定，及对测量数据进行分析管理，同时集成仿真控制模块，实现 ECU 在环仿真及模拟标定，减小台架试验的工作量。标定软件界面集中了 ECU 测量数据、ECU 工况数据、测功机及 Lambda 仪数据，通过人工或自动算法对喷油参数进行调整，并通过 CAN 总线或串口发回 ECU，实现在线标定。

1. 标定软件结构

标定软件由参数文件、数据文件及标定界面构成。参数文件规定了标定实验中标定软件及 ECU 的相关参数，包括 ECU 的配置、标定规则、通信设置等。参数文件与 ECU 中烧录的控制程序版本是配套对应的，标定软件按照参数文件配置进行标定。当使用仿真功能时，仿真所需要各类传感器信号也由参数文件确定。数据文件存储了所有待标定变量的数据，包括各工况下的点火提前角、点火闭合角、喷油提前角、喷油脉宽、加浓/减油系数等。数据文件结构与参数文件及 ECU 控制程序版本配套对应，但具体数据内容有所不同。标定软件按照参数文件的参数及规则对数据文件中的数据进行标定。

2. 标定软件功能描述

标定界面范例如图 4.35 所示。

1) 标定设置

通信设置：根据实际实验需要，配置所连接的仪器系统通信接口。

打开文件：选择本次实验所需的标定参数文件及数据文件，并显示文件来源。

MAP 图：将点火及喷油基本 MAP 以二维及三维图的形式直观显示。

标定控制：选择所需要的标定模块。

2) 系统参数

仪表：在线将主要参数以仪表形式直观地显示。

测功机/Lambda：显示测功机与 Lambda 仪上传的测量数据。

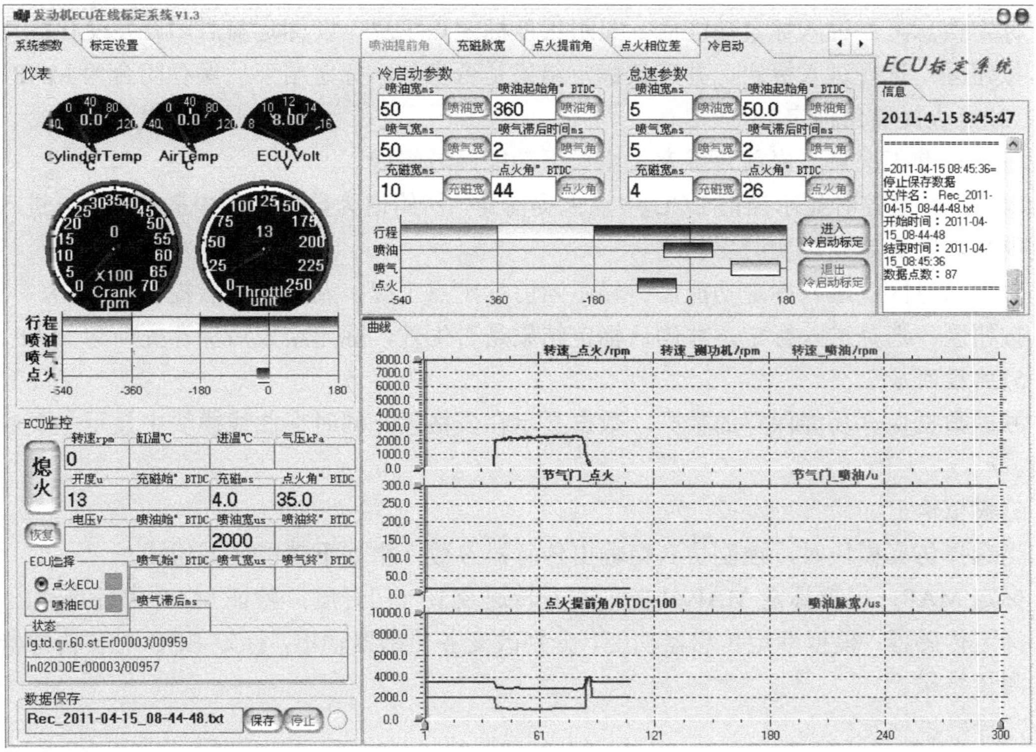


图 4.35　标定界面范例

模拟系统：当选择仿真模块时，显示仿真模块测量的 ECU 各信号量及输出参数。

ECU：显示 ECU 上传的测量数据。

ECU 模式：显示 ECU 当前工作的工况模式，及各种修正系数。

数据保存：将上述数据保存，供实验后分析。

3) 曲线

在线显示主要数据随时间变化的曲线，包括转速、节气门及喷油脉宽，数据来源可选择 ECU 数据或仿真系统数据，曲线上数据点与数据保存功能保存的数据一一对应。

4) 标定控制

(1) 喷油脉宽标定。

标定标准工作环境下喷油脉宽，由如下功能区域组成。

表格区：监控时显示当前 ECU 中喷油脉宽，初始值为数据文件中脉宽值，进入标定功能后，随标定结果实时更新。

标定信息区：进入标定功能后，显示当前标定点工况，及标定前后脉宽变化。

按钮区：选择进入标定，并确认标定结果是否生效，标定结束后保存脉宽 MAP。

喷油提前角标定：待定。

(2) 点火闭合角标定。

标定标准工况点火闭合角，由如下功能区域组成。

表格区：监控时显示当前 ECU 中点火闭合角，初始值为数据文件中闭合角值，进入标定功能后，随标定结果实时更新。

标定信息区：进入标定功能后，显示当前标定点工况，及标定前后闭合角变化。

按钮区：选择进入标定，并确认标定结果是否生效，标定结束后保存闭合角 MAP。

(3) 点火提前角标定。

标定标准工况点火提前角脉宽，由如下功能区域组成。

表格区：监控时显示当前 ECU 中点火提前角，初始值为数据文件中提前角值，进入标定功能后，随标定结果实时更新。

标定信息区：进入标定功能后，显示当前标定点工况，及标定前后提前角变化。

按钮区：选择进入标定，并确认标定结果是否生效，标定结束后保存提前角 MAP。

5) 曲线回放

回放数据保存功能保存的数据。数据显示在表格区，同时在曲线模块中显示主要参数曲线。

6) 模拟输出

当选择仿真模块时，控制仿真箱输出传感器参数，由如下功能区域组成。

标定 MAP：模拟标定 MAP 功能，改变转速及节气门开度，验证 MAP 中各点输出。

标定传感器：模拟标定传感器功能，分别改变各传感器输出，标定 ECU 对各传感器信号的测量结果。

7) 传感器标定

标定 ECU 在不同工作环境中工作的点火提前角、闭合角，喷油脉宽及喷油提前角修正值，由如下功能区域组成。

表格区：显示不同环境下点火与喷油参数与实际所需参数。

标准环境：初始参数所对应的标准工作环境。

标定信息区：显示当前标定点工况，及标定前后点火与喷油参数变化。

8) 信息

显示各项操作后标定软件各项工作信息，如打开端口、输出参数、故障信息等。

### 3. 标定软件操作步骤

标定软件的具体操作步骤如下：

(1) 连接好电脑、待测 ECU、测功机和 Lambda 仪等，如有需要可连接仿真箱。

(2) 打开标定软件，ECU 上电。

(3) 根据实际连接情况选择通信端口。

(4) 打开所需要标定的参数文件与数据文件。

(5) 点击开始标定，如通信正常，则自动跳入标定界面。

(6) 按照流程标定。

### 4. 台架标定例程

台架标定例程步骤如下：

(1) 连接系统，打开标定软件。

(2) 发动机预热。

(3) 观察标定界面显示的发动机工况，根据需要修改点火提前角、闭合角，喷油脉宽及喷油提前角等参数。

(4) 调整工况，重复步骤(3)。

(5) 标定完成，保存标定后 MAP。

(6) 将新 MAP 烧写入 ECU。

### 4.4.3　基于 CCP 的标定系统简介

CCP(CAN Calibration Protocol)标定系统基于美国 NI 公司 LabVIEW 软件开发，如图 4.36 所示，可以用于直喷发动机的标定，标定软件可以直接访问 ECU，进行 ECU 标定，测量数据记录，采集数据分析，标定数据管理。GDI 标定软件与发动机 ECU 的通信符合 CCP 标定协议。标定软件对发动机控制参数进行调整后，通过一个 USB-TO-CAN 的驱动模块将数据送到发动机 ECU 中，ECU 收到控制信号后，通过内部处理由驱动模块返回 ECU 内部的数据到 PC 机上显示。

图 4.36　基于 CCP 的标定系统

1. CCP 协议介绍

CCP 是一种基于 CAN 总线的标定协议，已经在许多欧美汽车厂得到应用，采用 CCP 协议可以快速而有效地实现对汽车电控单元的标定。 该协议具有通信可靠、传输速度快、通用性好等特点。这里介绍基于 CCP 协议的汽车 ECU 标定系统，包括该系统的工作原理、数据采集机制以及实现方式。随着汽车电子技术的发展，电子控制单元(ECU)的标定已成为汽车电子控制装置开发的一个重要环节。如图 4.37 所示为 CCP 的基本架构。

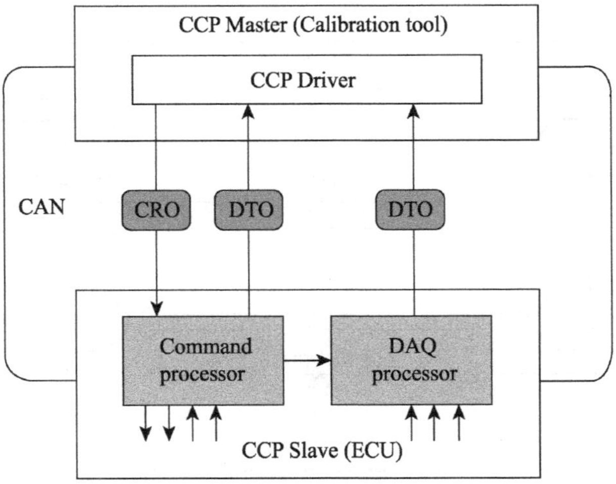


图 4.37　CCP 基本架构

2. 标定系统工作原理

基于 CCP 的 ECU 标定系统工作原理如图 4.38 所示，对部分控制参数进行调整后，通过一个 USB 转 CAN 的驱动模块就可以将数据送到发动机 ECU 中，采用 NI 的 USB-TO-CAN8473。ECU 收到控制信号后，通过内部处理由驱动模块返回 ECU 内部重要的数据到平台上显示，标定软件与发动机 ECU 的通信符合 CCP 标定协议。CCP 通信部分调用 CCP Driver，实现标定软件与 ECU 的通信，包括将用户指定的标定参数下载到 ECU、接收 ECU 的测量数据供数据显示子窗口使用。

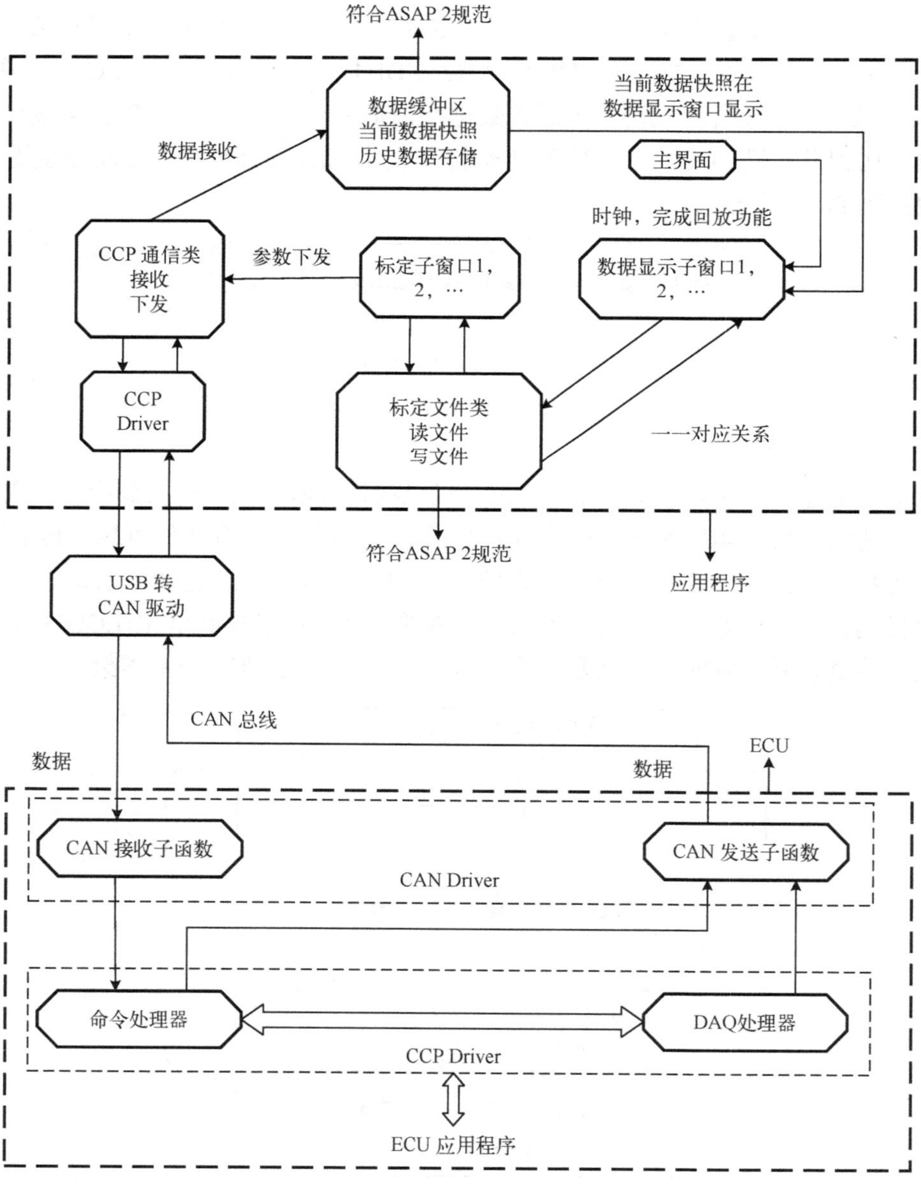


图 4.38　基于 CCP 的 ECU 标定系统工作原理

标定界面示例如图 4.39 所示。

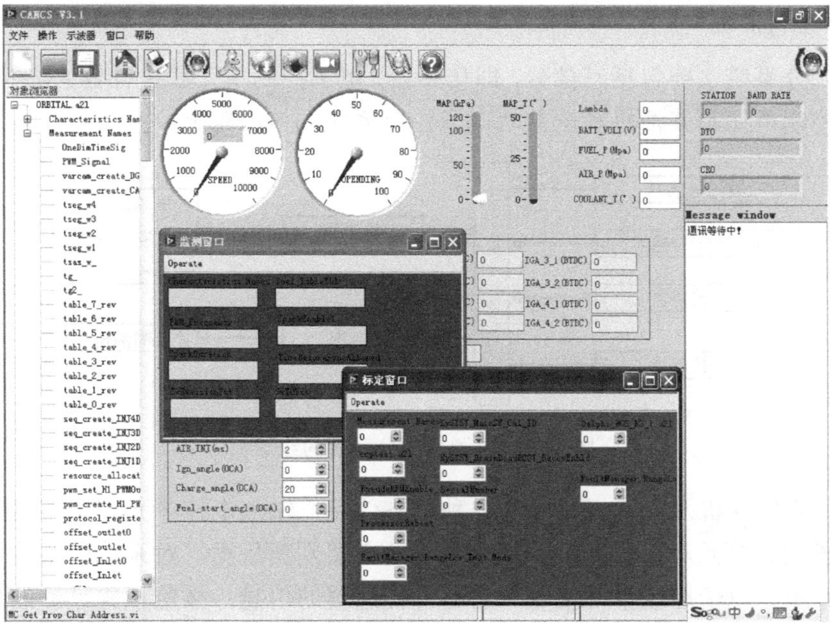

图 4.39　标定界面示例

## 4.5　柴油机高压共轨电子控制系统

柴油机燃油喷射系统中一个较为先进的燃油喷射系统是共轨燃油喷射系统(CR)。燃油共轨起到了蓄压积器的作用，能够在一个广泛的范围内改变喷射压力和喷射时间。

### 4.5.1　基本组成

柴油机高压共轨电子控制系统，从功能方面可以分成电子控制分系统和燃料供给分系统，基本组成如图 4.40 所示。

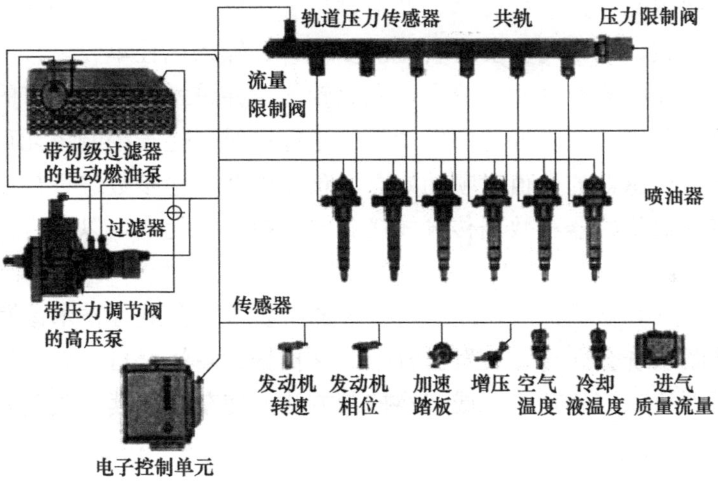


图 4.40　柴油机高压共轨电子控制系统的组成

1. 电子控制系统

电子控制分系统主要包括三部分，即传感器、电子控制单元和执行器，如图 4.41 所示。其中，电子控制单元是柴油机高压共轨电子控制系统的核心部分。

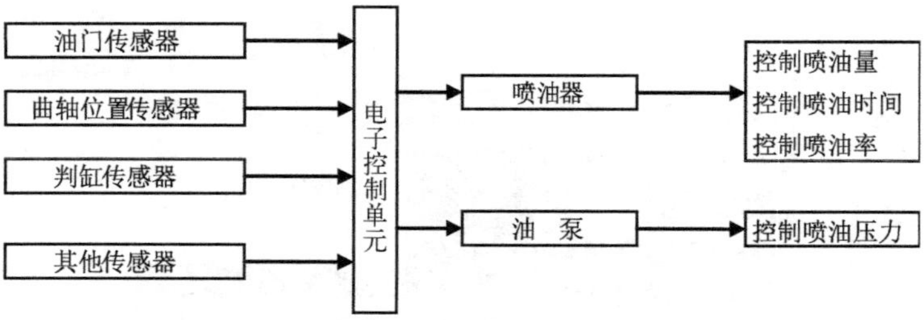


图 4.41　电子控制分系统的组成

传感器可将发动机及车辆运行时的各种状态信息，输入电控单元。传感器采集到的各种信号是电子控制单元对执行器进行驱动控制的主要判断依据，对系统的精确性控制起着至关重要的作用。电子控制单元接收来自各种传感器的信息，按照预先设计的程序，经过快速的处理、运算、分析和判断后，输出控制指令，控制执行器实现各种预定功能。发动机电子控制系统的各种控制功能的实现，都是借助于执行器完成的。在柴油机高压共轨电子控制系统中的执行器主要有电控喷油器和燃油压力控制阀等。

柴油机高压共轨电子控制系统的电子控制单元根据发动机转速、油门开度以及各种传感器信号等计算出喷油时间、喷油量、喷油率和喷油定时等，向喷油器、供油泵等发送动作指令，使每一个气缸内都有最佳的喷油量、喷油率和喷油定时，保证每一个气缸进行最佳的燃烧过程。

在电子控制分系统中，由各种传感器(如发动机转速传感器、油门开度传感器、各种温度传感器等)实时检测出发动机的实际运行状态，由电子控制单元根据预先设计的计算机程序进行计算后，得到该转速状态最佳的喷油量、喷油时间、喷油率等参数，使发动机处于最佳的工作状态。

曲轴位置传感器测定发动机转速，凸轮轴位置传感器确定发火顺序(相位)。加速踏板传感器采用电位计式，感知驾驶员对转矩的要求，并输入电控单元。

空气质量流量计检测空气质量流量。在涡轮增压并带增压压力调节的发动机中，增压压力传感器检测增压压力。在低温和发动机处于冷态时，电子控制单元可根据冷却液温度传感器和空气温度传感器的数值对喷油始点、预喷油及其他参数进行最佳匹配。根据车辆的不同，还可将其他传感器和数据传输线接到电子控制单元上，以适应日益增长的安全性和舒适性等要求。

电子控制单元具有自我诊断功能，对系统的主要零部件进行技术诊断，如果某个零件产生了故障，诊断系统会向驾驶员发出警报，并根据故障情况自动做出处理；或使发动机停止运行，即所谓故障应急功能，或切换控制方法，使车辆继续行驶到安全的地方。

2. 燃油供给分系统

燃油供给分系统主要由供油泵、共轨和喷油器等组成，如图 4.42 所示。燃料供给分系统的基本工作原理为供油泵将燃油加压成高压燃油供入共轨内，共轨即为蓄压器，储存在共轨中的燃油在适当的时刻通过喷油器喷入到发动机气缸内。

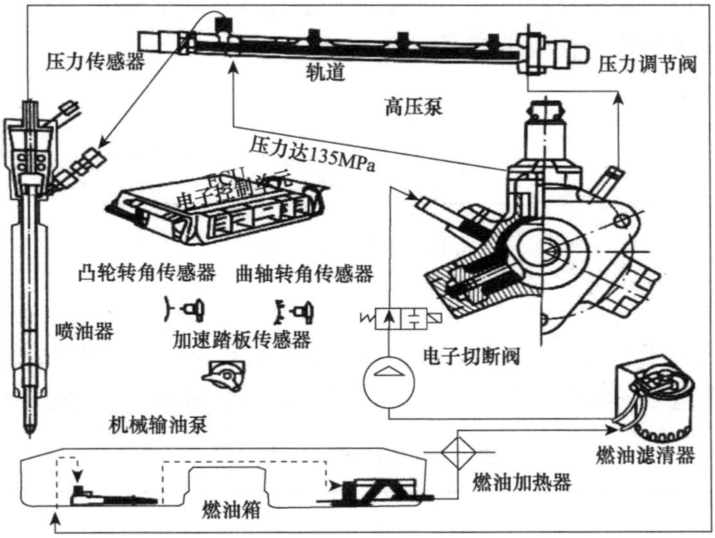


图 4.42　燃油供给分系统的组成

燃油由发动机凸轮轴驱动的齿轮泵经滤清器从油箱中抽出，通过供油泵，此时的燃油压力约为 0.2MPa。然后，燃油流向分为两路：一路经安全阀上的小孔作为冷却油通过供油泵的凸轮轴流入压力控制阀，然后流回油箱；另一路流入三缸供油泵，在供油泵内，燃油压力上升到 135MPa，供入共轨。

共轨上有一个压力传感器和一个压力调节阀，用这种方法来调节控制单元设定的共轨压力。高压燃油从共轨流入喷油器后又分为两路：一路直接喷入燃烧室；另一路在喷油期间，与针阀导向部分和控制柱塞处泄漏出的燃油一起流回油箱。

在柴油机高压共轨电子控制系统中，供油压力与发动机的转速、负荷无关，是可以独立控制的。由共轨压力传感器测出燃油压力，并与设定的目标喷油压力进行比较后进行反馈控制。

### 4.5.2　控制功能与基本原理

#### 1. 柴油机高压共轨电子控制系统的控制功能

1) 调节喷油压力(共轨压力)

利用共轨压力传感器测量共轨内的燃油压力，从而调整供油泵的供油量，控制共轨压力。共轨压力就是喷油压力。此外，还可以根据发动机转速、喷油量的大小与设定的最佳值(指令值)始终一致地进行反馈控制。

2) 调节喷油量

以发动机的转速及油门开度信息等为基础，由 ECU 计算出最佳喷油量，通过控制喷油器电磁阀的通电、断电时刻直接控制喷油参数。

3) 调节喷油率

根据发动机运行的需要，设置并控制喷油率，包括引导喷射、预喷射、主喷射、后喷射和次后喷射等多段，如图 4.43 所示。在多段喷射过程中，电磁阀必须完成多次开启、关闭动作，喷油器开关响应特性要求较高。

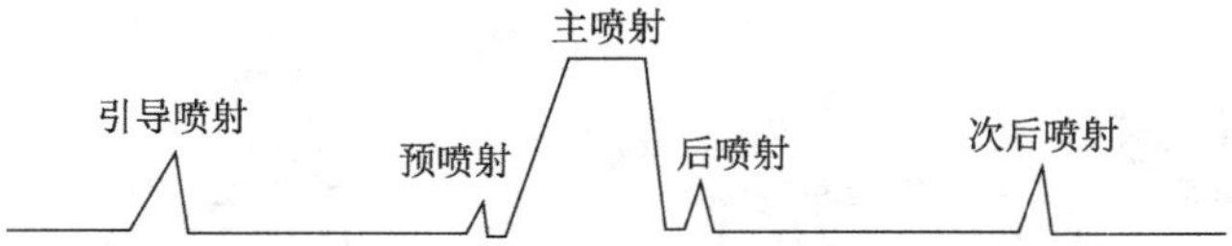


图 4.43　多段喷射示意图

4) 调节喷油时刻

根据发动机的转速和负荷量参数，计算出最佳喷油时间，并控制电子控制喷油器在适当的时刻开启，在适当的时刻关闭等，从而准确控制喷油时刻。各段喷油的作用见表 4.5。

**表 4.5　各段喷油的作用**

| 时段 | 作用 |
| --- | --- |
| 引导喷射 | 通过预混合燃烧、降低颗粒排放 |
| 预喷射 | 缩短主喷射的着火延迟、降低 $NO_x$ 和燃烧噪声 |
| 后喷射 | 促进扩散燃烧、降低颗粒排放 |
| 次后喷射 | 排温升高、通过供给还原剂、促进后处理(催化剂) |

2. 控制基本理论

根据各种传感器的信息，电子控制单元计算出目标喷油量；为了得到目标喷油量，计算出喷油装置需要多长的供油时间，并向驱动单元发送驱动信号；根据电子控制单元送来的驱动信号，喷油装置中的电磁阀开启或关闭，控制喷油装置供油开始、供油结束的时间，或仅控制供油结束时间，从而控制喷油量。

在电子控制燃油喷射系统中，目标喷油量特性已经数值化，绘成三维图形(即 MAP 图)，所以，可以得到喷油量特性。

1) 基本喷油量控制

不同的发动机要求不同的转矩特性，为了得到不同的转矩特性通常是通过控制喷油量来实现的。

基本喷油量特性如图 4.44 所示。特别是等速特性，与发动机负荷无关，始终保持恒定的转速，该特性广泛用于发电用发动机中。在机械式调速系统中调速率约为 3%；负荷变化，转速随之变化。但在电子控制燃油系统中，通过发动机转速的反馈控制，可以得到恒定不变的转速。

2) 怠速喷油量控制

在怠速工况下，发动机产生的转矩和发动机自身的摩擦转矩平衡，维持稳定的转速。

如果在低温下工作，润滑油的黏度大，发动机的摩擦阻力大，怠速工况下，发动机转速不稳，乘员感到不舒服；而且，发动机启动时容易失速。相反，如果发动机怠速转速高，则发动机噪声大，燃油消耗率高。为了解决上述问题，即使发动机负荷转矩发生了变化，还要保证维持目标转速所需要的喷油量，这就是怠速转速自动控制功能。怠速油量的控制框图如图 4.45 所示。

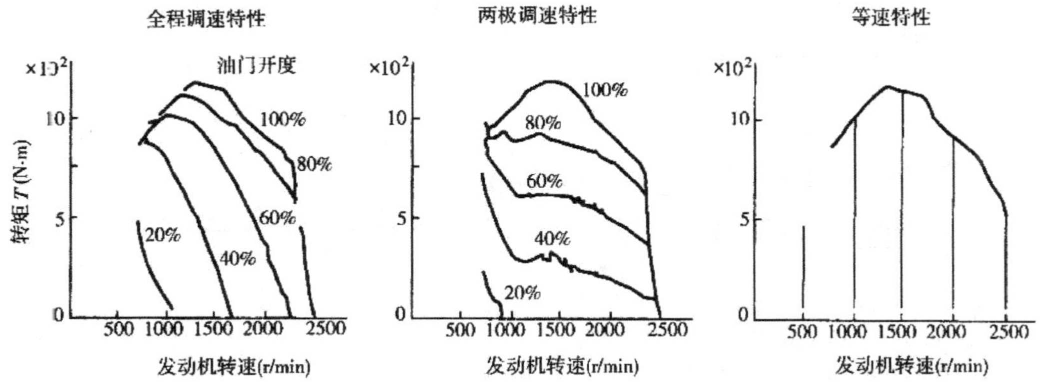


图 4.44　基本喷油量特性

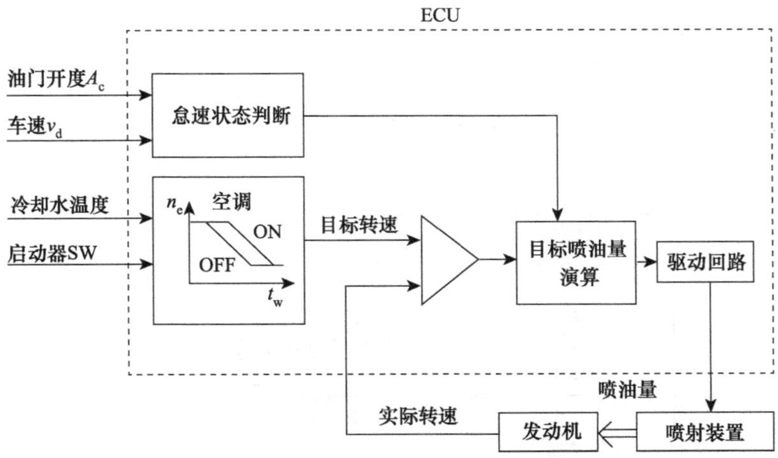


图 4.45　怠速喷油量控制

发动机的实际转速($n_e$)和发动机的目标转速进行比较，根据两者的差值求得达到目标转速时所必需的喷油量从而进行反馈控制。发动机的目标转速与冷却液温度、空调压缩机的工作状态等有关。

3) 启动喷油量控制

汽车加速踏板位置和发动机转速决定基本喷油量，冷却水温度等决定补偿喷油量，比较两者的关系之后，控制启动喷油量。启动喷油量控制框图如图 4.46 所示。

4) 不均匀油量补偿控制

在发动机中，由于各缸爆发压力不均匀，曲轴旋转速度变化引起发动机振动。特别是在低转速、怠速工况下，乘员会感到不适。各缸喷油量不均匀，各缸内燃烧的差异等引起各缸间的转速不均匀。因此，为了减少转速波动，需要检测出各个气缸的转速波动情况。为了使转速均匀平稳，则需要逐缸调节喷油量，使喷到每一个气缸内的燃油量最佳化，这就是不均匀油量补偿控制。不均匀油量补偿控制框图如图 4.47 所示。检出各缸每次爆发燃烧时转速的波动，再和所有气缸的平均转速比较，根据比较结果，分别给各个气缸补偿相应的喷油量。

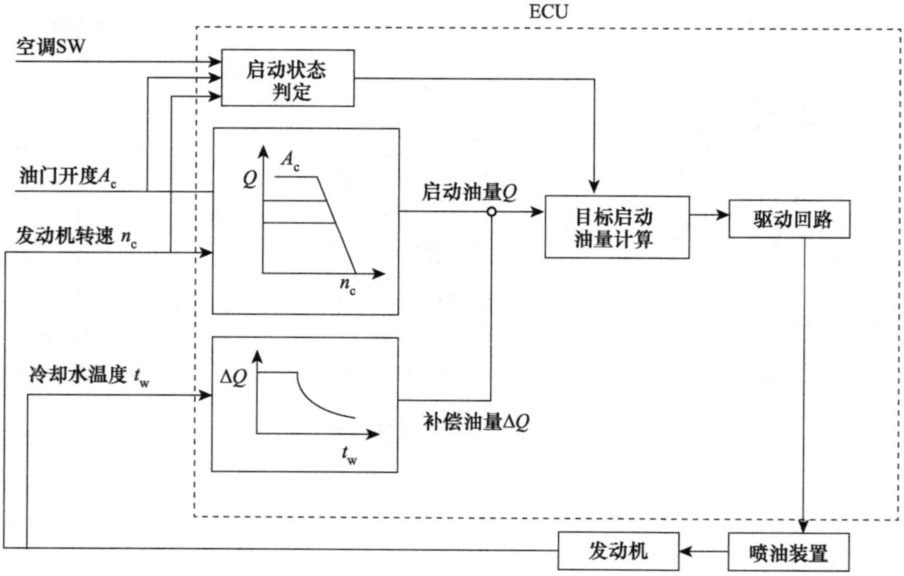


图 4.46　启动喷油量控制

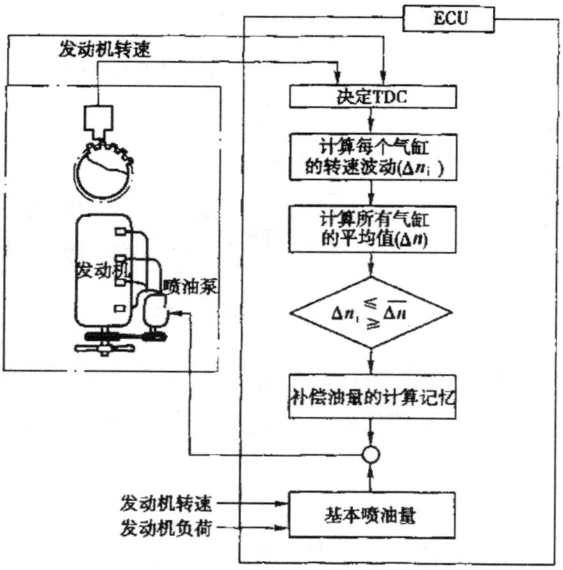


图 4.47　不均匀油量补偿控制

5) 恒定车速喷油量控制

汽车在高速公路上长距离行驶时，驾驶员为了维持车速一直要操纵加速踏板，很容易疲劳。对此，不需要驾驶员操纵加速踏板而维持定速行驶的控制过程就是恒定车速控制。恒定车速喷油量控制的框图如图 4.48 所示。

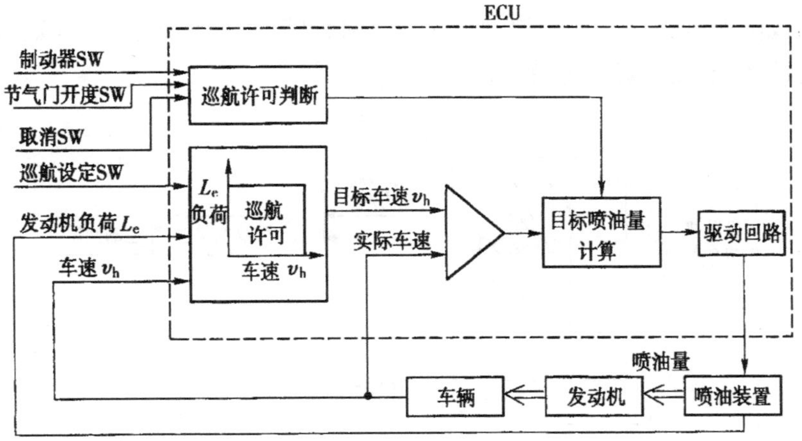


图 4.48　恒定车速喷油量控制

6) 喷油时间控制

柴油机高压共轨电子控制系统中喷油时间的控制方法，如图 4.49 所示。

根据各个传感器的信息，电子控制单元计算出目标喷油时间；喷油装置中的电磁阀从电子控制单元接收到驱动信号，控制流入或流出提前器的工作油。由于工作油对提前机构的作用，改变了燃油压送凸轮的相位角，或提前，或延迟，从而控制喷油时间。同样地，如果将电子控制单元中目标喷油时间值用数据表示成三维图形(MAP 图)，则可得到自由的喷油时间特性。

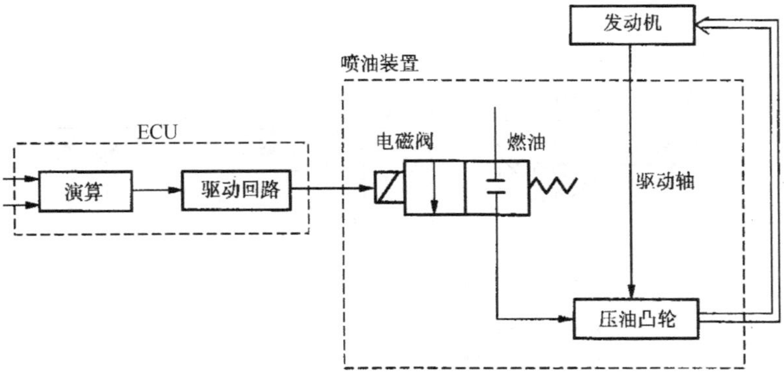


图 4.49　喷油时间控制

为实现发动机中的最佳燃烧，必须根据运行工况和环境条件经常地调节喷油时间。该项功能就是最佳喷油时间控制功能，根据发动机的转速决定基本喷油时间，同时，还要根据发动机的负荷、冷却水温度、进气压力等对基本进气时间进行修正，决定目标喷油时间。

7) 喷油压力控制

柴油机高压共轨电子控制系统中喷油压力的控制方法如图 4.50 所示。根据各个传感器的信息，电子控制单元经过计算后确定目标喷油压力。根据装在共轨上的压力传感器的信号，电子控制单元计算出实际喷油压力，并将其值和目标压力值比较，然后发出指令控制供油泵，升高或降低压力。将电子控制单元中的目标喷油压力特性用具体数据表示成三维MAP图，可以得到最佳喷射压力特性。

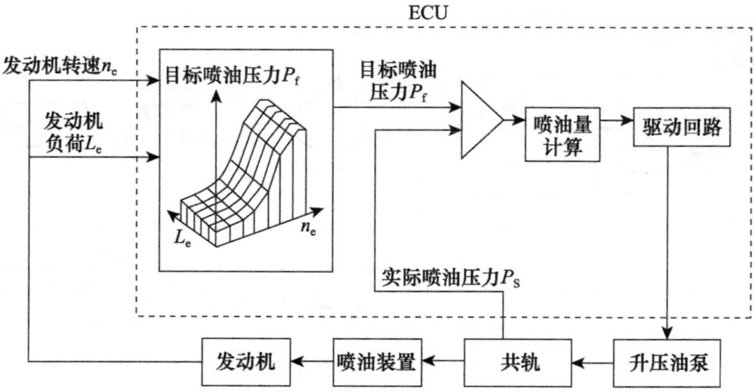


图 4.50　喷油压力控制

8）喷油率控制

柴油机高压共轨电子控制系统中的喷油率的控制，其控制框图如图 4.51 所示。在发动机压缩行程中，需要若干次驱动喷油装置的电磁阀才能完成，根据传感器的信息，电子控制单元计算出喷油参数。喷油参数中最重要的是预喷射油量 $Q_{pt}$ 和预喷油时间间隔 $T_{INIF}$。这些参数值根据发动机的运行情况具有相应的最佳值。将这些最佳值作为目标最佳预喷油率控制。

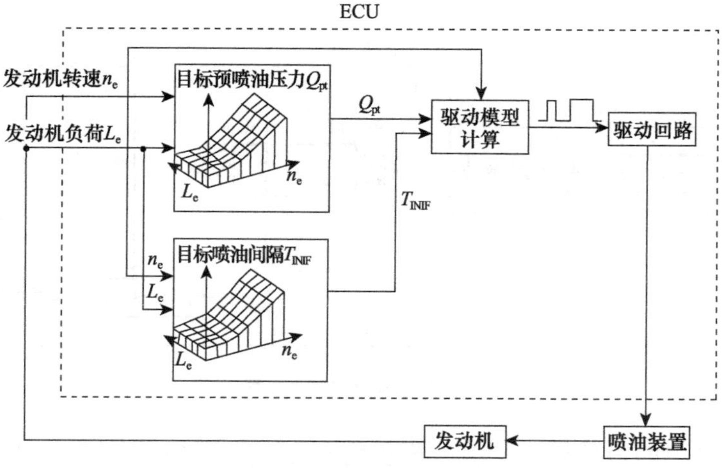


图 4.51　喷油率控制

## 习题与思考题

4-1　采用空气流量计的发动机进气管路为什么要求密封？如果密封不好，简要分析发动机可能会产生什么故障。

4-2　由于汽油机的 M 型电控燃油喷射系统的油路系统存在故障，导致汽车加速性能不良，请分析说明发动机油路系统故障的诊断方法，并指出可能存在的故障。

4-3　分析图 4.52 所示点火系统的控制逻辑和火花发火次序。

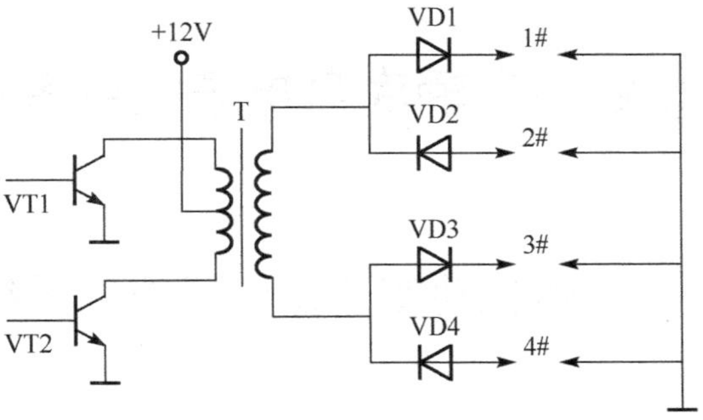


图 4.52　题 4-3 图

4-4　请利用二维插值法，编写 C 或 Matlab 程序，对应表 4.6 中发动机部分工况初始喷油脉宽数据进行插值，插值补充(转速，节气门开度)(2500, 140)、(3500, 140)⋯(5500, 20)点喷油脉宽数据，请列表给出，并绘出 Map 图，同时附程序。

**表 4.6　发动机部分工况初始喷油脉宽数据**

| $\alpha$/(unit) | $n$/(r/min) | | | | |
|---|---|---|---|---|---|
| | 2000 | 3000 | 4000 | 5000 | 6000 |
| 150 | 4.743946 | 5.530038 | 4.9179747 | 6.001983 | 6.002016 |
| 130 | 4.377022 | 5.285986 | 4.576992 | 5.529989 | 5.382011 |
| 110 | 4.262011 | 4.786999 | 4.500015 | 4.786999 | 4.577012 |
| 90 | 4.150023 | 4.26197 | 3.480030 | 3.667023 | 4.005019 |
| 70 | 3.540983 | 3.420005 | 2.829025 | 2.709007 | 3.055984 |
| 50 | 2.811973 | 2.586989 | 2.007982 | 1.339997 | 2.026002 |
| 30 | 2.3539833 | 2.142988 | 1.635011 | 1.561027 | 1.491015 |
| 10 | 1.761028 | 1.450018 | 1.490975 | 1.561027 | 1.390070 |

# 第 5 章　车辆底盘电子控制系统

## 5.1　车辆自动变速器电子控制系统

### 5.1.1　车辆自动变速器系统组成

车辆自动变速器系统的典型代表就是电子控制液力自动变速器(ECT)，主要包括液力变矩器、行星齿轮变速系统、液压控制系统和电子控制系统等，如图 5.1 所示。

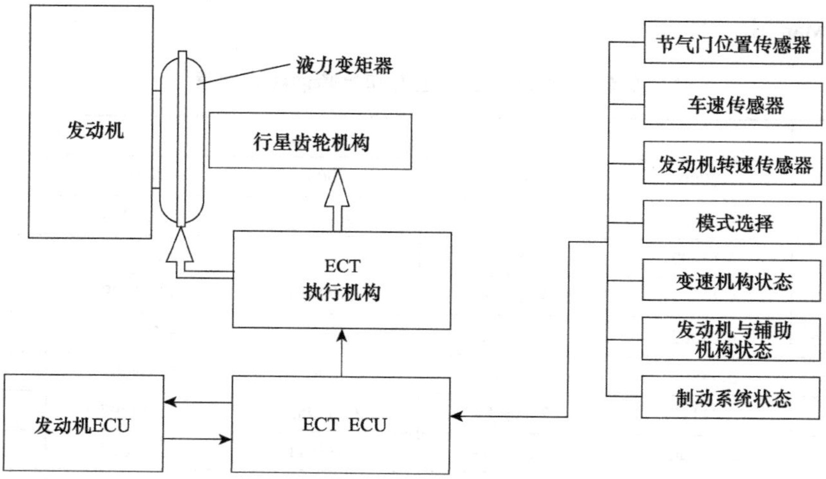


图 5.1　车辆自动变速器的基本组成

### 5.1.2　自动变速器电子控制换挡原理

电控液力自动变速器的电子控制液压换挡控制系统也是由信号输入装置、电子控制单元和执行器三部分组成的，如图 5.2 所示。信号输入装置将车速、节气门开度、发动机转速、液压油压力与温度等信号输入电控单元 ECU，ECU 根据输入的信号确定换挡或锁止时机，然后将相应的控制指令输送到执行器换挡电磁阀。通过控制液压控制阀的工作状态控制液压控制系统的换挡控制阀，实现换挡、锁止等控制功能。

1)信号输入装置

电控液力自动变速器电子控制系统的信号输入装置主要有节气门位置传感器、车速传感器、挡位开关、液压油温度传感器、发动机冷却水温度传感器、制动开关、超速开关(OD 开关)、行星齿轮变速器输入轴的转速信号。此外，ECU 还将此信号与来自发动机控制系统的发动机转速信号进行比较，计算出变速器的传动比，使油路压力控制过程和锁止离合器的控制过程得到进一步的优化，以改善换挡品质，提高汽车的行驶性能。

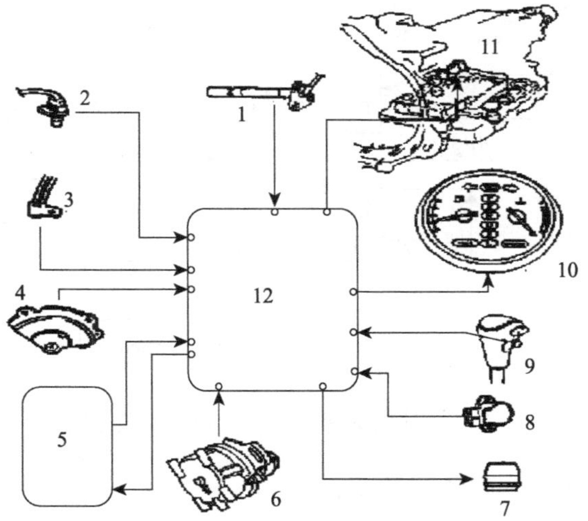


图 5.2　电控液力自动变速器电子控制系统的组成

1-输入轴转速传感器；2-车速传感器；3-液压温度传感器；4-挡位开关；5-发动机 ECU；6-发动机转速传感器；7-故障检测插座；8-节气门传感器；9-模式开关；10-挡位指示灯；11-电磁阀；12-自动变速器电控单元

2) 换挡控制模式

换挡控制模式是指电控液力自动变速器的换挡规律的控制程序，根据不同的使用要求，设计有不同的换挡控制程序存储在自动变速器控制单元(ECU)中。常见的电控液力自动变速器的换挡控制模式主要有以下三种：

(1) 经济模式(ECONOMY) 这种换挡模式以汽车获得最佳的燃油经济性为目标来设计换挡控制程序。当电控液力自动变速器在经济模式下工作时，其换挡规律应能使发动机经常处于经济转速范围内运转，从而提高了燃油经济性。

(2) 动力模式(POWER) 这种模式以汽车获得最大的动力性为目的来设计换挡程序。电控液力自动变速器在这种模式下工作时，能使发动机经常处于大功率范围内运转，从而提高了汽车的动力性。

(3) 标准模式(NORMAL) 标准模式的换挡规律介于经济模式和动力模式之间。它兼顾了动力性和经济性，使汽车既保证了一定动力性，又有良好的燃油经济性。

### 5.1.3　计算模型和换挡控制原理

1. 计算模型

由于电子控制液力自动变速器(ECT)仍然为机械式有级变速器，这里的模型借鉴机械变速器计算模型，并介绍机械变速器的计算模型。

机械式变速器控制的汽车计算模型如图 5.3 所示，图中 $\alpha$ -油门开度；$n_e$ -发动机转速；$T_e$ -发动机输出扭矩；$\eta_T$ -传动系效率；$i_g$ -变速器传动比；$i_0$ -主减速器传动比；$T_t$ -车轮上驱动扭矩；$T_r$ -制动力矩；$K_r$ -制动力矩系数；$\gamma$ -制动踏板行程；$T_{et}$ -轮边实际驱动扭矩；$r$ -车轮半径；$F_t$ -轮边驱动力；$F_i$ -坡道阻力；$\alpha_i$ -坡度；$M$ -整车质量；$F_f$ -滚动阻力；$f$ -滚动阻力系数；$F_w$ -空气阻力；$C_D$ -风阻计算系数；$A_D$ -挡风面积；$V_\Sigma$ -相对速度，$V_\Sigma = V - V_{wind}$；$F_{et}$ -加速驱动力；$\delta_{(n)}$ -质量转换系数；$s$-拉普拉斯变换中与积分变量 $t$ 无关的复数；$s = \mathrm{j}\omega$；$V$-车速；$V_{\mathrm{wind}}$-风速。

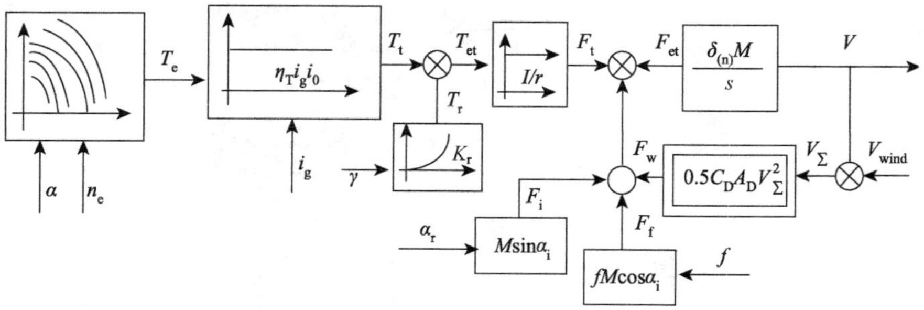


图 5.3　机械式变速器控制的汽车计算模型

作用在汽车上的力可按下列各式计算：

$$F_{\mathrm{t(n)}} = \frac{T_{\mathrm{e}} i_{\mathrm{g(n)}} i_0 \eta_{\mathrm{T}}}{r} = \frac{T_{\mathrm{e}} i_0 \eta_{\mathrm{T}}}{r} i_{\mathrm{g(n)}} \tag{5.1}$$

$$F_{\mathrm{i}} = M_{\mathrm{g}} \sin \alpha_{\mathrm{i}} \tag{5.2}$$

$$F_{\mathrm{f}} = M_{\mathrm{g}} f \cos \alpha_{\mathrm{i}} \tag{5.3}$$

$$F_{\mathrm{w}} = \frac{C_{\mathrm{D}} A_{\mathrm{D}}}{21.15} V^2 \tag{5.4}$$

$$F_{\mathrm{j(n)}} = \delta_{\mathrm{(n)}} M \frac{\mathrm{d}V}{\mathrm{d}t} \tag{5.5}$$

式(5.1)、式(5.5)中，$F_{\mathrm{t(n)}}$为第 $n$ 挡时汽车的驱动力；$F_{\mathrm{j(n)}}$为第 $n$ 挡时汽车加速阻力。

$$\delta_{\mathrm{(n)}} = 1 + \frac{1}{M}\left[\frac{\sum I_\omega}{r^2} + \frac{(I_{\mathrm{e}}+\lambda) i_0^2 i_{\mathrm{g(n)}}^2 \eta_{\mathrm{T}}}{r^2}\right] \tag{5.6}$$

式中，$I_\omega$为车轮的转动惯量；$I_{\mathrm{e}}$为与发动机刚性相连的部件转动惯量；$\lambda$为发动机非稳定状态下转矩的下降系数。

2. 换挡控制

关于变速器的控制问题主要是研究变速器的最佳换挡规律。所谓换挡规律是指变速器的换挡时刻随控制参数而变化的关系。

换挡规律按控制参数的个数可分为：单参数、两参数及三参数规律。

1) 单参数换挡规律

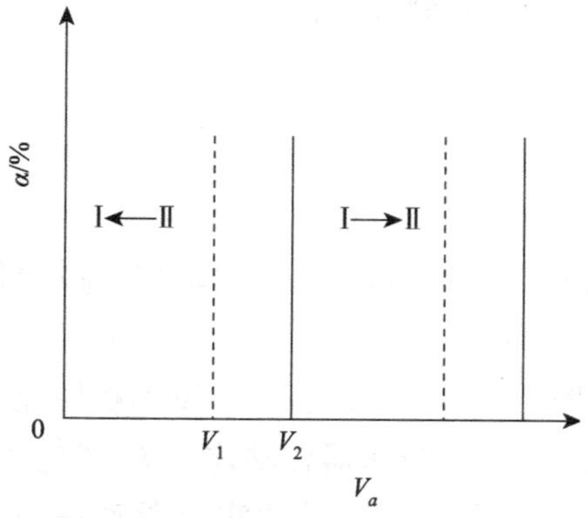


图 5.4　单参数换挡规律

控制参数一般为车速，见图 5.4，当车速达到$V_2$时，换入Ⅱ挡。当车速小于$V_1$时，换回Ⅰ挡。$V_1$与$V_2$间是两挡都可能的工作区，这种往返换挡之间的交错现象称为换挡重叠或换挡延迟，其作用是：

(1) 换入新挡后，不会因油门踏板的振动或车速稍有降低而重新换回原来排挡，保证了换挡过程的稳定性。

(2)有利于减少换挡循环(即不断地来回换挡),防止控制系统元件的加速磨损与降低乘坐舒适性。

单参数控制系统结构最简单，但它不论油门开度如何变化，换挡点、换挡延迟$\Delta V$的大小都不变，不能实现驾驶员干预换挡。为了保证动力性，升挡点多设计在发动机最大转速$n_{emax}$，这造成小油门开度也要在$n_{emax}$才换挡，故噪声大，这种规律也难于兼顾动力性与经济性的要求。因此，车辆上采用这类规律的甚少，只有在少数城市公共汽车、军用越野车上有所应用，目的是减少换挡次数。

2) 两参数换挡规律

控制参数一般为车速$V_a$和油门开度$\alpha$，两参数换挡比单参数换挡能得到更好的动力性和经济性，因此目前自动换挡系统多采用两参数换挡规律。

两参数换挡规律，如图 5.5 所示。

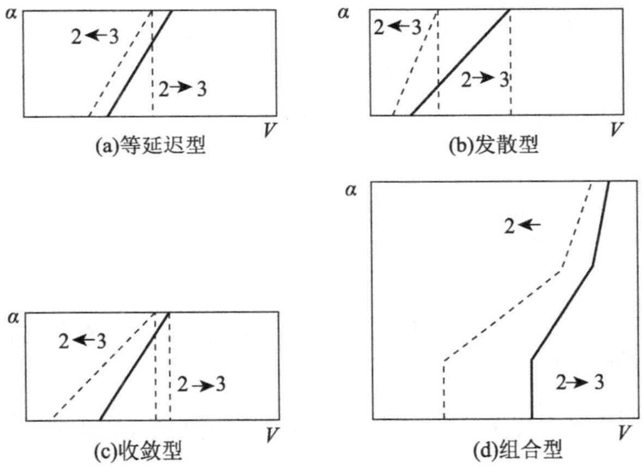


图 5.5　两参数换挡规律

(1)等延迟型[图 5.5(a)]。其换挡延迟$\Delta V$的大小不随油门开度变化，但可实现驾驶员的干预，在小油门时可提前换入高挡，既减小发动机噪声，又可延迟换回低挡，改善了燃油经济性。

(2)发散型[图 5.5(b)]。其换挡延迟$\Delta V$的大小随油门开度增大而增大，特点是：大油门升挡时发动机转速高，接近最大功率点，动力性好，换挡延迟大，减少了换挡次数，提高了舒适性。但大油门升挡时，发动机转速要降得很低，功率利用差，故该型适用于功率大的轿车上。

(3)收敛型[图 5.5(c)]。其换挡延迟$\Delta V$的大小随油门开度增大而减小，呈收敛分布，特点是：在大油门时换挡延迟$\Delta V$最小，所以升挡时有较好的功率利用，动力性好。减小油门时，$\Delta V$增大，避免了过多的换挡，且发动机可在较低转速下工作，燃料经济性好，噪声低，行驶平稳舒适，常用于货车上。

(4)组合型[图 5.5(d)]。它由两段或多段不同变化趋势的规律组成，优点是：便于在不同油门下获得不同的车辆性能，小油门时舒适、稳定、污染少；中油门时经济性好；大油门时动力性好。实际车辆中一般用组合型。

3）三参数换挡规律

以上的换挡规律是以车辆稳定行驶为前提的，但实际上，汽车在起步、换挡过程中，均处于加速或减速的非稳态状态，更适合动态三参数（加速度 $\mathrm{d}V/\mathrm{d}t$、车速 $V$ 和油门开度 $\alpha$）换挡规律，并且根据优化计算时所选取的目标函数不同又分成最佳动力换挡规律和最佳燃油经济性换挡规律两种基本类型。

（1）最佳动力性换挡规律。由汽车理论知，汽车的行驶方程式为

$$F_t = F_i + F_f + F_w + F_j \tag{5.7}$$

或

$$\frac{T_e i_g i_0 \eta_T}{r} = M_g \sin(\alpha_i) + M_g f \cos(\alpha_i) + \frac{C_D A_D}{21.15} V^2 + \delta M \frac{\mathrm{d}V}{\mathrm{d}t} \tag{5.8}$$

发动机扭矩 $T_e = f(n_e)$，可用二次曲线拟合，则

$$\frac{T_e i_{g(n)} i_0 \eta_T}{r} = C_n + B_n V + A_n V^2 \tag{5.9}$$

另外，滚动阻力系数为

$$f = f(V) \tag{5.10}$$

因此，由汽车行驶方程式（5.8）得

$$\frac{\mathrm{d}V}{\mathrm{d}t_{(n)}} = \frac{1}{\delta_{(n)} M}[(C_n + B_n V + A_n V^2) - (C_f + B_f V + A_f V^2)] \tag{5.11}$$

$$\frac{\mathrm{d}V}{\mathrm{d}t_{(n+1)}} = \frac{1}{\delta_{(n+1)} M}[(C_{(n+1)} + B_{(n+1)} V + A_{(n+1)} V^2) - (C_f + B_f V + A_f V^2)] \tag{5.12}$$

最佳动力性换挡规律应该是在同一油门开度下相邻两挡加速度曲线的交点处换挡，即

$$\frac{\mathrm{d}V}{\mathrm{d}t_{(n)}} = \frac{\mathrm{d}V}{\mathrm{d}t_{(n+1)}} \tag{5.13}$$

将式（5.11）、式（5.12）代入式（5.13）可得

$$\begin{aligned} &\delta_{(n+1)}(C_n + B_n V + A_n V^2) - [\delta_{(n+1)} - \delta_{(n)}](C_f + B_f V + A_f V^2) \\ &= \delta_{(n)}[C_{(n+1)} + B_{(n+1)} V + A_{(n+1)} V^2] \end{aligned} \tag{5.14}$$

上式的解中 $V_n$ 为正值，且 $V_n < V_{nmax}$ 之根即为最佳换挡时刻所对应的车速。

（2）最佳燃油经济性换挡规律。它的目标函数是在某一油门开度下，汽车从原地起步连续换 $i$ 挡加速至某一要求车速 $V$ 时，总的油耗 $Q$ 应最小。

由汽车理论知

$$Q = \sum_{n=1}^{i} \int_0^{t_n} \left(\frac{Q_t}{3.6}\right)_n \mathrm{d}t \tag{5.15}$$

考虑到

$$F_j = F_t - (F_i + F_f + F_w)$$

$$F_j = \delta M \frac{dV}{dt}$$

于是

$$dt = \frac{\delta M dV}{F_t - (F_i + F_f + F_w)} \tag{5.16}$$

代入式(5.15)得

$$Q = \sum_{n=1}^{i} \left[ \int_0^{V_n} \frac{Q_{tn}\delta_n M}{F_{tn} - (F_i + F_f + F_w)} dV + \int_{V_n}^{V_{n+1}} \frac{Q_{t(n+1)}\delta_{(n+1)} M}{F_{t(n+1)} - (F_i + F_f + F_w)} dV \right] \tag{5.17}$$

发动机的动态小时油耗是发动机转速的函数，一般可以拟合为三次多项式，即

$$Q_t = D_e + C_e n_e + B_e n_e^2 + A_e n_e^3 = D_q + C_q V + B_q V^2 + C_q V^3 \tag{5.18}$$

欲使加速油耗 $Q$ 为最小，对 $Q$ 求极值，令 $\frac{dQ}{dV} = 0$，则

$$\begin{aligned} &\frac{d}{dV}\left[ \int_{V_{n-1}}^{V_n} \frac{Q_{tn}\delta_n M}{F_{tn} - (F_i + F_f + F_w)} dV + \int_{V_n}^{V_{n+1}} \frac{Q_{t(n+1)}\delta_{(n+1)} M}{F_{t(n+1)} - (F_i + F_f + F_w)} dV \right] \\ &= \frac{d}{dV}\left[ \int_{V_{n-1}}^{V_n} \frac{Q_{tn}\delta_n M}{F_{tn} - (F_i + F_f + F_w)} dV - \int_{V_{n+1}}^{V_n} \frac{Q_{t(n+1)}\delta_{(n+1)} M}{F_{t(n+1)} - (F_i + F_f + F_w)} dV \right] = 0 \end{aligned} \tag{5.19}$$

$$Q_{tn}\delta_n [F_{t(n+1)} - (F_i + F_f + F_w)] = Q_{t(n+1)}\delta_{(n+1)} [F_{tn} - (F_i + F_f + F_w)] \tag{5.20}$$

由式(5.11)、式(5.12)可知

$$F_{tn} - (F_i + F_f + F_w) = \delta_n M \frac{dV}{dt_{(n)}} = [(C_n + B_n V + A_n V^2) - (C_f + B_f V + A_f V^2)]$$

$$F_{t(n+1)} - (F_i + F_f + F_w) = \delta_{(n+1)} M \frac{dV}{dt_{(n+1)}} = [(C_{(n+1)} + B_{(n+1)} V + A_{(n+1)} V^2) - (C_f + B_f V + A_f V^2)]$$

故式(5.20)可整理成

$$a_q V^5 + b_q V^4 + c_q V^3 + d_q V^2 + e_q V + f_q = 0 \tag{5.21}$$

式中，$a_q$、$b_q$、$c_q$、$d_q$、$e_q$、$f_q$ 为转换系数，由移项、并项后求得。

求解式(5.21)的根 $V_n$，即为加速时保证车辆最佳燃油经济性的相邻两挡 $n$ 与 $(n+1)$ 之间的最佳换挡点车速。同理，可求出其他油门开度及挡位的最佳换挡车速。变速器控制是由换挡电磁阀和油缸的控制组成。车辆行驶时，当前挡位(由挡位开关测得)与存于计算机的最优挡比较，若需换挡，控制相应的电磁阀，先摘空挡。与此同时，离合器分离，发动机收油门，然后再换入新挡，离合器接合，发动机自适应调节要求加油门，完成换挡过程。

### 5.1.4　两参数换挡电控系统分析

两参数换挡电控系统如图 5.6 所示，控制器 ECU 可与发动机控制 ECU 共用，也可使用独立的 ECU。

1. 控制换挡时刻

控制换挡时刻是电控液力自动变速器 ECU 的基本控制内容。换挡时刻(即换挡车速、

包括升挡车速和降挡车速)对汽车的动力性和燃油经济性影响很大。对于汽车的某一特定行驶工况而言，有一个与之相对应的最佳换挡时刻或换挡车速，ECU 应使电控液力自动变速器在汽车的任意行驶条件下都按最佳换挡时刻进行换挡，从而使汽车的动力性和燃油经济性等性能指标达到最佳。

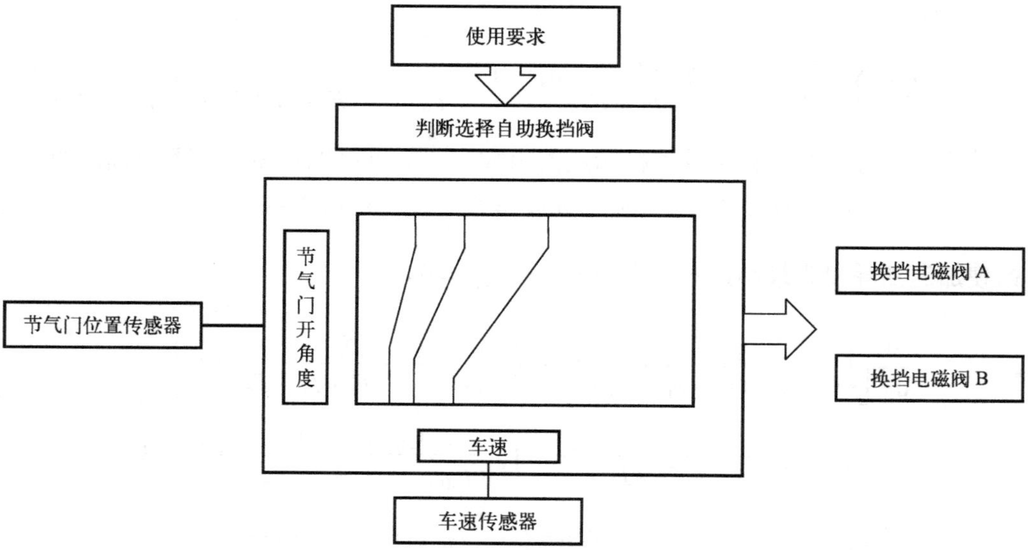


图 5.6　两参数换挡电控系统

汽车的最佳换挡车速主要取决于行驶时的节气门开度。不同节气门开度下的最佳换挡车速可用自动换挡曲线来表示，如图 5.7 所示。由图可知，节气门开度越小，汽车的升挡车速和降挡车速越低；反之节气门开度越大，汽车的升挡车速和降挡车速越高。这种换挡规律十分符合汽车的实际使用要求。如当汽车行驶在良好的路面上缓慢加速时，行驶阻力较小，节气门开度也较小，升挡车速可相应降低，即可较早地升入高挡，从而使发动机在较低的转速范围内工作，减小汽车油耗；相反，当汽车急加速或上坡行驶时，行驶阻力较大，为保证汽车有足够动力，节气门开度较大，换挡时刻相应延迟，也就是升挡车速相应提高。从而让发动机工作在较高转速范围内，以发出较大功率，提高汽车的加速和爬坡能力。

当电控液力自动变速器选挡手柄在不同位置或换挡模式开关在不同位置时，对汽车的使用要求也不同，因此其换挡规律也应作相应调整。电控液力自动变速器将汽车在不同使用要求下的换挡规律以自动换挡曲线的形式存储在存储器内。在汽车行驶中，ECU 根据挡位开关和换挡模式开关的信号从存储器中选择出相应的自动换挡曲线，再根据车速传感器和节气门位置传感器输入的车速和节气门开度信号与自动换挡曲线进行比较。根据比较结果在达到设定的换挡车速时，ECU 便向换挡电磁阀发出控制指令，以实现挡位的自动变换。

4 挡电控液力自动变速器中通常有 2～3 个换挡电磁阀。 ECU 通过控制这些换挡电磁阀的通电或断电(阀开启或关闭)组合成不同的挡位。不同车型的电磁阀的工作组合与挡位的关系都不完全相同。

2. 油路压力控制

电控液力自动变速器中的主油路油压也是由主油路压力调节阀来调节。早期的电控液力自动变速器还保留了液力式控制系统中的由节气门拉索控制的节气门调压阀，并让主油路调压阀的工作受控于节气门调压阀产生的节气门控制油压，使主油路油压随发动机负荷的增大而增大，以满足传递大扭矩时对离合器、制动器等换挡执行元件液压工作油缸工作压力的需要。而近年来一些新型电控液力自动变速器的电液控制系统则完全取消了由节气门拉索控制的节气门调压阀，节气门控制油压由一个油压电磁阀来控制。油压电磁阀是一种脉冲线性式电磁阀，根据节气门位置传感器输入的节气门开度信号，计算并控制送往油压电磁阀的脉冲控制信号的占空比，以改变油压电磁阀泄油孔的开度，产生随节气门开度变化的油压，即节气门控制油压。节气门开度越大，脉冲控制信号的占空比越小。油压电磁阀的泄油孔开度越小，节气门油压越高。这一节气门油压反馈至主油路调压阀，作为主轴路调压阀的控制压力，使主油路调压阀随节气门开度的变化改变所调节的主油路油压的大小，以获得不同的发动机负荷下主油路的最佳值，并将液压油泵的功率损耗减少到最小。主油路油压调节曲线如图 5.8 所示。此外，ECU 还能根据选挡手柄处于倒挡位置时提高油压，使倒挡时的主油路油压升高，以满足倒挡时对主油路油压的要求。

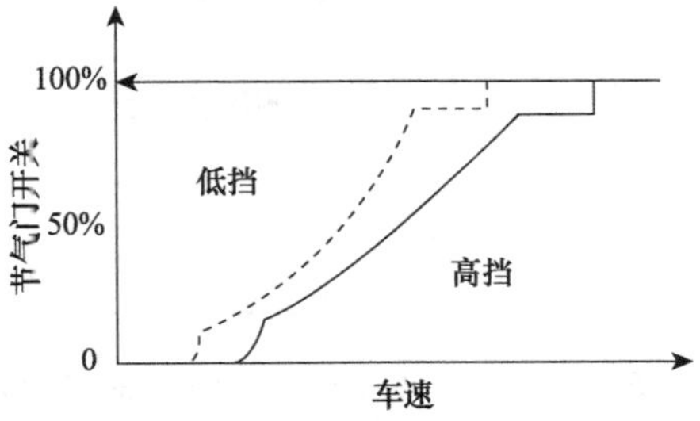


图 5.7　自动换挡曲线

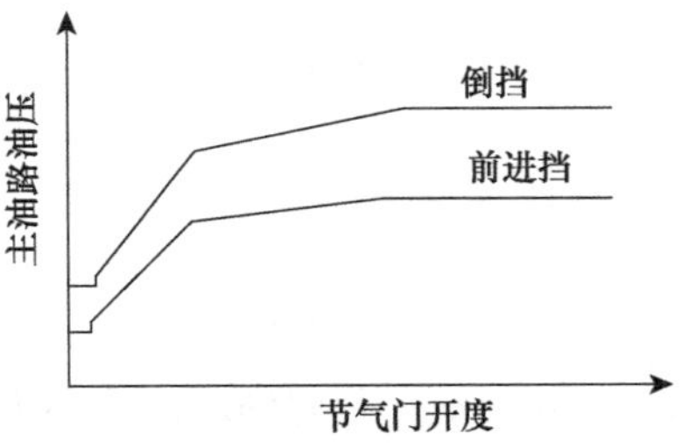


图 5.8　主油路油压调节曲线

除了正常的主油路油压控制之外，ECU 还可以根据各传感器测得的电控液力自动变速器的工作条件，在一些特殊情况下，对主油路油压作适当修正，使油路压力控制获得最佳的效果。例如，当选挡手柄置于前进低挡(S、L 或 2、1 挡)位置时，由于汽车的驱动力较大，由 ECU 将自动使主油路油压高于前进挡时的油压，以满足动力传递的需要。为减小换挡冲击，在电控液力自动变速器中，ECU 在换挡过程中按照换挡时节气门开度的大小，控制油压电磁阀适当减小主油路油压，以改善换挡品质，如图 5.9 所示。ECU 还可以根据液压油温度传感器的油温信号，在油温未达到正常工作温度时(低于 60℃)，将主油路油压调整为低于正常值，如图 5.10 所示，以防止因液压油在低温下黏度较大而产生换挡冲击；当液压油温度过低时(低于-30℃)，ECU 使主油路油压升至最大值，以加速离合器、制动器的接合，防止因液压油黏度过大而使转换过程过于缓慢，如图 5.11 所示。在海拔高度较高时，如果发动机发出的功率降低，ECU 将主油路油压控制在低于正常值，以防止换挡时产生冲击，如图 5.12 所示。

3. 自动换挡模式选择控制

早期电控液力自动变速设有换挡模式选择开关，驾驶员可以通过这一开关来选择换挡模式，换挡模式有经济模式、标准模式和动力模式。在不同的换挡模式下，电控液力自动变速器的换挡规律有所不同，以满足不同的使用要求。近期的电控液力自动变速器由于ECU具有很强的运算和控制功能，并具有一定的智能分析能力，因此可以取消换挡模式开关，由ECU进行自动模式选择控制。ECU通过各传感器测得汽车行驶情况和驾驶员的操作方式，经过运算分析，自动选择标准模式、经济模式或动力模式进行换挡控制，以满足不同的驾驶要求。

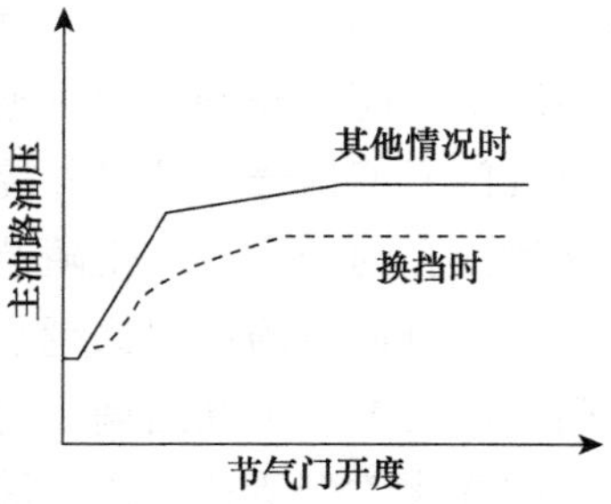


图 5.9　换挡时主油路油压控制曲线

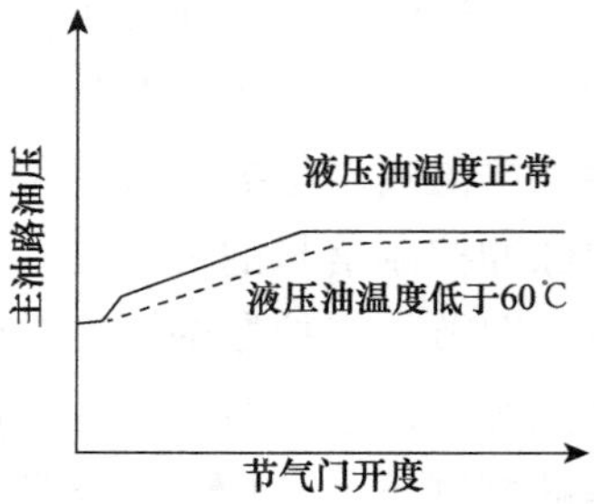


图 5.10　液压油温度较低时主油路油压曲线

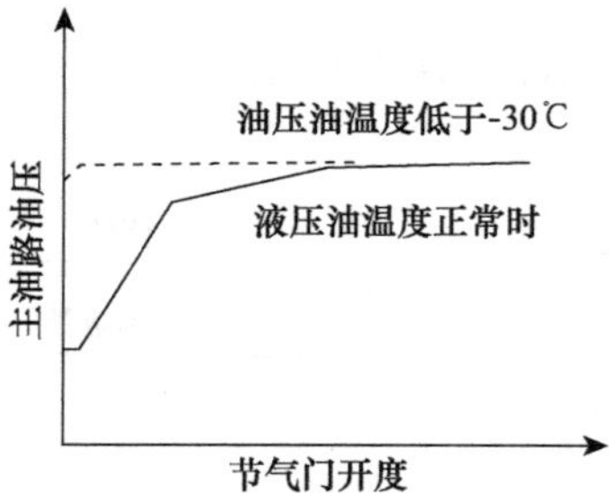


图 5.11　液压油温度过低时主油路油压曲线

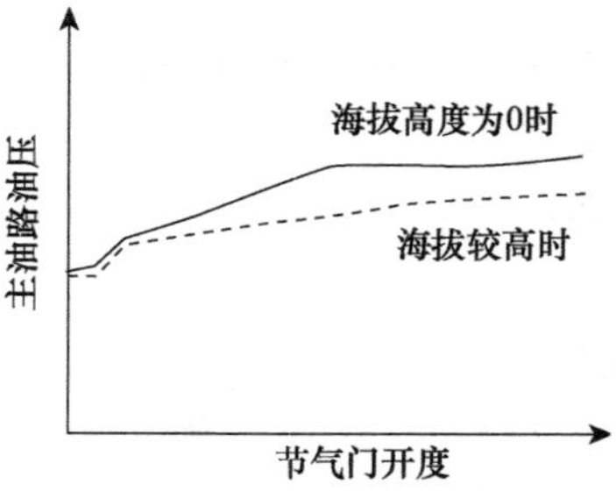


图 5.12　海拔高度不同时主油路油压曲线

ECU在进行自动换挡模式选择控制时，主要根据选挡手柄的挡位及加速踏板被踩下的变化速率，以判断驾驶员的操作目的。

(1)当选挡手柄位于前进低挡(S、L挡或1、2挡)时，ECU只选择动力模式。

(2)在前进D挡，当加速踏板被踩下的速率较低时，ECU只选择经济模式；当加速踏板被踩下的速率超过控制程序中设定的速率时，ECU由经济模式转换为动力模式。

在这种自动选择控制中，ECU将车速和节气门开度的组合划分为一定数量的区域，如图5.13所示。每个区域有不同的节气门开启速率程序值，当驾驶员踩下加速踏板的速率大于汽车行驶车速和节气门开启所对应区域的节气门开启速率程序值时，ECU即选择动力模式，反之，则选择经济模式。这些区域中节气门开启速率程序值分布规律是：车速越低或节气门开度越大，其程序值越小，即越容易选择动力模式。

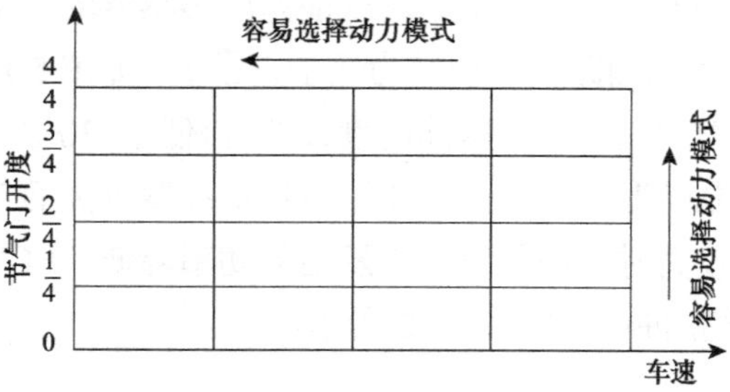


图 5.13　自动模式选择控制示意图

(3)在前进D挡时，ECU选择动力模式后，一旦节气门开度小于1/8，ECU即由动力模式转换为经济模式。

4. 锁止离合器控制

锁止离合器的工作由 ECU 控制。按照设定的控制程序，通过控制锁止电磁阀来控制锁止离合器的接合或分离。

正确的锁止离合器控制程序应当是既满足电控液力自动变速器的工作要求，保证汽车的行驶能力，又能最大限度地降低燃油消耗。电控液力自动变速器在各种行驶条件下的最佳锁止离合器控制程序事先已存储在 ECU 的存储器内。ECU 根据选挡手柄的挡位、控制模式等工作条件从存储器中选择出锁止控制程序，再将车速、节气门开度与锁止控制程序进行比较。当车速足够高时，且其他各种因素均满足锁止条件时，ECU 即向锁止电磁阀发出控制指令，使锁止离合器接合，实现变矩器的锁止。控制原理如图 5.14 所示。

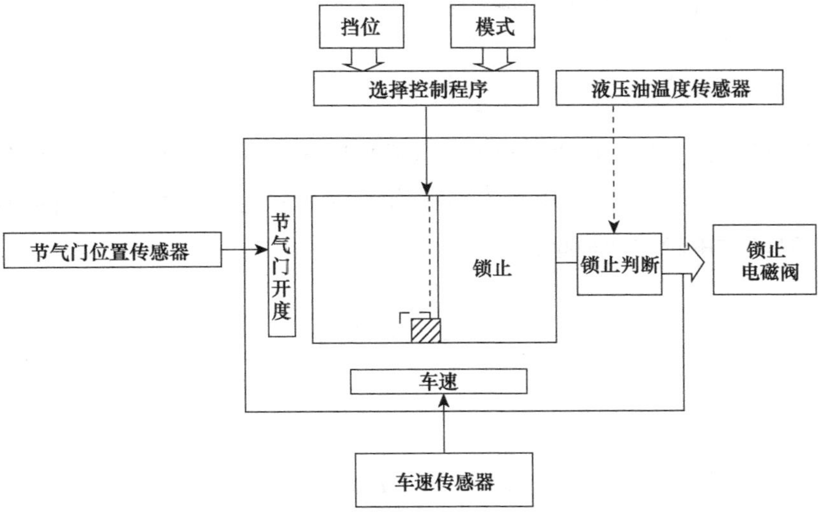


图 5.14　锁止离合器控制过程示意图

ECU 在进行锁止离合器控制时，还要根据自动变速器的工作条件，在下述一些特殊条件下禁止锁止离合器接合，以保证汽车的行驶性能：

(1) 液压油温度低于 60℃。

(2) 车速低于 140km/h。

(3) 怠速开关接通。

早期的电控液力自动变速器中，控制锁止离合器的锁止电磁阀是采用开关式电磁阀，即电磁阀通电时锁止离合器接合，断电时锁止离合器分离。近期许多电控液力自动变速器采用脉冲线性式电磁阀作为锁止电磁阀。ECU 在控制锁止离合器接合时，通过改变控制指令信号的占空比。使锁止电磁阀的开度缓慢增大，以减小锁止离合器接合时产生的冲击，使锁止离合器的接合过程更加柔和平稳。

## 5.2　车辆防滑与平面稳定性电子控制系统

车辆在湿滑路面制动和驱动时，制动力和驱动力大于地面附着力，车轮抱死或滑转，侧向附着系数下降，侧向力使车辆横向滑移，车辆失稳。

制动防滑控制和驱动防滑控制是在汽车制动抱死和驱动滑转的行驶工况下对汽车进行控制，即制动防抱死控制(ABS)、驱动防滑控制(ASR 或 TCS)以及电子稳定程序(ESP)，以保证汽车行驶的操纵稳定性和行驶路径。

### 5.2.1　汽车制动防抱死控制系统

汽车制动防抱死控制系统是汽车在任何路面上进行较大制动力制动时，防止车轮完全抱死的系统。这种系统利用电子技术自动控制车轮制动力，可以充分发挥制动器的效能，提高制动减速度和缩短制动距离，并能有效地提高车辆制动的稳定性，防止车辆侧滑和甩尾。我国从 20 世纪 90 年代开始研究 ABS 技术，目前 ABS 技术已成为我国汽车的标配，但 ABS 核心技术产权被国外跨国公司控制。

1. 基本理论

1) 制动分析

按照汽车行驶理论分析，制动车轮受力分析如图 5.15 所示。$T_\mu$ 为车轮制动器中制动器的摩擦力矩，$F_{xb}$ 为地面制动力，$W$ 为车轮垂直载荷，$F_T$ 为车轴对车轮的推力，$F_z$ 为地面法向作用力，制动时单轮数学模型：

$$\begin{cases} J\dot{\omega} = -T_\mu + F_{xb} \cdot r \\ m\dot{V}_a = F_T - F_{xb} \end{cases} \tag{5.22}$$

式中，$T_\mu = F_\mu r$。

地面制动力满足

$$F_{xb} \leqslant F_\varphi = F_z \varphi \tag{5.23}$$

地面制动力 $F_{xb}$、制动器制动力 $F_\mu$、附着力 $F_\varphi$ 与制动踏板力 $F_p$ 关系如图 5.16 所示。可以看出，地面制动力达到附着力后，不再增加，车轮力矩平衡，即

$$T_\mu = rF_{xb} \tag{5.24}$$

车轮抱死拖滑。

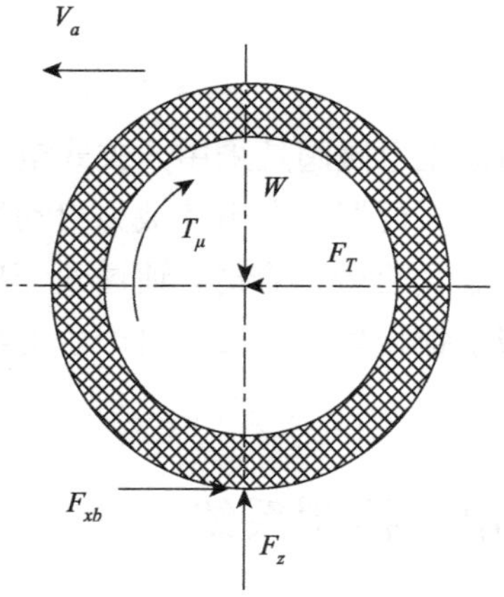


图 5.15　制动车轮受力分析

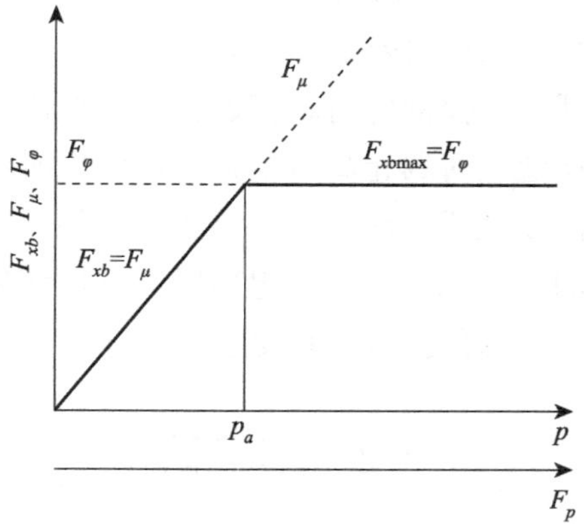


图 5.16　地面制动力、制动器制动力、附着力与制动踏板力关系图

制动时车轮速度减小，在车速和轮速之间产生一个速度差。车速和轮速之间存在着速度差称为滑移现象。滑移的程度用滑移率表示，即

$$S = \frac{V - \omega r}{V} \times 100\% \tag{5.25}$$

式中，$S$ 为车轮滑移率；$\omega$ 为车轮角速度；$V$ 为汽车车身速度，实际应用时常以非驱动轮轮缘速度代替；$r$ 为车轮半径。

当车速等于轮速时，滑移率为零。汽车制动时两者差别越大，滑移率越大。车轮抱死时，轮速为零，滑移率达到 100%。

2) 滑移率与附着系数关系

纵向附着系数、侧向附着系数和滑移率之间存在着密切的关系，如图 5.17 所示，即非制动状态下，制动附着系数为零；制动状态下，滑移率达到某个数值时制动附着系数最大，之后随着滑移率的增大制动附着系数减小。

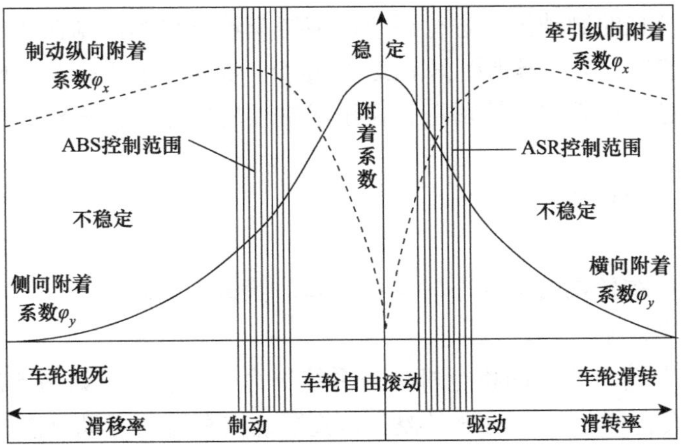


图 5.17　附着系数与滑移率、滑转率的关系曲线

非制动时，侧向附着系数最大，之后随着滑移率的增大而减小，当汽车车轮完全抱死，汽车的方向稳定性和转向能力将完全丧失。

图 5.17 中阴影部分为制动防滑与驱动防滑控制区域，侧向附着系数保持较大值，能够确保汽车行驶稳定性和操纵性。

3) 车轮加速度、减速度

如图 5.18 所示，对正在旋转的车轮施加制动，随着制动压力的升高，在车轮旋转的相反方向上将产生制动力矩，轮速减小并产生滑移，制动完全解除时，制动力矩消失，车轮从滑动状态恢复到滚动状态，即车轮速度逐步增加至汽车速度。在单位时间内轮速增加或减少的变化量称作车轮的加速度或减速度。一般来讲，制动强度越大，车轮减速度越大；在滑动状态下，解除制动越快，车轮加速度越大。

### 2. ABS 系统组成及原理

ABS 系统通常是由电控单元、液压控制单元(液压调节器)和车轮速度传感器等组成，如图 5.19 所示。

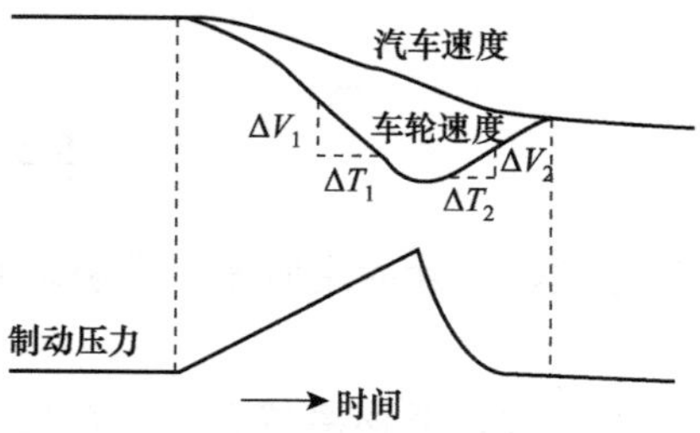


图 5.18　车轮加速度、减速度与制动压力关系图

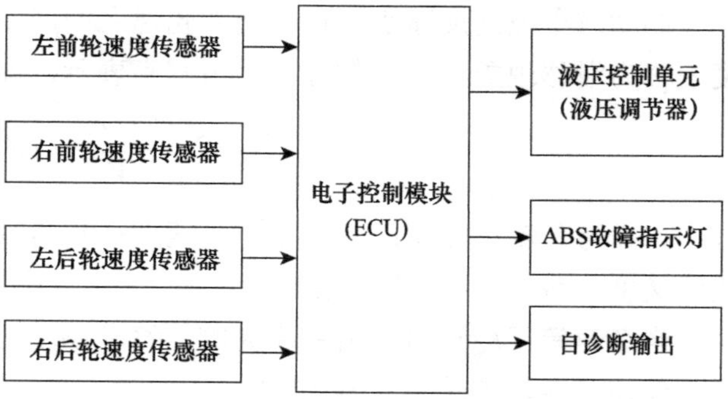


图 5.19　ABS 系统的结构组成

ABS 系统的每一个车轮都安装一个转速传感器，传感器感受系统控制所需的汽车行驶状态参数，并将运动物理量转换为电信号。电子控制器根据传感器信号及其内部存储信号，对各个车轮的运动状态进行检测和判定，并形成相应的控制指令，该指令指使制动压力调节装置对各个制动轮缸的制动压力进行调节，使得车轮滑移率控制在 10%～20%之间，同时监控系统的工作状况。执行器则根据 ECU 的指令，依靠由电磁阀及相应的液压控制阀组成的液压调节系统对制动系统实施增压、保压或减压的操作，使车轮始终处于理想的运动状态。

ABS 系统的基本组成原理如下：

1) 传感器

ABS 系统每一个车轮都安装一个转速传感器，测量车轮转速。

2) 制动压力调节装置

ABS 系统控制车轮滑移率的执行机构是系统压力调节装置，如图 5.20 所示。ECU 根据车轮速度传感器发出的信号，由电子控制器判断确定车轮的运动状态，向驱动压力调节装置的电磁阀线圈发出指令，通过电磁阀的动作来实现对制动分泵的保压、减压和增压控制。压力调节装置的电磁阀以很高的频率工作，以确保在短时间内有效地对车轮滑移率实施控制。

ABS 典型的制动压力调节方式有循环(流通)调压方式和变容积式调压方式两大类，详细组成原理这里不再赘述。

3) ECU 控制单元

ABS 的 ECU 接收由设于各车轮上的传感器传来的转速信号，经过电路对信号的整形、放大和 ECU 的比较、分析、处理，向 ABS 执行器发出压力控制指令，如图 5.21 所示。一般来说，ABS 的电控单元还具有初始检测、故障排除、速度传感器检测和系统失效保护等功能。

### 3. ABS 控制算法

防抱死制动控制算法主要是车轮加、减速度门限算法和参考滑移率算法。

1) 逻辑门限值控制算法

逻辑门限值控制算法通常都是将车轮的减速度(或角减速度)和加速度(或角加速度)作为主要控制门限，而将车轮的滑移率作为辅助门限。因为单独采用其中的任何一种门限进行车轮防滑控制都存在着较大的局限性。

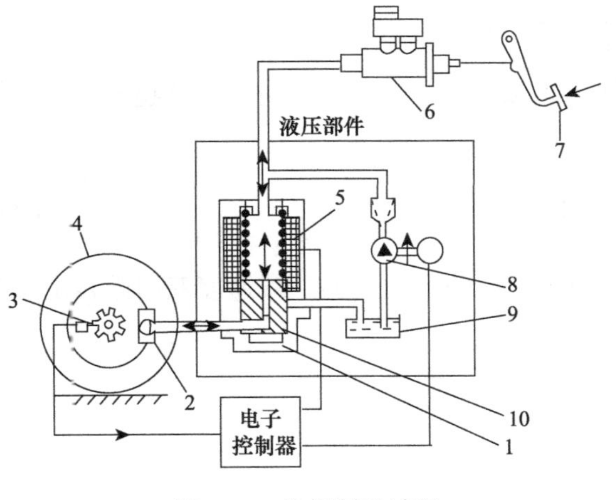


图 5.20　常规制动过程

1-电磁阀；2-制动分泵；3-车轮转速传感器；4-车轮；5-电磁阀线圈；6-制动总泵；7-制动踏板；8-电动泵；9-储液器；10-柱塞

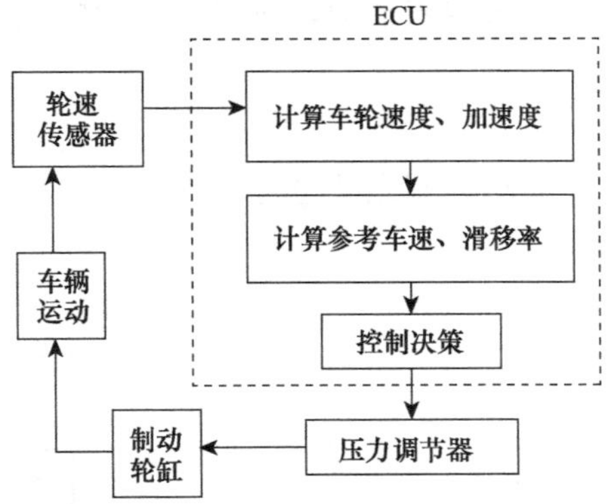


图 5.21　ABS 的 ECU 在系统中的作用

双门限值控制逻辑可以适应不同的路面特性，当路面附着系数出现跃变时，就不能快速适应了，因此，其对快速变化的路面跟踪性能较差。为了适应路面特性的变化，必须通过相应的逻辑条件识别出这些变化，再对控制逻辑做出修改，从而使得车辆在不同的路面条件下都能取得良好的控制效果。为此引入车轮的滑移率作为辅助的控制门限值，与车轮的减速度组合成双参数的逻辑控制算法。

逻辑门限值控制把车轮的加速度分为$-a$、$+a$、$+A$(车轮圆周加速度门限值)等几个不同的门限值，然后辅以车轮的滑移率门限值 $S$，通过这些门限值不同的组合构成控制逻辑。在控制的第一循环中主要进行路面特性的识别，通常是在减压切换到保压的阶段，以规定的时间内可能检测到的信号作为路面识别的依据。再根据识别结果，分别针对不同路面采用相应的控制逻辑，从而保证 ABS 对路面特性有良好的跟踪性能。

例如，仅以车轮的加、减速度作为控制门限时，当汽车在湿滑路面上高速行驶过程中进行紧急制动时，在车轮的滑移率离不稳定区域较远时，车轮的减速度就可能达到控制门限值；而对于驱动车轮，如果制动时没有分离离合器，由于车轮系统存在着较大的转动惯量，又会造成车轮滑移率已进入不稳定区域而车轮的减速度却仍未达到控制门限，这都会严重地影响控制效果。仅以车轮的滑移率作为控制门限时，由于路面情况不同，峰值附着系数滑移率的变化范围较大(8%～30%)，因此，仅以固定的滑移率门限作为防滑控制门限，就很难保证在各种路面情况下都能获得最佳的控制效果。而将车轮的加、减速度控制门限和滑移率控制门限结合起来，有助于对路面情况的识别，进而提高系统的自适应控制能力。通常根据一定范围内附着路面进行加、减速度双门限控制。

对于单一附着路面，无论车轮的滑移率在任何范围内变化，其附着系数都不会超过一定的值。因此，受路面附着系数影响，作用在车轮上的制动力满足以下关系

$$F_{xb} \leqslant F_{\varphi} = F_z \varphi = \frac{1}{4} m g \varphi_{\max} \tag{5.26}$$

汽车制动时，其减速度$-a$。满足

$$-a=-\frac{4F_{xb}}{m}\leqslant -g\varphi_{\max} \tag{5.27}$$

当车轮的制动角减速度 $\dot{\omega}$ 超过极限条件，即 $\dot{\omega}r < -a$ 时，表明制动力已超出路面所提供的最大附着能力，车轮有抱死的倾向，即

$$\dot{\omega}<\frac{-a}{r} \tag{5.28}$$

制动控制系统进行减压，以此推理保压和增压控制，构成加、减速度双门限 $(-a,a)$ 控制，即

$$\begin{cases}\dot{\omega}<\dfrac{-a}{r}, & \text{减压}\\[2ex] \dfrac{-a}{r}\leqslant\dot{\omega}\leqslant\dfrac{a}{r}, & \text{保压}\\[2ex] \dot{\omega}>\dfrac{a}{r}, & \text{增压}\end{cases} \tag{5.29}$$

控制实例如下：

(1) 高附着系数路面上制动控制。

图 5.22 为汽车在高附着系数的路面上，防抱死制动系统的一个典型的控制循环周期。在高附着系数路面上制动时，为了避免冲击干扰而引起车桥的共振，制动压力的升高速度应为没有装制动防抱死系统的制动系统的 1/5～1/10。

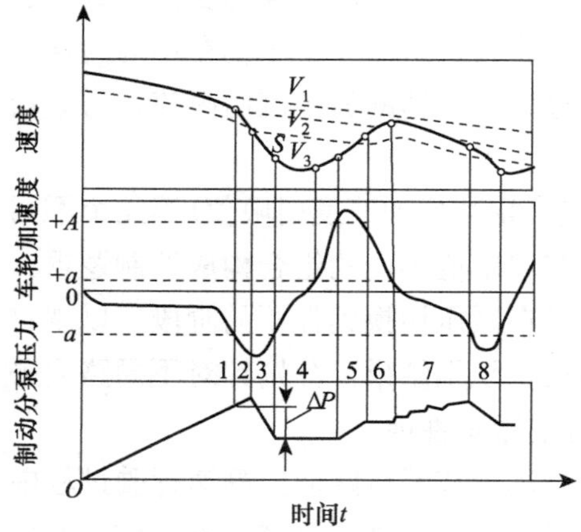

图 5.22　高附着系数路面上制动控制

图中的制动控制特性曲线简述了这一要求。图中 $V_1$ 是车速，$V_2$ 是参考速度，$V_3$ 是车轮圆周速度，$S$ 是滑移率门限值，$+A$ 和 $+a$ 是车轮加速度门限值，$-a$ 是车轮减速度门限值，$\Delta p$ 是制动压力减小量。

在制动的最初阶段，车轮制动分泵的制动管路压力上升而轮胎滚动的圆周速度下降，同时，车轮的减速度值变大。在阶段 1 的末端，车轮减速度超过给定的门限值 $-a$，相应地电磁阀转换到压力保持状态 2，此时制动管路压力保持不变。由于车轮减速度超过门限值时还在附着系数-滑移率曲线的稳定区内，同时形成的参考速度在给定的斜率下相应递减，滑移率门限值 $S$ 由参考速度求导。

在保压阶段 2 的末端，车轮速度低于滑移率门限值 $S$，此时电磁阀转换到压力降低位置。制动管路压力下降直到车轮减速度回升超过门限值 $-a$。在阶段 3 的末端，车轮减速度仍低于门限值 $-a$。随之是一个压力保持阶段 4。在这段时间内，车轮的加速度迅速增加直至超过门限值 $+a$。此时压力继续保持不变，直到阶段 4 的末端。在阶段 4 的末端，车轮加速度超过比较大的门限值 $+a$。在车轮加速度超过门限值 $+a$ 的阶段 5 中，制动管路压力一路上升。由于车轮加速度超对门限值 $+a$，因此在阶段 6 中，制动管路压力重新保持不变，此阶段车轮的加速度下降。到阶段 6 的终端，车轮加速度又回落到门限值 $+a$ 以下，这表明车

轮行驶在图 5.17 附着系数与滑移率关系曲线的稳定区内，并稍有不足制动。在阶段 7 中，制动管路压力将阶梯形上升直到车轮减速度在阶段 7 的末端超过门限值$-a$。这时制动管路的压力立即下降且不产生 $s$ 信号(阶段 8)。其后的控制循环过程与上述相同。

(2) 低附着系数路面上的制动控制。

图 5.23 给出了在低附着系数路面上的制动控制过程。与在高附着系数路面上不同的是，其制动踏板只要有轻微压力就足以使车轮抱死，而且需要更长的时间加速才能走出高滑移率区。ECU 的逻辑电路可以识别主要路况，并能使防抱死制动系统的控制特性与之相适应。

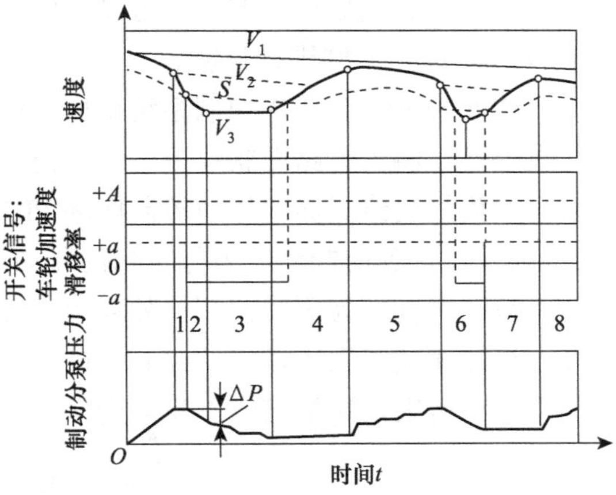


图 5.23　低附着系数路面上的制动控制

在阶段 1、2，其制动过程与高附着系数路面上情况相似。阶段 3 开始有一个短时间的压力保持，然后在很短时间内把车轮圆周速度与滑移率门限值 $S$ 相比较。若车轮圆周速度小于滑移率门限值，则在既定短时间内制动管路压力下降。随后是一个短时间的压力保持阶段，然后再比较车轮圆周速度，与滑移率门限值，同样又产生在给定短时间内的制动管路压力下降。在随后的压力保持阶段里，车轮重新加速，车轮加速度超过门限值$+a$。紧随其后的阶段 4 中的压力保持，使车轮的加速度再次低于门限值$+a$(在阶段 4 的末端)，系统进入稳定滑移区域。接下来的阶段 5 是类似于高附着系数路面的一个阶梯形压力升高的进程，直至阶段 6 由一个压力下降过程开始一个新的控制循环周期。当车轮在高滑移率区域行驶时间比较长时，对汽车的操纵性和稳定性来说都不是最优的。因此，为了提高汽车的操纵性和稳定性，在此后的控制循环周期内不断地比较车轮圆周速度和滑移率门限值 $S$，将导致在阶段 6 中制动管路压力持续下降，直至阶段 7 车轮加速度超过门限值$+a$。该持续的制动管路压力下降的结果是使其处于高滑移率区域内的时间很短，因而相对第一控制循环周期而言，其操纵性和稳定性有所提高。

(3) 分离路面的左右车轮制动。

分离路面左、右车轮附着系数不同，如左侧前、后两个车轮在干燥的沥青路面上，右侧前、后两个车轮在冰路面上，则两个车轮形成很大差别的制动力，不同的制动力产生绕汽车垂直轴的一个横摆力矩，如图 5.24 所示，横摆力矩对车辆稳定性产生一定影响。解决方法是推迟高附着系数路面上的前轮制动轮缸中制动压力的建立时间。

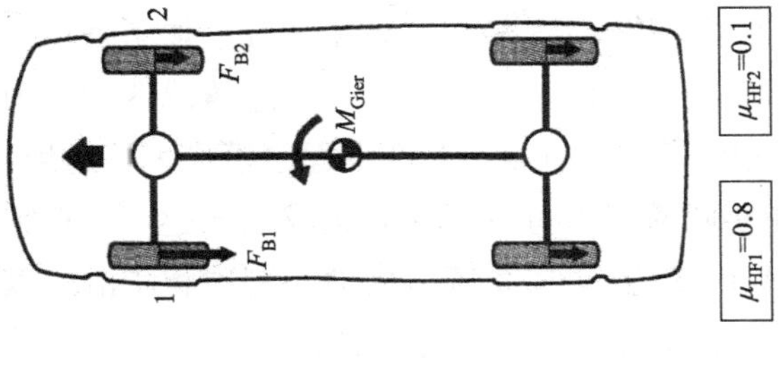


图 5.24　分离路面的左右车轮制动

逻辑门限值控制方法不涉及具体系统的数学模型，对于 ABS 这类非线性系统实用有效。缺点是门限值及保压时间都是经反复试验得出的经验数值，需要反复试验，同时滑移率精度有限，没有达到最佳的制动效果，车速和制动压力的波动较大。

2)基于滑移率的控制方法

针对逻辑门限值控制方法的不足，越来越多的学者青睐基于滑移率的控制方法，并将现代控制理论应用在滑移率的控制上，控制目标值参考滑移率，控制算法主要有PID算法、最优控制方法、模糊控制方法、滑模变结构控制方法，较简单实用的当属PID算法，下面以PID控制算法为例进行说明。

如图5.25所示，PID控制系统由内、外环两个PID控制算法串联在一起实现连续的控制。在外环，将当前路面状况下的理想滑移率与实际滑移率的差值作为输入，计算出一个制动压力值输出给后面的压力控制闭环PID控制系统。在制动系统压力闭环PID控制系统中，再以计算得到的制动压力与实际的制动压力的差值去控制当前的制动系统的管路压力。在这个系统中内环为压力控制，外环为滑移率控制，要求内环的控制响应快于外环的控制响应，这样才能得到比较好的控制准确度及控制稳定性。该算法主要局限性是滑移率受车速测量误差所限，测量精度不易得到保证。

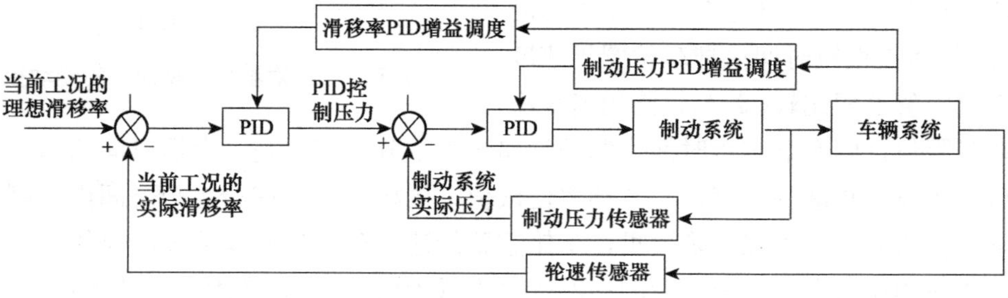


图5.25　PID控制系统

## 5.2.2　驱动防滑/牵引力控制系统

汽车驱动防滑系统(ASR/TCS)，是一种主动安全装置，可根据车辆的行驶行为使车辆驱动轮在恶劣路面或复杂路面条件下得到最佳纵向驱动力，能够在驱动过程中，特别在起步、加速、转弯等过程中防止驱动车轮发生过分滑转，使得汽车在驱动过程中保持方向稳定性和转向操纵能力及提高加速性能等，故又称为牵引力控制系统(TCS)。汽车行驶在易滑的路面上，如果没有ASR装置，在加速时驱动轮容易打滑，后驱动的汽车容易甩尾，前驱动的汽车容易方向失控；有ASR装置的汽车在加速时，ASR将驱动轮的滑转率控制在一定的范围内，从而防止驱动轮的过度滑转，这样就会使车辆沿着正确的路线行驶，避免发生驱动轮过度打滑导致安全性能降低和偏离路径。

ASR可视为ABS在技术上的延伸。在装备了ABS的汽车上，ASR系统添加了发动机输出力矩的调节功能和驱动轮制动压力的调节功能后，ABS所用的车轮转速传感器和压力调节器可全部为ASR所利用。ASR和ABS在控制算法上相类似，许多程序模块可以通用，大大简化了程序结构，节省存储空间。因而在实际应用中可以把两者集成在一起，并将它们的控制逻辑也集成在一个控制器中，形成ABS/ASR集成系统，借助于制动和防滑可以实现平面稳定性控制，例如电子稳定程序(ESP)或动力学控制系统(VDC)。

1. 驱动防滑控制的理论基础

1) 滑转率

防滑转电子控制系统的控制参数是滑转率，滑转率的计算公式如下

$$S=\frac{\omega r-V}{\omega r}\times 100\% \tag{5.30}$$

式中，$S$ 为驱动轮滑转率；$\omega$ 为车轮角速度；$r$ 为车轮半径；$V$ 汽车车身速度，实际应用时常以非驱动轮轮缘速度代替。

当车身未动（$V=0$）而驱动车轮转动时，$S=100\%$，车轮处于完全滑转状态；当 $V=V_r$ 时，$S=0$，驱动车轮处于纯滚动状态。

汽车在路面上行驶时，其驱动力取决于发动机输出扭矩，但要受到路面附着条件的限制，图 5.17 是附着系数与车轮滑转率的关系图。从图中可以看到，轮胎与路面之间附着极限的附着力系数与驱动滑转率的关系，当滑转率从 0 开始增加时，纵向附着系数也随之增大，当滑转率达到某一值时，纵向附着系数达到最大值；滑转率继续增加，纵向附着系数反而随之下降，当滑转率达到 100%时，车轮发生纯滑转。横向附着系数随滑转率的增大而急剧减小。如果横向附着系数太低，横向附着力很小，此时车轮遇到小的扰动，就会向行驶的侧向滑动。因此，把滑转率控制在图中的灰色区域，使得车轮的纵向附着系数较大，同时也有比较大的横向附着系数，从而保证汽车不仅具有较大的驱动力，而且具有较大的侧向附着力，提高了转向操纵能力和方向稳定性。

2) 控制依据

汽车驱动力传递如图 5.26 所示。

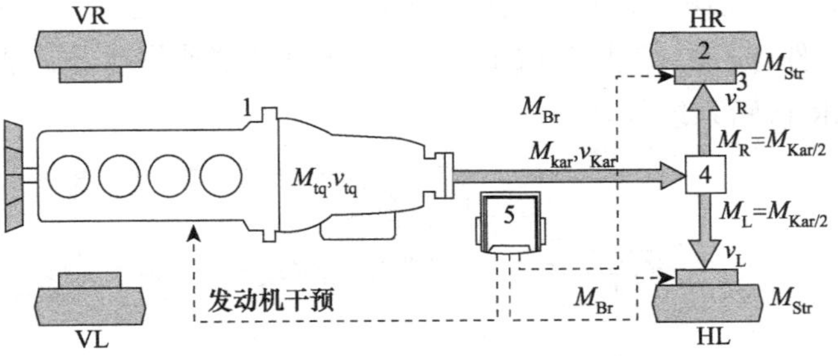


图 5.26　汽车驱动力传递

汽油发动机输出转矩表示为

$$M_{tq}=M_{tq}(\phi,\theta,\alpha,n,\dot{m}_f) \tag{5.31}$$

式中，$\phi$ 为过量空气系数；$\theta$ 为点火提前角；$\alpha$ 为节气门开度；$n$ 为发动机转速；$\dot{m}_f$ 为燃料流量；$\phi,\theta,\alpha$ 为可控参数。

柴油发动机输出转矩为

$$M_{tq}=M_{tq}(\alpha,n) \tag{5.32}$$

变速器输出力矩为

$$M_{Kar}=\eta_g i_g M_{tq} \tag{5.33}$$

驱动轮力矩为

$$M = M_{\mathrm{R}} = M_{\mathrm{L}} = \frac{1}{2}\eta_{\mathrm{g}} i_{\mathrm{g}} \eta_0 i_0 M_{\mathrm{tq}} \tag{5.34}$$

式中，$\eta_{\mathrm{g}}$ 为变速器与离合器传动效率；$i_{\mathrm{g}}$ 为变速器传动比；$\eta_0$ 为驱动桥传动效率；$i_0$ 为主减速器传动比。

图 5.27 所示为驱动轮受力分析，驱动轮平衡力矩为 $J\dot{\omega}$。

$$J\dot{\omega} = M - M_{\mathrm{Br}} - M_{\mathrm{Str}} - F_x r \tag{5.35}$$

$$F_x = \frac{M - M_{\mathrm{Br}} - M_{\mathrm{Str}} - J\dot{\omega}}{r} \tag{5.36}$$

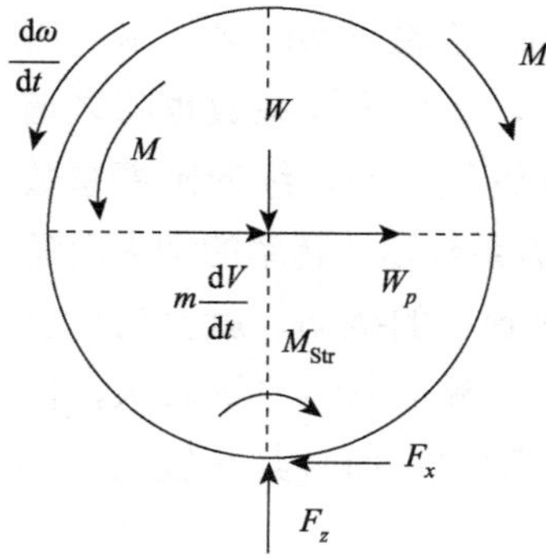


图 5.27　驱动轮受力分析

改变车轮上的平衡力矩 $J\dot{\omega}$，可以影响到车轮的速度，进而可以控制车轮滑转率。由式(5.34)和式(5.35)可知，在汽车载荷不变的情况下，发动机提供的驱动力矩、变速器传动比、变速器和离合器的传动效率及制动阻力矩，可以影响平衡力矩的大小。由式(5.36)可知，在汽车挡位不变的情况下驱动力矩和制动力矩这两个重要的参量就是 ASR 系统重要的控制参数，可以采取提高汽车附着力极限来增大汽车的驱动力，以防汽车滑转。

2. 结构组成和工作原理

图 5.28 是发动机节气门开度调节与驱动轮制动力矩控制综合应用的 ASR 系统功能图。该系统是在 ABS 的基础上发展起来的，它与 ABS 共用轮速传感器、液压驱动元件等，并扩展了 ECU 功能，增设了制动作动器、节气门作动器、ASR 开关指示灯以及 ASR 诊断系统等。

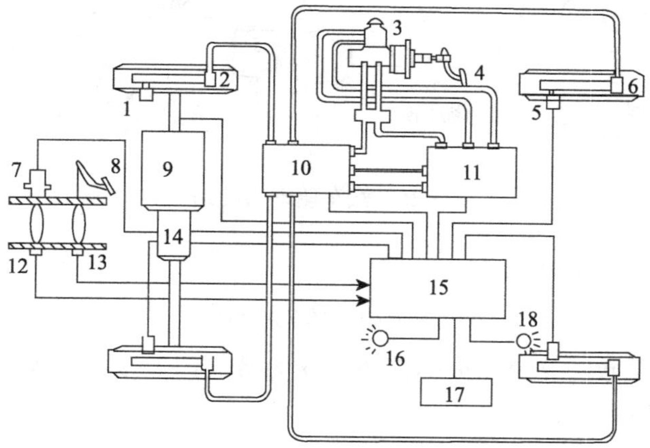


图 5.28　典型 ASR 系统功能图

1-前轮速传感器；2-前轮制动器；3-液压元件；4-制动踏板；5-后轮速传感器；6-后轮制动器；7-副节气门作动器；8-油门踏板；9-变速器；10-ABS 制动作动器；11-ASR 制动作动器；12-副节气门位置传感器；13-主节气门位置传感器；14-发动机；15-ABS+ ASR ECU；16-ASR 警报灯；17-ASR 切断开关；18-ASR 工作指示灯

对于单轴驱动汽车，启动后当车轮速度高于 10km/h 时，ASR 系统便开始监测驱动轮的转动特性。各轮速传感器将采集到的信号传给 ECU。经 ECU 处理后，得到各驱动轮的速度和加速度。当车速小于门限速度时，一般取为 40～50km/h，再进一步识别驱动轮的滑转率，如果发现某一驱动轮发生过度滑转，ECU 就指令 ASR 制动系统制动滑转轮，并根据滑转轮的滑转情况改变制动力，直至滑转率控制在要求范围内。如果另一驱动轮也发生滑转，当其滑转率刚好超过门限值后，ECU 便指令节气门作动器减小节气门开度，降低发动机输出扭矩；若车速大于门限值，如果驱动轮发生滑转，ECU 便指令节气门作动器减小节气门开度，从而使车辆驱动轮始终处于最佳的滑转范围内。

3. 驱动防滑电子控制系统控制方式

汽车驱动防滑电子控制系统一般有如下控制方式：

1) 差速制动控制

当驱动车轮单边滑转时，控制器输出控制信号，使差速制动阀和制动压力调节器动作，对滑转车轮施以制动力，使车轮的滑转率控制在目标范围之内。这时，非滑转车轮仍有正常的驱动力，从而提高了汽车在湿滑路面的起步和加速能力及行驶方向的稳定性。这种控制方式的作用类似于差速锁，在一边驱动车轮陷于泥坑、部分或完全失去驱动能力时，对其制动后，另一边的驱动车轮仍能发挥其驱动力，使汽车能驶离泥坑。当两边的驱动车轮都滑转、但滑转率不同的情况下，则对两边驱动车轮施以不同的制动力。

2) 发动机输出功率控制

在汽车起步、加速时若加速踏板踩得过猛，会因为驱动力过大而出现两边的驱动车轮都滑转的情况，这时，ASR 控制器输出控制信号，控制发动机的功率输出，以抑制驱动车轮的滑转。发动机功率控制可以通过改变节气门的开度、调节喷油器的喷油量和改变点火时间等方法实现。控制信号启动辅助节气门驱动器，使辅助节气门的开度适当改变，以控制发动机的输出功率，抑制驱动车轮的滑转。

3) 差速制动与发动机输出功率综合控制

差速制动与发动机输出功率综合控制原理如图 5.29 所示。为了达到最理想的控制效果，采用差速制动控制与发动机输出功率控制相结合的控制系统。汽车在行驶过程中，路面湿滑的情况千差万别，驱动力的状态也在不断变化，综合控制系统将根据发动机的状况和车轮滑转的实际情况采取相应的控制。比如，在发动机驱动力较小的状态下出现车轮滑转的主要原因可能是由于路面湿滑，这时，采用对滑转车轮施以制动的方法就比较有效。而在发动机输出功率大(节气门开度大、转速高)时出现车轮滑转，则主要通过减小发动机输出功率的方法来控制车轮的滑转。有时车轮滑转的情况更为复杂，需要通过对车轮制动和减小发动机驱动力的共同作用来控制车轮的滑转。同时控制发动机输出功率和驱动车轮的制动力，控制信号同时启动 ASR 制动压力调节器和辅助节气门开度调节器，在对驱动车轮施以制动力的同时，减小发动机的输出功率，以达到理想的控制效果。

在上述 ASR 控制方式中，发动机输出功率控制方式和驱动轮制动控制方式运用较多，目前汽车上采用的 ASR 往往是这两种控制方式的组合，防滑差速器锁止控制应用则较少。

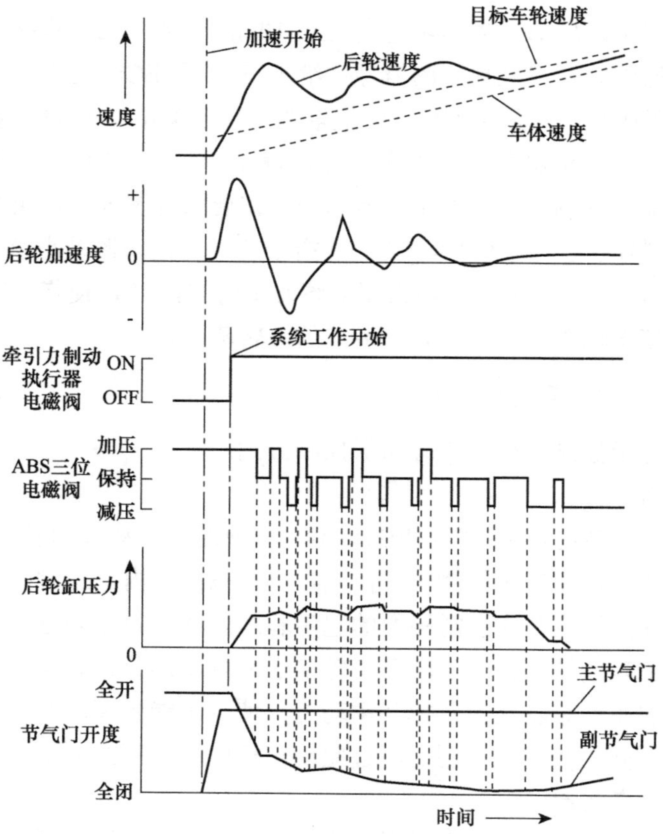


图 5.29　ASR 控制过程

### 5.2.3　平面稳定性电子控制系统

典型的平面稳定性电子控制系统是电子稳定程序(ESP)，可主动对车辆即将失去稳定、纠正车辆姿态和恢复稳定的过程进行控制，主要控制车轮的驱动力和制动力，克服汽车因加速、制动和转向时汽车偏转力矩，保持汽车的行驶稳定性和车道行车路径。

ESP 在事故发生之前起作用，防范事故的发生，主动提高行车安全性。该系统主要由 ABS 轮速传感器、横摆角速度传感器、转向角度传感器、压力传感器、电子稳定系统开关、ESP 调节器和控制模块总成、组合仪表(CAN BUS)、发动机 ECM(CAN BUS)和诊断连接器(CAN BUS)等组成，其系统结构如图 5.30 所示。

1. 线性二自由度整车模型

本章采用的线性二自由度整车模型如图 5.31 所示，其动力学微分方程为

$$\begin{cases} mu(\dot{\beta}+r) = -(K_f+K_r)\beta - \dfrac{(K_f l_f - K_r l_r)}{V} r + K_f \delta_f \\ I_z \dot{r} = -(K_f l_f - K_r l_r)\beta - \dfrac{(K_f l_f^2 + K_r l_r^2)}{V} r + K_f l_f \delta_f \end{cases} \tag{5.37}$$

式中，$\delta_f$ 为前轮转角；$m$ 为整车质量；$V$ 为车速；$I_z$ 为整车绕 $Z$ 坐标轴的转动惯量；$l_f$ 和

$l_r$ 分别为前后轴到质心 CG 的距离；$K_f$ 和 $K_r$ 分别为前后轮的初始侧偏刚度。图 5.31 中，$F_f$ 和 $F_r$ 分别为前后轮的等效侧向力；$u$ 和 $v$ 分别为车速在 $x$ 和 $y$ 坐标轴上的分量。

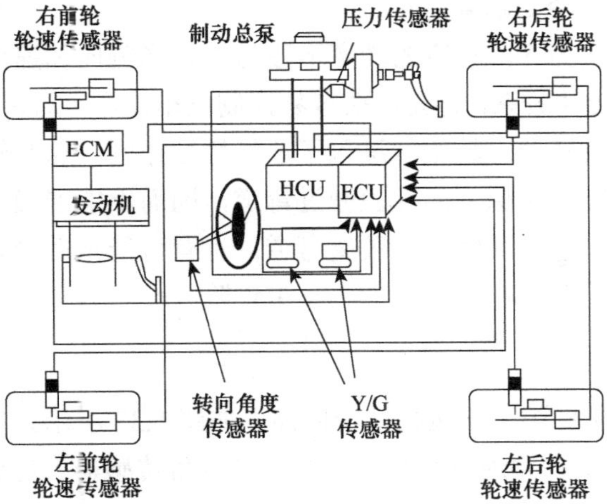


图 5.30　ESP 系统结构图

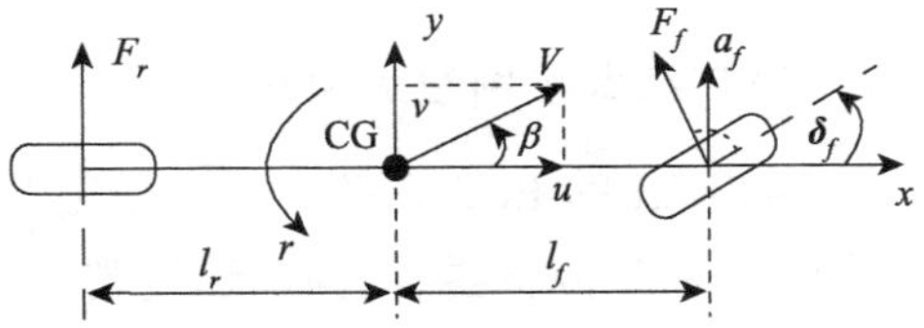


图 5.31　线性二自由度整车模型

将式(5.37)进行零初始条件的拉氏变换，可以得到前轮转角到质心侧偏角和横摆角速度的传递函数分别为

$$\begin{cases} r(s)=\dfrac{X(s)}{Z(s)}\delta_f(s) \\ \beta(s)=\dfrac{Y(s)}{Z(s)}\delta_f(s) \end{cases} \tag{5.38}$$

式中　$X(s)=\dfrac{K_f l_f}{I_z}s+\dfrac{(l_f+l_r)K_f K_r}{I_z mV}$；$Y(s)=\dfrac{K_f}{mV}s-\dfrac{K_f l_f}{I_z}+\dfrac{K_f K_r l_r(l_f+l_r)}{I_z mV^2}$

$$Z(s)=s^2+\left(\frac{K_f+K_r}{mV}+\frac{K_f l_f^2+K_r l_r^2}{I_z V}\right)s-\frac{K_f l_f-K_r l_r}{I_z}+\frac{(l_f+l_r)^2 K_f K_r}{I_z mV^2}$$

车辆的横摆角速度和质心侧偏角是反映车辆稳定性的两个最重要参数。它们从不同侧面表征了车辆的稳定性。质心侧偏角描述汽车的轨迹保持问题，横摆角速度描述车身的稳定性问题。

汽车在等速行驶时，在前轮角阶跃输入下的稳态响应就是等速圆周行驶，用稳态的横摆角速度与前轮转角之比来评价稳态响应，这个比值称为稳态横摆角速度增益，用 $\dfrac{\omega_r}{\delta_f}$ 表示：

$$\left.\frac{\omega_r}{\delta_f}\right|_S=\frac{u/L}{1+Ku^2} \tag{5.39}$$

式中，$K=\dfrac{m}{L^2}\left(\dfrac{l_r}{k_1}-\dfrac{l_f}{k_2}\right)$，称为稳定性因数。

当 $K=0$ 时为中性转向；当 $K>0$ 时为不足转向；当 $K<0$ 时为过多转向。这三种不同

转向特性的汽车具有以下行驶特性：在转向盘保持一定的固定转角 $\delta_f$ 下，缓慢加速或不同车速等速行驶时，随着车速的增加，不足转向汽车的转向半径 $R$ 将增大；中性转向汽车的转向半径维持不变；而过度转向汽车的转向半径则越来越小。

当转向盘转过一定的角度时，前轮转向角为 $\delta$，对应的转弯半径为 $R$，当侧向加速度比较小时，转弯半径 $R$ 和转向盘转角近似呈线性关系，驾驶员很容易控制汽车的弯道行驶，这时不足转向比较小。如果进一步增大转向盘转角，轮胎就进入了非线性工作区，这时转弯半径不再增加。在大转向角时，驾驶员不能按照原来的经验驶过弯道，因而不能准确控制车辆。当超过极限时，可能是前轮先侧滑，然后车辆向外驶离弯道；也有可能是后轮先侧滑，然后出现车轮急转情况。无论哪种情况都会在实际车道上发生危险。

2. ESP 基本控制组成原理

以 BOSCH 的 ESP 系统为例，稳定性控制系统一般包括两个回路，如图 5.32 所示。其主回路通过 8 个传感器(侧向加速度传感器、横摆角速度传感器、方向盘转角传感器、制动主缸压力传感器和四个轮速传感器)得到汽车状态值，由此估算各轮的滑移率、垂直载荷、摩擦系数、质心侧偏角和纵向速度等，通过信号处理计算出车辆的名义值，ECU 控制器将差值进行分析，计算需要施加的横摆力矩增量，确定被控车轮，副回路通过防抱死(ABS)子系统和防驱动滑转(ASR)子系统以及防倒拖转矩控制 (MSR)子系统来对指定车轮进行制动或者调整发动机输出转矩，达到控制制动力和驱动力来满足主回路的控制，实现车辆的稳定性控制。

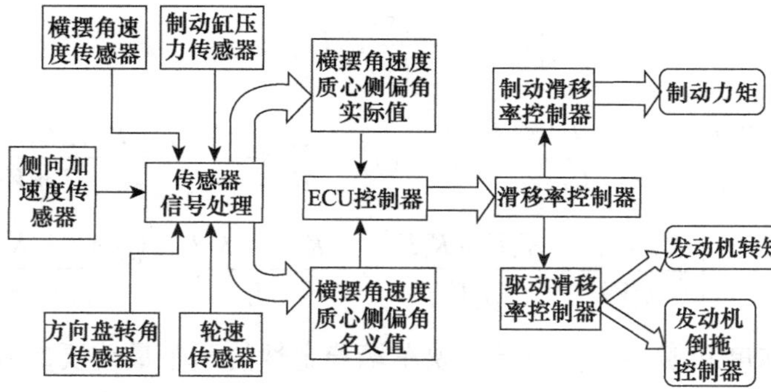


图 5.32　ESP 控制系统组成

ESP 用于在高速转弯或在湿滑路面上行驶时提供最佳的车辆稳定性和方向控制。当 ESP 检测到车轮侧向滑移或计算得到的车辆方向偏离实际的车辆方向时，将利用 ABS/TCS 系统中的发动机扭矩减小功能和主动制动控制功能来稳定车辆并使车辆正确转向。ESP 是通过监测车轮速度传感器、横摆角速度传感器和方向盘转角传感器以确定车轮是否侧向滑移。如果电子稳定程序仍然检测到车轮侧向滑移，则电子稳定程序将实行主动制动干预。

ESP 工作时，为了使车辆恢复稳定行驶，必须相应对各个车轮单独施加精确的制动压力。而且，ESP 能降低发动机扭矩并干预自动变速箱的挡位顺序。为此，ESP 利用 ECU 分析来自传感器的信号并输出相应的控制指令，在任何行驶工况下，不管是紧急制动还是正常制动，以及在车辆自由行驶、加速、油门或载荷发生变化的时候，ESP 都能让车辆保持稳定，并确保驾驶员对车辆操纵自如。ESP 以每秒 25 次的频率对车辆当前的行驶状态及驾驶员的转向操作进行检测和比较。即将失去稳定的情况、转向过度和转向不足状态都能立即得到记录。一旦针对预定的情况有出现问题的危险，ESP 会做出干预以使车辆恢复稳定。

如果在 ESP 模式下进行手动制动，则制动开关将向电子控制单元发送一个信号，以退出 ESP 制动干预模式并允许常规制动。ESP 修正主要有两种状态：一种是转向不足，另一种是转向过度。当电子控制单元接收到行驶方向、回转方向和汽车前端滑移方向信号并确定车辆开始转向不足(转向过度)时，电子稳定程序将实行主动制动干预。ESP 为了修正转向不足(转向过度)，利用 ABS-TCS 系统中已有的主动制动控制功能向车辆的一个或两个内侧车轮(外侧车轮)施加计算得到的制动力，以稳定车辆并朝驾驶员想要的方向转向。ESP 调节过程与 ABS 调节过程类似，如图 5.33 所示。

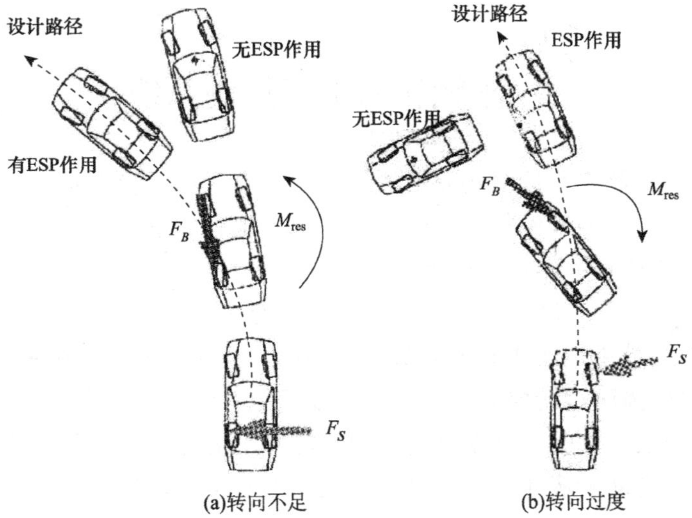


图 5.33　ESP 控制机理

ESP 以 ABS 制动防抱死系统为基础，通过外围的传感器收集方向盘的转动角度、侧向加速度等信息，这些信息经过微处理器加工，再由液压调节器向车轮制动器发出制动指令，来实现对侧滑的纠正。特别是在转弯时，即侧向力起作用时，ESP 使车辆稳定并保持安全行驶。而 ABS 和 ASR 仅仅在纵向上起作用。ESP 不仅用到了 ABS 和 ASR 的所有部件，还包含了一个集成有侧向加速传感器的横摆角速度传感器和方向传感器。

3. PID 控制器设计

对于横摆角速度和质心侧偏角两个控制变量，采用 PID 控制方法，分别设计两个 PID 控制器，经过加权形成联合控制器。其控制原理框图如图 5.34 所示。

传感器输入值经计算之后，可以得到此时的横摆角速度和质心侧偏角，与名义值比较之后，横摆角速度差值和质心侧偏角的差值作为输入量传递给控制器。通过 PID 控制器三个参数的调整，控制器根据输入量的变化计算所需的横摆调整力矩的大小，最后由制动力分配逻辑传递给各个车轮的制动力控制器。

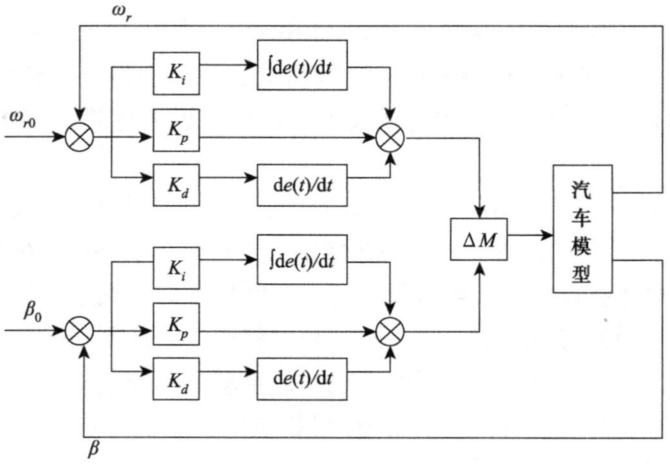


图 5.34　PID 原理框图

## 5.3　车辆转向电子控制系统

汽车转向系统的功能就是按照驾驶员的意图控制汽车的行驶方向。汽车转向系统对汽车的行驶安全至关重要，为确保行车安全，对转向系统有如下要求：

(1) 转向系统应工作可靠，操纵轻便。

(2) 对轻微的路面冲击，转向系统应有自动回正能力。

(3) 转向机构应能减小地面传到方向盘上的冲击，并保持适当的路感。

(4) 当汽车发生碰撞时，转向装置应能减轻或避免对驾驶员的伤害。

机械转向系统是依靠驾驶员操纵方向盘的转向力来实现车轮转向；动力转向系统则是在驾驶员的控制下，借助于液体压力或电动机驱动力来实现车轮转向。

传统的动力转向系统具有转向操纵灵活、轻便等优点，但在汽车高速行驶时，转动方向盘的力显得太小，方向盘“发飘”，不利于高速行车安全。

随着电子控制技术在汽车动力转向系统中的应用，出现了电子控制动力转向系统。电控动力转向系统可以在低速时减轻转向操纵力，以提高转向系统的操纵轻便性；在高速时则可适当加大转向操纵力，以提高操纵稳定性。主动转向(Active Steering，AS)系统采用转向变传动比技术，提高低速转向的效率，增加了高速转向路感。自动转向(Automotive Steering，AutoS)采用全自动线控转向技术，提高汽车的操纵稳定性，实现汽车辅助驾驶和自动驾驶。

四轮转向系统的应用，在提高汽车转向操纵稳定性的同时，能显著缩短转弯半径，提高车辆的弯道通过性能。

### 5.3.1　电控动力转向系统

电子控制技术在汽车动力转向系统中的应用，提高了汽车的驾驶性能。电子控制动力转向(EPS)系统在低速行驶时可使转向轻便、灵活；当汽车在中、高速区域转向时，又能保证提供最优的动力放大倍率和稳定的转向手感，从而提高了高速行驶的操纵稳定性。

根据动力源的不同，电子控制动力转向系统可分为液压式电子控制动力转向系统(液压式 EPS)和电动式电子控制动力转向系统(电动式 EPS)。

液压式 EPS 在传统的液压动力转向系统的基础上增设了控制液体流量的电磁阀、车速传感器和 ECU 等，ECU 根据检测到的车速信号，控制电磁阀，使转向动力放大倍率实现连续可调，从而满足汽车在中、低速时的转向助力要求。

电动式 EPS 是利用直流电动机作为动力源，ECU 根据转向参数和车速等信号，控制电动机转矩的大小和方向。电动机的转矩由电磁离合器通过减速机构减速增加转矩后，加在汽车的转向机构上，使之得到一个与工况相适应的转向作用力。

为满足现代汽车对转向系统的要求，电控动力转向系统具有以下特点：

(1) 良好的随动性：方向盘与转向轮之间具有准确的一一对应关系，同时能保证转向轮可维持在任意转向角位置。

(2) 有高度的转向灵敏度：转向轮对方向盘具有灵敏的响应。

(3) 良好的稳定性：具有很好的直线行驶稳定性和转向自动回正能力。

(4) 助力效果能随车速变化和转向阻力的变化作相应的调整：低速时，有较大的助力效果，以克服路面的转向阻力；中、高速时，有适当的路感，以避免因转向过轻，方向盘“发飘”而发生事故。

本节重点讨论电动式 EPS。

1.电动式 EPS 的组成

电动助力转向系统分为三类：齿条助力式、小齿轮助力式和转向轴助力式。在此，以转向轴助力式为例进行分析。电子控制电动式动力转向系统的基本组成如图 5.35 所示，主要由车速传感器、转矩传感器、转角传感器、电子控制器 ECU、电动机及减速机构等组成。

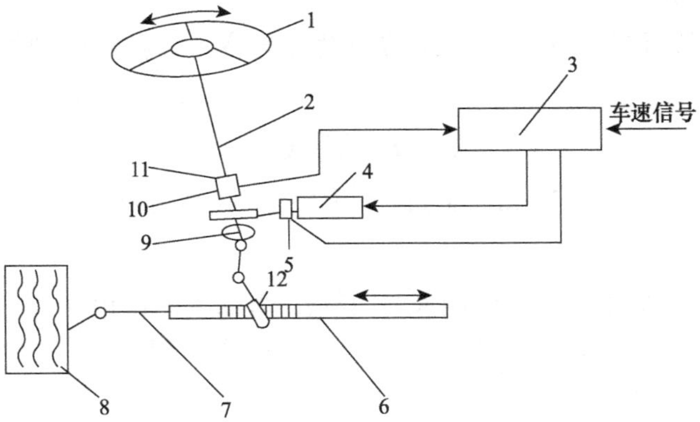


图 5.35　电动式 EPS 的组成

1-方向盘；2-输入轴(转向轴)；3-ECU；4-电动机；5-电磁离合器；6-转向齿条；7-横拉杆；8-转向车轮；9-输出轴；10-扭力杆；11-转矩传感器；12-转向齿条

2. 电动助力转向系统的数学模型

把 EPS 转向系统模型、电动机模型、轮胎模型和二自由度汽车模型通过中间变量联系在一起，建立一个比较全面的 EPS 系统整车模型，各模型间的结构关系如图 5.36 所示。

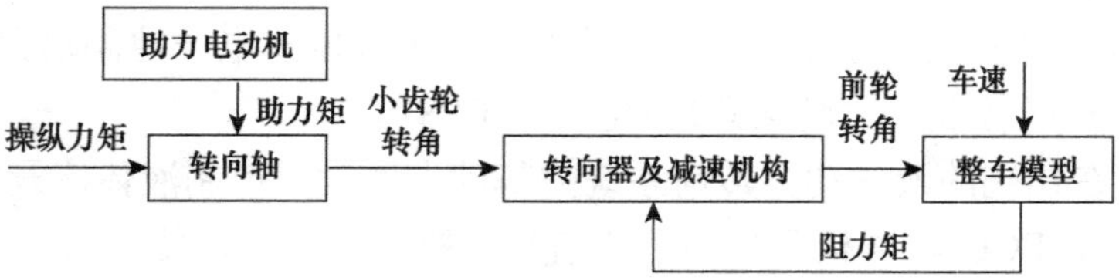


图 5.36　汽车转向系统整体架构

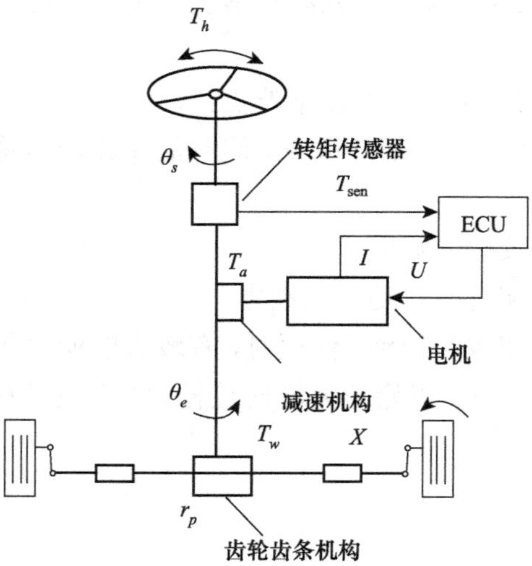


图 5.37　EPS 数学模型

为了研究EPS系统的动态特性及EPS系统对汽车操纵性的影响，EPS 数学模型的建立是进行理论研究必不可少的一个环节。如图 5.37 所示，EPS 的机械部分主要可分为转向盘和转向轴、电动机、减速结构和齿轮齿条四个主要部分，根据牛顿运动定律建立各部分的力学模型，根据各部件之间的相互约束关系，联立各模型，得到整个系统的模型。

1) 转向盘和转向柱输入轴子模型

对转向盘和输入轴受力分析，这里考虑转向盘的转动惯量，并且把输入轴的黏性阻尼考虑在内，可以得到如下运动方程：

$$J_s\ddot{\theta}_s + B_s\dot{\theta}_s = T_h - T_{\text{sen}} \tag{5.40}$$

式中，$J_s$ 为转向盘输入轴的转动惯量（kg·m²）；$B_s$ 为输入轴的黏性阻尼系数（N·m/(rad/s)）；$\theta_s$ 为输入轴的旋转角（rad）；$T_h$ 为作用在转向盘的转向力矩（N·m）；$T_{\text{sen}}$ 为扭杆的反作用转矩（N·m）。

由于转矩传感器是依靠扭杆的相对转动产生扭转变形，扭杆受到的转矩与扭杆的扭转角度成正比，即

$$T_{\text{sen}} = K_s(\theta_s + \theta_e) \tag{5.41}$$

式中，$K_s$ 为扭杆的刚度系数（N·m/rad）；$\theta_e$ 为输出轴的旋转角(rad)。

2) 电动机模型

系统采用永磁式直流电动机，如图 5.38 所示，电动机的端电压 $U$ 与电感 $L$、电枢电阻 $R$、反电动势常数 $K_b$、转速 $\dot{\theta}_m$、电流 $I$ 和时间 $t$ 之间的关系如下：

$$U = L\dot{I} + RI + K_b\dot{\theta}_m \tag{5.42}$$

电动机产生的电磁转矩为

$$T_m = K_a I \tag{5.43}$$

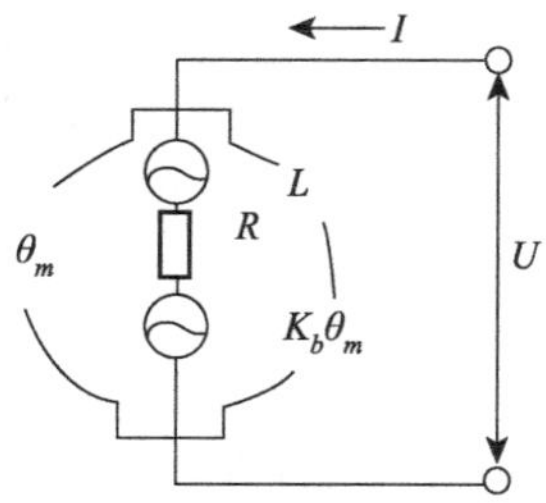


图 5.38　磁式直流电动机模型

式中，$K_a$ 为电动机的转矩系数（N·m·A⁻¹）。

对电动机机械部分受力分析，可以得到

$$J_m\ddot{\theta}_m + B_m\dot{\theta}_m = T_m - T_a \tag{5.44}$$

式中，$J_m$ 为电动机和离合器的转动惯量(kg·m²)；$B_m$ 为电动机黏性阻尼系数(N·m/(rad/s))；$\theta_m$ 为电动机的转角(rad)；$T_m$ 为电动机电磁转矩(N·m)；$T_a$ 为电动机输出转矩(N·m)。

在实际的控制系统中，电动机助力转矩 $T_a$ 可以表示为

$$T_a = K_m(\theta_m - G\theta_e) \tag{5.45}$$

式中，$K_m$ 为电动机和减速机构的输出轴刚性系数；$G$ 为蜗轮-蜗杆减速机构的减速比。

3) 输出轴子模型

对转向柱输出轴及电机输出轴进行动力学分析，得到下面的运动学方程

$$J_e\ddot{\theta}_e + B_e\dot{\theta}_e = T_{\text{sen}} + GT_a - T_w \tag{5.46}$$

式中，$J_e$ 为输出轴的转动惯量(kg·m²)；$B_e$ 为输出轴的阻尼系数(N·m/(rad/s))；$T_w$ 为作用在输出轴上的反作用转矩(N·m)。

4) 齿轮齿条模型

对齿条和小齿轮进行动力学建模，可以得到

$$m_r\ddot{x}_r + b_r\dot{x}_r = \frac{T_w}{r_p} - F_{\text{TR}} \tag{5.47}$$

式中，$m_r$ 为齿条及小齿轮的等效质量(kg)；$b_r$ 为齿条的阻尼系数(N/(m/s))；$x_r$ 为齿条的位移(m)；$r_p$ 为小齿轮半径(m)；$F_{\text{TR}}$ 为轮胎转向阻力及回正力矩等作用于齿条上的轴向力(N)。

转向阻力 $F_{\text{TR}}$ 主要受转向时车轮与地面的摩擦、回正力矩及转向系统中各种摩擦力和力矩的影响，同时它还与车速、路况、转弯半径、风阻以及转向盘的转速等有关。对于常规助力控制过程该模型的简化对控制策略的影响不大，这里给出简化的计算公式：

$$F_{\text{TR}} = k_r x_r + F_\delta \tag{5.48}$$

式中，$k_r$ 为等效弹簧的弹性系数(N/m)；$F_\delta$ 为路面的随机信号(N)。

设 $\theta_e = \dfrac{x_r}{r_p}$，联立上面所建的动力学方程，可以得到

$$J_s\ddot{\theta}_s + B_s\dot{\theta}_s + K_s\theta_s = T_h + K_s\frac{x_r}{r_p} \tag{5.49}$$

$$J_m\ddot{\theta}_m + B_m\dot{\theta}_m + K_m\theta_m = T_m + GK_m\frac{x_r}{r_p} \tag{5.50}$$

$$M_r\ddot{x}_r + B_r\dot{x}_r + K_r x_r = \frac{GK_m}{r_p}\theta_m + \frac{K_s}{r_p}\theta_s - F_\delta \tag{5.51}$$

式中，$M_r = m_r + \dfrac{J_e}{r_p^2}$ 为减速机构、小齿轮和齿条等的当量质量(kg)；$B_r = b_r + \dfrac{B_e}{r_p^2}$ 为减速机构、小齿轮和齿条等的当量阻尼系数(N/(m/s))；$K_r = k_r + \dfrac{K_s + G^2K_m}{r_p^2}$ 为小齿轮、齿条和轮胎的等效弹簧的弹性系数(N/m)。

5)EPS 的状态空间方程

根据动力学方程建立系统仿真模型中的状态方程：

$$\dot{X} = AX + Bu \tag{5.52}$$

系统输出方程为

$$Y = CX + Du \tag{5.53}$$

状态变量为

$$X = [\theta \quad \dot{\theta}_s \quad x_r \quad \dot{x}_r \quad \theta_m \quad \dot{\theta}_m]^{\mathrm{T}}$$

控制变量为

$$u = [T_h \quad T_m \quad F_\delta]^{\mathrm{T}}$$

输出量为

$$Y = [T_a \quad T_{\mathrm{sen}} \quad \theta_m \quad \dot{\theta}_m \quad x_r]^{\mathrm{T}}$$

式中

$$A = \begin{bmatrix} 0 & 1 & 0 & 0 & 0 & 0 \\ -\dfrac{K_s}{J_s} & -\dfrac{B_s}{J_s} & \dfrac{K_s}{J_s r_p} & 0 & 0 & 0 \\ 0 & 0 & 0 & 1 & 0 & 0 \\ \dfrac{K_s}{M_r r_p} & 0 & -\dfrac{K_r}{M_r r_p^2} & -\dfrac{K_r}{M_r} & \dfrac{K_m G}{M_r r_p} & 0 \\ 0 & 0 & 0 & 0 & 0 & 1 \\ 0 & 0 & \dfrac{K_m G}{J_m r_p} & 0 & -\dfrac{K_m}{J_m} & -\dfrac{B_m}{J_m} \end{bmatrix}$$

$$B = \begin{bmatrix} 0 & 0 & 0 \\ -\dfrac{1}{J_s} & 0 & 0 \\ 0 & 0 & 0 \\ 0 & 0 & \dfrac{1}{M_r} \\ 0 & 0 & 0 \\ 0 & \dfrac{1}{J_m} & 0 \end{bmatrix}$$

$$C = \begin{bmatrix} K_s & 0 & -\dfrac{K_r}{r_p} & 0 & 0 & 0 \\ 0 & 0 & -\dfrac{K_m G}{r_p} & 0 & K_m & 0 \\ 1 & 0 & 0 & 0 & 0 & 0 \\ 0 & 0 & 0 & 0 & 0 & 1 \\ 0 & 0 & 1 & 0 & 0 & 0 \end{bmatrix}$$

$$D=\begin{bmatrix}0&0&0\\0&0&0\\0&0&0\\0&0&0\\0&0&0\\0&0&0\end{bmatrix}$$

该模型主要有三个输入：转向盘转矩、电机电磁转矩和路面的阻力，系统的输出主要包括转矩传感器信号、实际助力、电动机转速和加速度、齿条位移。

3. 电动式 EPS 的控制原理

电子控制电动式动力转向系统的基本原理是根据汽车行驶速度信号、转矩及转向角信号，由 ECU 控制电动机及减速机构产生助力转矩，使汽车行驶在低、中、高速下都能获得最佳的转向效果。

电动机连同离合器和减速齿轮一起，通过一个橡胶底座安装在左车架上。电动机的输出转矩由减速齿轮放大，并通过万向节、转向器中的助力小齿轮把输出转矩送至齿条，向转向轮提供转矩。

当操纵方向盘时，装在方向盘轴上的转矩传感器测出转向轴上的转矩信号，该信号与车速信号同时输入到 ECU。ECU 根据这些输入信号，结合助力特性，确定助力转矩的大小和方向，即选定电动机的电流和转向，确定一个目标电流和电机转动的方向，并以 PWM 调制的方式通过 H 桥电路来驱动电机转动。同时，系统对电机的输出电流进行采样，采样的结果与目标电流相比较，用于电机的控制。

电动机的转矩由电磁离合器通过减速机构减速，增加转矩后，加在汽车的转向机构上，使之得到一个与汽车工况相适应的转向作用力。

控制系统组成原理如图 5.39 所示。

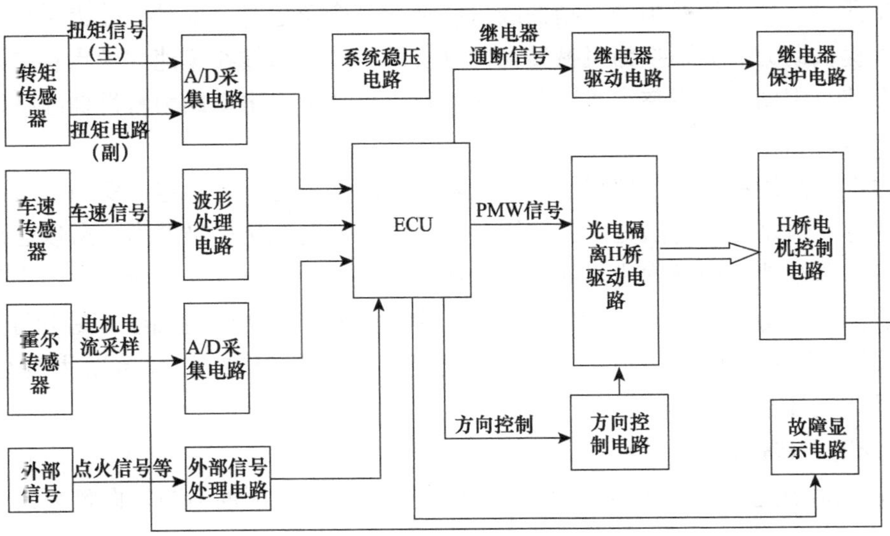


图 5.39　控制系统组成原理

4. 助力特性

1) 助力特性基本要求

(1) 在汽车静止和极低车速下电动机助力的主要目的是提供转向助力，克服轮胎与地面之间的滑动摩擦力和转向系统的干摩擦力来减小转向手力，使得转向轻便，而在此车速下与路感对应的侧向力回正力矩很小，对转向路感没有要求。

(2) 在低速转向时，此时电动机助力主要用于克服重力回正力矩和转向系统摩擦力。由于此车速下驾驶员对路面的信息要求不高，因此对转向路感也无具体要求。

(3) 汽车在零车速或低速行驶转向过程中，转向阻力矩较大，为使转向轻便，降低驾驶员劳动强度，此时应尽可能发挥较大的助力转向效果，且助力矩增幅应较大。

(4) 在中速下转向时，由于车速增加，转角逐渐减小，与侧向力回正力矩对应的转向路感也随之逐步减小，为保证路感，此时助力应随车速增加而逐步减小，以便在保证转向轻便的同时，保持转向路感基本不变。

(5) 在转向力矩很小的区域里希望助力矩越小越好，甚至不施加助力，以便保持较好的路感和节约能源。

(6) 在高速行驶时，为使驾驶员获得良好的路感，保证行车安全，应停止助力。

(7) 助力矩不能大于同工况下无助力时的转向驱动力矩，即助力矩应小于转向阻力矩，否则将出现“打手”现象。

(8) 当车速由低速向高速变化时，手力大小应平滑上升，不能有很明显的波动，以免操纵力矩出现跳跃感。

(9) 当手力大于某个值时，对应的电动机助力电流也很大，为防止电动机过热烧坏电动机或使电机退磁，规定当手力大于某个值后助力不再增加。

2) 电动助力转向助力特性曲线的类型

EPS 系统的助力特性曲线按照助力车速范围的不同，可分为全车速范围助力型和中低速范围助力型两种。中低速范围助力型曲线只在低于某个车速时，电动机才提供助力，高于此车速时不提供助力，并切换为机械转向，这种助力特性曲线在车速切换点存在手力的突变，而全车速范围助力型在整个车速范围内都可提供助力。电动助力特性曲线按照曲线形状可分为：线性和非线性两种。

线性助力特性曲线特点是模型简单，助力增益在固定车速下是固定不变的，所以控制实施更简便易行。但是在转向阻力上升很快时，只能按固定比例提供助力，所以会造成手力较大。而采用非线性，如抛物线形助力特性曲线，在一定车速下助力随手力增大而迅速增加，因此更有利于减少手力。图 5.40 所示为三种典型 EPS 助力特性曲线。图中助力特性曲线可以分成三个区，$0 \leqslant T < T_{d0}$ 区为无助力区，$T_{d0} \leqslant T_d \leqslant T_{d\max}$ 区为助力变化区，$T_d > T_{d\max}$ 区为助力不变区。

(1) 直线形助力特性。

图 5.40(a) 为直线形助力特性曲线，它的特点是在助力变化区助力与转向盘力矩呈线性关系。

当转向盘输入力矩小于 $T_{d0}$ 时，系统不工作，汽车靠转向盘输入力矩进行转向；当转向

盘输入力矩达到 $T_{d0}$ 时，系统开始工作，并提供助力力矩，帮助驾驶员转向；当 $T_d$ 超过 $T_{d0}$ 时，系统提供最大助力力矩并保持助力恒定。

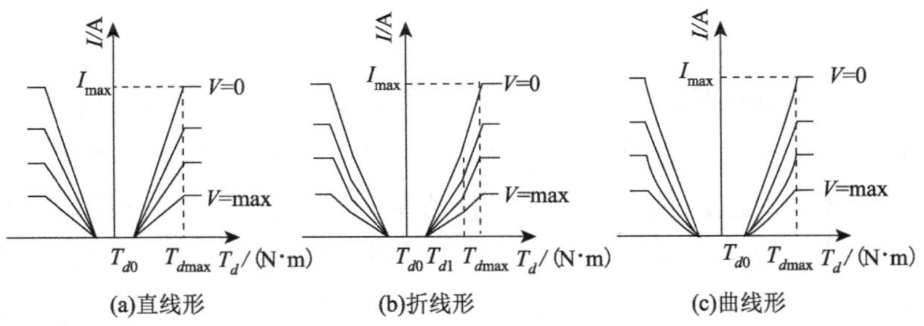


图 5.40　助力特性曲线

该助力特性曲线可用以下函数表示：

$$T_a = \begin{cases} 0 & 0 \leqslant T_d < T_{d0} \\ K(V)\cdot(T_d - T_{d0}) & T_{d0} \leqslant T_d \leqslant T_{d\max} \\ T_{\max} & T_d > T_{d\max} \end{cases} \tag{5.54}$$

式中，$T_d$ 为转向盘输入力矩；$K(V)$ 为助力特性曲线的梯度，随车速增加而减小；$T_{d0}$ 为转向系统开始助力时的转向盘输入力矩；$T_{\max}$ 为转向系统提供最大助力时的转向盘输入力矩。

(2) 折线形助力特性。

图 5.40(b)为折线形助力特性曲线，它的特点是在助力变化区助力与转向盘力矩成分段线性关系。

当转向盘输入力矩小于 $T_{d0}$ 时，系统不工作，汽车依靠转向盘输入力矩进行转向；当转向盘输入力矩达到 $T_{d0}$ 时，系统开始工作，提供助力力矩，帮助驾驶员转向；当转向盘输入力矩达到 $T_{d1}$ 时，助力特性曲线的梯度为 $K_1$；当转向盘输入力矩达到 $T_{d2}$ 时，助力特性曲线的梯度为 $K_2$；当 $T_d$ 超过 $T_{\max}$ 时，系统提供最大助力力矩。

该助力特性曲线可用以下函数表示：

$$T_a = \begin{cases} 0 & 0 \leqslant T_d < T_{d0} \\ K(V)\cdot(T_d - T_{d0}) & T_{d0} \leqslant T_d < T_{d1} \\ K_2(V)\cdot(T_d - T_{d1}) + K_1(V)\cdot(T_{d1} - T_{d0}) & T_{d1} \leqslant T_d \leqslant T_{d\max} \\ T_{\max} & T_d > T_{d\max} \end{cases} \tag{5.55}$$

式中，$K_1(V)$、$K_2(V)$ 从件分别为助力特性曲线的梯度，随车速增加而减小；$T_{d1}$ 为助力特性曲线梯度由 $K_1(V)$ 变为 $K_2(V)$ 时的转向盘输入力矩。

(3) 曲线形助力特性。

图 5.40(c)所示为典型的曲线形助力特性曲线，它的特点是在助力变化区助力与转向盘力矩成非线性关系，在一定车速下助力力矩随转向盘输入力矩增大而迅速增加，因此更有利于减少手力，典型的非线性助力特性曲线形式是抛物线形。

该助力特性曲线可用以下函数式表示：

$$T_a=\begin{cases}0 & 0\leqslant T_d<T_{d0}\\ K(V)\cdot f(T_d) & T_{d0}\leqslant T_d\leqslant T_{d\max}\\ T_{\max} & T_d>T_{d\max}\end{cases} \tag{5.56}$$

通过比较以上三种助力特性曲线，可以发现:直线形曲线确定简单、便于控制系统设计，调整也简便，缺点在于虽然可以感应车速对助力曲线的斜率特性做出变化，但对于输入的高、低区域却不能区别对应，输出为线性，路感单一，故无法很好协调路感和轻便性的关系；曲线形助力特性曲线在感应速度的同时，每条曲线自身可以感应高、低输入区域进行变化，是十分理想的特性曲线，但在确定过程中需要大量的理想转向盘力矩特性信息，故确定和调整都不容易；折线形的优、缺点则介于二者之间。

5. 助力控制器设计与仿真

助力控制是 EPS 的基本控制内容，其控制过程主要是根据车速传感器测得的车速信号和转向盘力矩传感器测得的转向盘力矩信号，按照助力特性曲线得到助力值，根据电动机的电磁转矩特性确定助力电流，助力力矩和助力电流是线性关系。

EPS 控制策略的任务之一就是确定助力目标电流的大小。PID 控制是根据助力特性曲线来确定助力目标电流的大小，然后对电动机采用了闭环 PID 控制。这里采用了简化 PID，即 PD 控制策略，对整个 EPS 系统进行闭环控制，根据转矩传感器和车速信号的输入来确定助力目标电流的大小，算法中没有采用积分环节，这是因为 EPS 系统是一个有差系统，需要保持系统的静差，控制器中不能有积分环节。EPS 的 PD 控制结构如图 5.41。给定转向盘的转矩 $T_h$，转矩传感器则有相应的输出，PD 控制器根据转矩传感器输出的转矩和转矩的变化率来确定助力电动机电流的大小，并通过 PWM 方式驱动电动机助力。电动机电压与转矩的关系可由下式表示：

$$U=K_pT_{\text{sen}}+K_dT'_{\text{sen}} \tag{5.57}$$

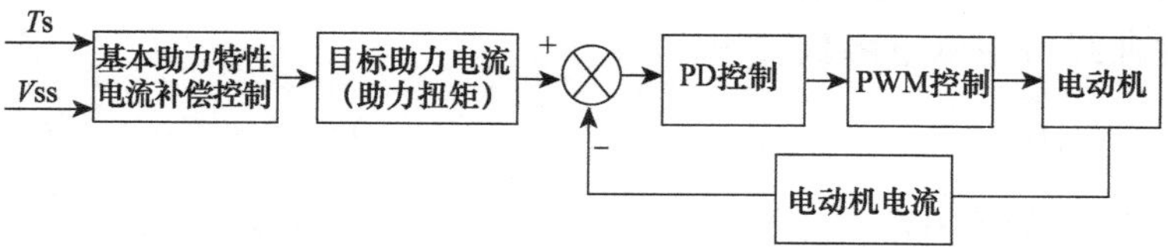


图 5.41　助力控制器

除了助力控制外，控制器还进行如下控制：

1) 回正控制

动力转向系统可根据转向角传感器输入的转向角信号，产生回正作用力矩。

2) 侧向加速度响应回正控制

助力转矩是对于车速的响应，同样也可使回正作用力响应车速。动力转向系统可根据转向角和车速计算出车辆的侧向加速度，并以此产生回正力矩。

3) 阻尼转矩控制

阻尼控制动力转向系统可利用生成的阻尼转矩提供阻尼控制，阻尼转矩的方向与转向方向相反。阻尼控制允许转向系统调整回正速度。此外，阻尼转矩随车速的变化而变化，使得从低速到高速的整个变化范围内，都可得到最优的转向回正和车辆回正速度。

系统的仿真模型如图 5.42 所示，输入为转向盘力矩，同时引入车速信号。车辆模型的输入仍然为前轮转角，反馈为前轮回正力矩。此时助力特性已经加入转向系统模型，这相当于将助力特性算法写入控制器，根据输入的力矩信号和引入的车速信号可以确定助力电流。从电动机模型中引出角速度信号用于确定阻尼控制的补偿电流。

对于目标电流的控制，主要采用 PID 控制方法得出控制电压，再经脉宽调制过程控制电动机电枢电压。用电流传感器检测电动机实际电流并作为反馈用于电流的 PID 控制。

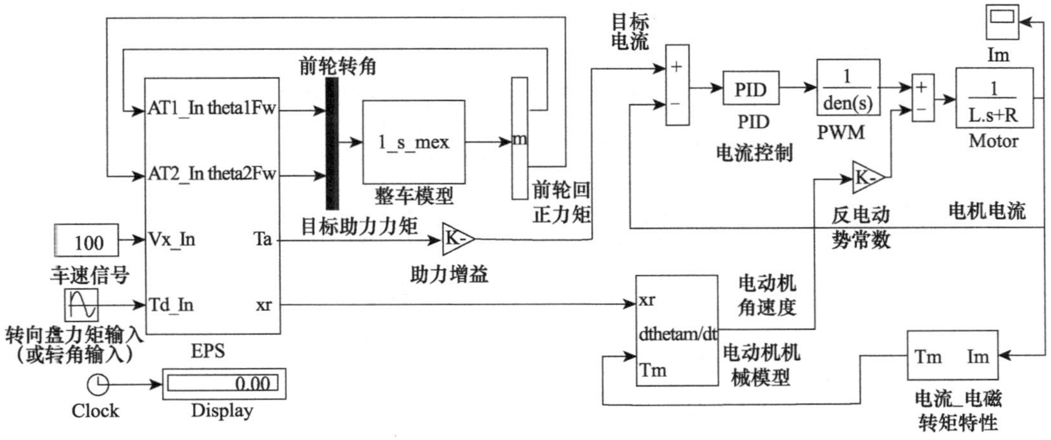


图 5.42　系统的仿真模型

## 5.3.2　电控四轮转向系统简介

1. 概述

四轮转向(Four-wheel Steering，4WS)系统前后左右四个车轮均为转向车轮，使汽车具有更好的弯道通过性和操纵稳定性。

汽车采用四轮转向(4WS)系统的目的是在汽车低速行驶时，依靠逆向转向(前、后车轮的转角方向相反)获得较小的转向半径，改善汽车的操纵性；在汽车以中、高速行驶时，依靠同向转向(前、后车轮的转角方向相同)减小汽车的横摆运动，使汽车可以高速变换行进路线，提高转向的操纵稳定性。

4WS 系统的一般布置形式如图 5.43 所示。

采用 2WS 和 4WS 系统的汽车在低速时的行驶轨迹如图 5.44 所示，中、高速转向时的操纵性如图 5.45 所示。

4WS 系统在不同车速下，前后轮转向比率及车轮偏转状态如图 5.46 所示。

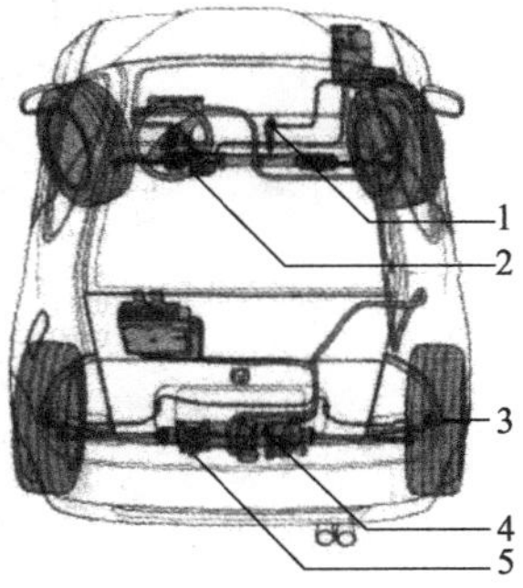


图 5.43　4WS 系统的一般布置形式

1-车速传感器；2-方向盘转角传感器；3-车轮轮速传感器；4-后轮转向执行机构；5-后轮转角传感器

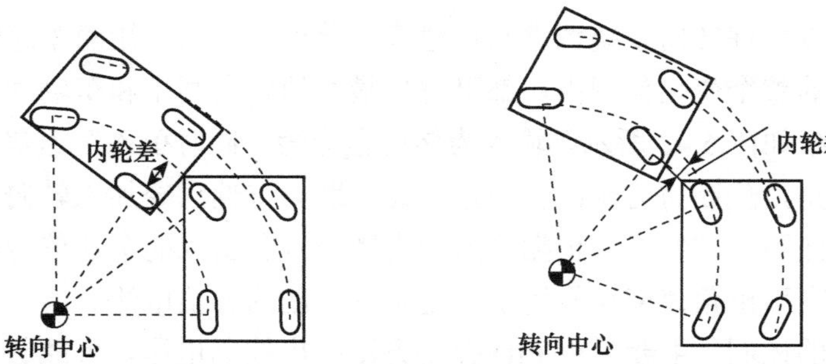


图 5.44　低速转向时的行驶轨迹

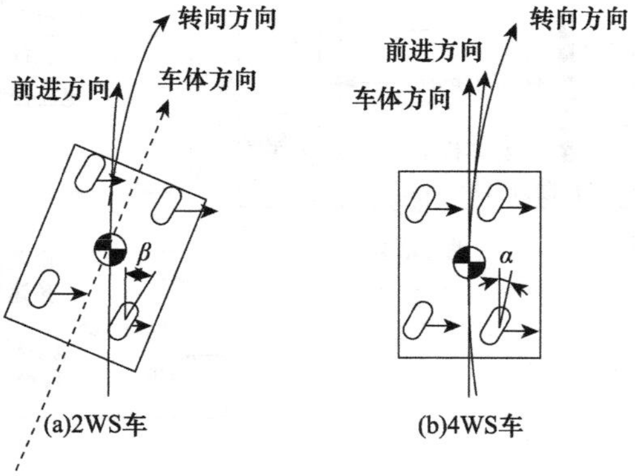


图 5.45　中、高速转向时的操纵性比较

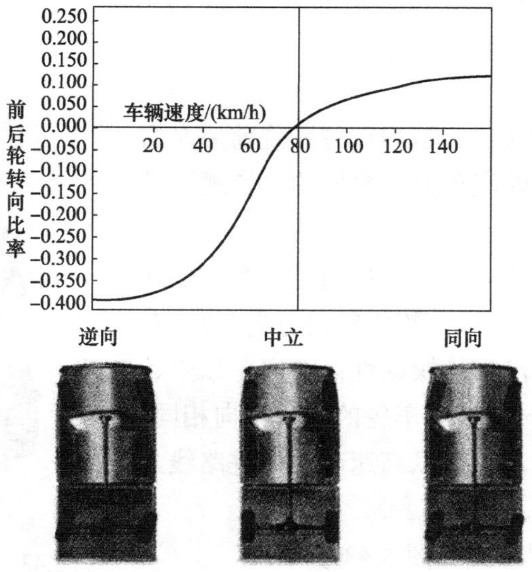


图 5.46　4WS 系统在不同车速下的前后轮转向比率及车轮偏转状态

根据控制方式的不同，四轮转向系统可分为转向角比例控制式 4WS 系统与横摆角速度比例控制式 4WS 系统两种。

2. 转向角比例控制式 4WS 系统

所谓转向角比例控制，是指使后轮的偏转方向在低速区与前轮的偏转方向相反，在高速区与前轮的偏转方向相同，并同时根据方向盘转向角度和车速情况控制后轮与前轮偏转角度比例。

1) 系统组成

转向角比例控制式四轮转向系统的构成如图 5.47 所示。前、后转向机构通过连接轴相连。转动方向盘时，齿条式转向器齿条在推动前转向横拉杆左右移动使前轮偏转转向的同时，带动输出小齿轮转动，通过连接轴传递到后转向控制机构带动后轮偏转。

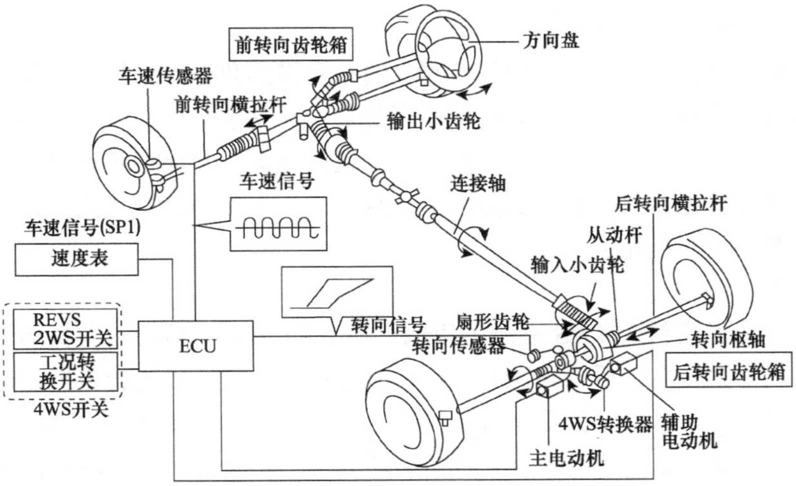


图 5.47　转向角比例控制式四轮转向系统的构成

4WS 转换器由主电动机、辅助电动机、行星齿轮减速机构和蜗轮蜗杆机构组成，主、辅电动机的工作受转向 ECU 控制。

2) 控制原理

转向角比例控制系统主要由转向 ECU、车速传感器、4WS 转换开关、转向角比例传感器和 4WS 转换器等组成，转向 ECU 是控制中心。

图 5.48 所示为转向角比例控制式四轮转向系统的工作原理图。

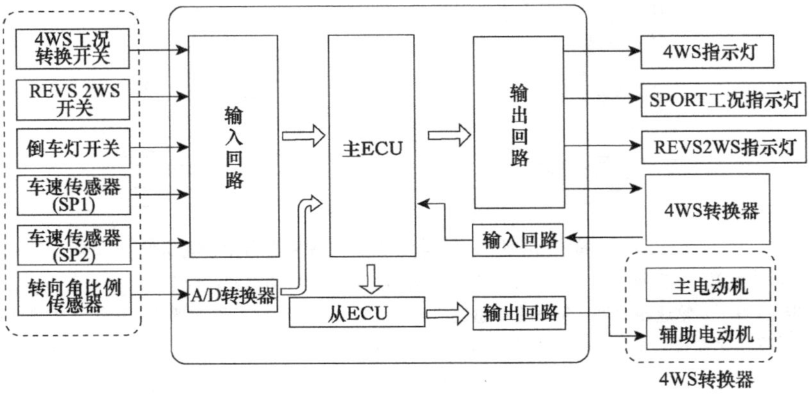


图 5.48　转向角比例控制式四轮转向系统的工作原理

(1)转向控制方式的选择。

当通过选择开关选择 2WS 方式时，ECU 控制 4WS 转换器使后轮在任何车速下的转向角为零，这是为习惯于前轮转向的驾驶人设置的；在 4WS 方式下，驾驶员还可根据驾驶习惯和行驶情况通过 4WS 转换开关进行 NORM 工况与 SPORT 工况的转换，对后轮转向角比例控制特性进行选择。

(2)转向角比例控制。

当选定 4WS 方式时，ECU 根据车速信号和转向角比例传感器信号，计算车速与转向角的实际数值，控制 4WS 转换器电动机调节后轮转向角控制比例。

### 3. 横摆角速度比例控制式 4WS 系统

横摆角速度比例控制是一种能根据检测出的车身横摆角速度来控制后轮转向量的控制方法。它与转向角比例控制相比，具有两方面优点：一是它可以使汽车的车身方向从转向开始就与其行进方向保持高度一致；二是它可以通过检测车身横摆角速度感知车身的自转运动，因此，即使有外力(如横向风等)引起车身自转，也能马上感知到，并可迅速通过对后轮的转向控制来抑制自转运动。

1)系统组成

横摆角速度比例控制式 4WS 系统的组成如图 5.49 所示。后轮转向机构通过转换控制阀油路可以实现后轮转向。后轮转向角由两部分合成：一部分是大转角控制产生的后轮转向角(最大角度为 5°)，另一部分是小转角控制产生的后轮转向角(最大角度为 1°)。大转角控制与前轮转向联动，通过传动拉索完成机械转向；小转角控制与前轮转向无关，通过脉动电动机完成电控转向。

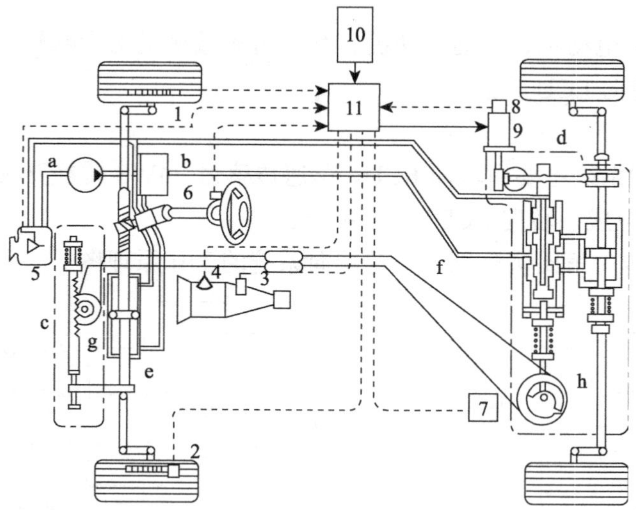


图 5.49　横摆角速度比例控制式 4WS 系统的构成图

a-液压泵；b-分流器；c-前动力转向器；d-后转向助力器；e-带轮传动组件；f-转角传动拉索；g-前带轮；h-后带轮；1、2-轮速传感器；3-车速传感器；4-挡位开关；5-油面高度传感器；6-转角传感器；7-横摆角速度传感器；8-电动机转角传感器；9-转向电动机；10-ABS ECU；11-4WS ECU

2) 控制原理

方向盘转角与后轮转角的关系如图 5.50 所示，图中的后轮转角特性是由机械转向与电动转向特性合成后得到的。

从图 5.50 可以看出，方向盘转角在左、右约 250°以上的反向领域内，实际上表现的是汽车在低速时的大转角与停车时的转向切换操作，而在中、高速内的转向就变成了仅在电动转向范围内的后轮转向。

ECU 能随时读取来自车速传感器的信号，然后计算出与车辆状态相适应的后轮目标转向角，再驱动电动机，完成后轮转向操作。

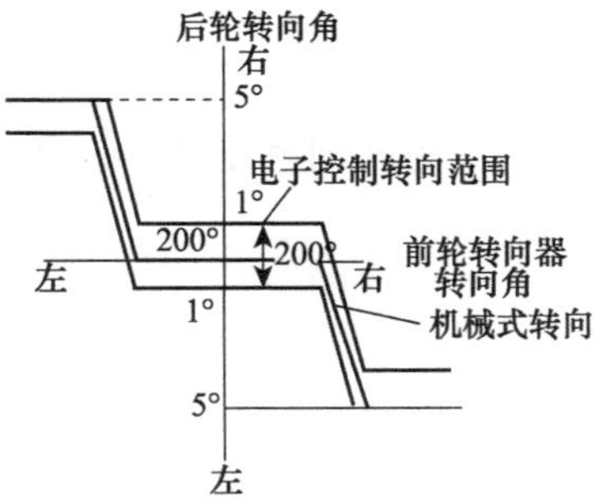


图 5.50　方向盘转角与后轮转角之间的关系

### 5.3.3　主动转向系统简介

在传统转向系统中，转向盘到前轮的转向传动比是严格固定的。转向系定传动比设计的缺陷主要表现为：低速或停车工况下驾驶员需要大角度地转动转向盘，而高速时又不能满足低转向灵敏度的要求，车辆的稳定性和安全性会随之下降。因此，同时满足转向系统在低速时的灵活性要求与高速时的稳定性要求是当今车辆转向系统设计的核心问题之一。

主动转向控制系统有利于对车辆稳定性进行控制以及自动驾驶汽车的转向控制，车辆行驶时，稳定性会受侧向风等外部干扰的影响，高速行驶时外部干扰可能导致危险。对车辆的不稳定性能够自动进行补偿，通过横摆角速度和质心侧偏角反馈，在驾驶员毫无觉察的情况下及时提供转向控制，保证车辆稳定。主动转向系统与制动系统组成集成控制模式，为车辆提供比单独的制动系统更有效的稳定控制。

已有的主动前轮转向系统(AFS)独立于驾驶员的转向干预，从而达到主动改变前轮转向角的目的。该系统具有可变传动比设计：在低速状态下传动比较小，使转向更加直接，以减少转向盘的转动圈数，提高车辆的灵活性和操控性；在高速行驶时转向传动比较大，提高车辆的稳定性和安全性。除了可变传动比设计外，通过转向干预来实现对车辆的稳定性控制是该系统最大的特点。

主动转向系统保留了传统转向系统中的机械构件，包括转向盘、转向柱、齿轮齿条转向机以及转向横拉杆等。其最大特点就是在转向盘和齿轮齿条转向机之间的转向柱上集成了一套双行星齿轮机构，用于向转向轮提供叠加转向角。主动转向系统组成原理如图 5.51 所示，除传统的转向机械构件外，宝马主动转向系统主要包括两大核心部件：一是双行星齿轮机构，通过叠加转向实现变传动比功能，二是 Servtronic 电子伺服转向系统，用于实现转向助力功能。驾驶员的转向角输入包括力矩输入和角输入两部分，将共同传递给扭杆。其中的力矩输入由电子伺服机构根据车速和转向角度进行助力控制，而角输入则通过伺服电机驱动的双行星齿轮机构进行转向角叠加，经过叠加后的总转向角才是传递给齿轮齿条转向机构的最终转角。与常规转向系统的显著差别在于，宝马主动转向系统不仅能够对转向力矩进行调节，而且还可以对转向角度进行调整，使其与当前的车速达到完美匹配。其中的总转角 $\delta_G$ 等于驾驶员转向盘转角和伺服电机转角之和。

$$\delta_G = \frac{1}{i_D}\delta_S + \frac{1}{i_M}\delta_M \tag{5.58}$$

式中，$i_D$ 为转向系统总传动比；$\delta_S$ 为转向盘转角；$i_M$ 为蜗轮、蜗杆传动比；$\delta_M$ 为电机调整角。

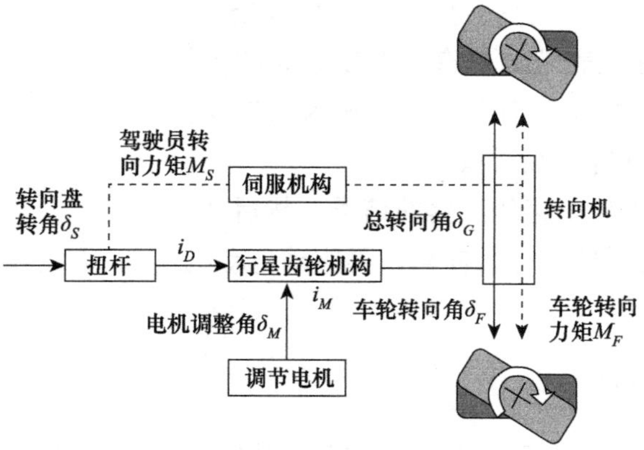


图 5.51　宝马主动转向系统原理

宝马主动转向系统的核心部件是一套集成在转向柱上的双行星齿轮机构，如图 5.52 所示。这套机构包括两副行星齿轮机构，共用一个行星架进行动力传递。主动太阳轮与转向盘相连，将转向盘上输入的转向角经由行星架传递给行星齿轮机构。而行星齿轮机构具有两个转向输入自由度，一个是行星架传递的转向盘转角，另一个是由伺服电机通过一个自锁式蜗轮蜗杆驱动的齿圈输入，即所谓的叠加转角输入。太阳轮作为输出轴，其输出的转向角度是由转向盘转向角度与伺服电机驱动的转向角度叠加得到，也就是汽车的实际转向角度。低速时，伺服电机驱动的行星架转动方向与转向盘转动相同，叠加后增加了实际的转向角度，可以减少转向力的需求。高速时，伺服电机驱动的行星架转动方向与转向盘转动相反，叠加后减少了实际的转向角度，转向过程会变得更为间接，提高了汽车的稳定性和安全性。

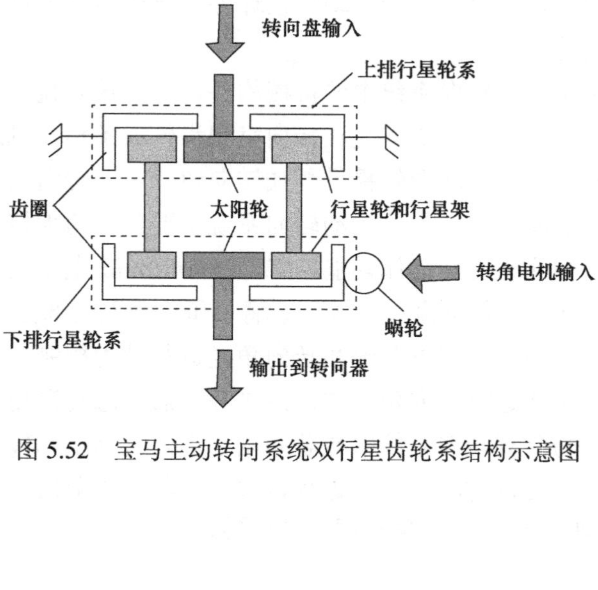


图 5.52　宝马主动转向系统双行星齿轮系结构示意图

1. 主动转向控制

电控单元给出是否要改变转向盘角度或要改变多少度的指令。在低速时给出一个与转向盘转角成正比的控制电机转角加到前轮上，在高速时给出一个与转向盘转角成反比的控制电机转角抵消部分前轮转角。主动转向的这一控制方式，从驾驶员角度看汽车在低速和高速行驶时相当于转向系统的传动比发生了变化。转向力在较宽的汽车速度变化范围内保持不变，在所有的行驶状况下转向盘转角不会超过 180°。

2. 稳定性控制

为达到稳定的转向干预，需要参照汽车行驶参量、横摆角加速度和横向加速度，以及驾驶员设定的转向盘角度和汽车行驶速度，与行驶稳定性系统共同作用。与制动干预相比，转向干预特点：

(1) 转向干预比有明显声响的制动干预难被驾驶员发觉。

(2) 转向干预要快于制动器干预，因为制动器建立制动压力需要一定的时间。

(3) 在稳定性方面制动干预要优于转向干预。

将主动转向与车轮滑转控制，即转向干预制动干预结合起来可达到汽车的最佳稳定性。即制动力矩和主动转向形成的补偿力矩共同作用，进行稳定性控制。

## 5.4　车辆悬架电子控制系统

传统的汽车悬架主要由弹性元件、减振器及稳定杆组成。其中弹性元件、减振器和轮胎的综合特性，决定了汽车的行驶性、操纵性和乘坐的舒适性。由于弹性元件、减振器均是决定刚度的元件，它们对路面状况和汽车的行驶状况(如汽车直线行驶时的加速和制动、汽车转向的适应性)均有较大的限制。

汽车的乘坐舒适性和操纵稳定性是一对矛盾的两方面，如果要保证汽车的乘坐舒适性，就要求悬架比较柔和；要保证汽车的操纵稳定性，就要求悬架具有较大的弹簧刚度和阻尼力较大的减振器。悬架只能被动地承受地面对车身的各种作用力，无法针对各种情况进行主动调节车身的状况，使汽车的操纵稳定性与乘坐的舒适性达到和谐的调节。

高速路网得到了迅猛的发展，对汽车的性能也提出了更高的要求，许多驾车者在高速公路上行驶时喜欢柔软、舒适的行驶性能；而在急转弯、紧急制动或快加速时又喜欢刚硬稳固的行驶性能，在这些驾驶条件下，刚硬稳固的行驶性能可以降低汽车的横摆、侧倾和俯仰。

随着电子技术、传感器技术和各种柔性实时控制技术的发展，采用这些技术的汽车悬架系统的乘坐舒适性达到了令人满意的程度，同时使汽车的操纵稳定性得到了可靠的保证。某些计算机控制的悬架系统已具有在 10ms 到 12ms 内即能对路面和行驶条件做出反应的能力，以改善行驶时的平顺性和操纵性。

### 5.4.1　电控悬架系统的功能和类型

电子控制悬架系统能根据不同的路面状况、载重量、车速等控制悬架系统的刚度和减振器的阻尼，也可以调节车身高度以提高车辆的通过性。根据有无动力源，可以将电子控制悬架分为两大类：半主动悬架及主动悬架。

1. 半主动悬架

半主动悬架可以根据路面的激励和车身的响应对悬架的阻尼系数进行自适应调整，使车身的振动被控制在某个范围内，半主动悬架系统无动力源。因此，汽车在转向、起步、制动等工况时不能对刚度和阻尼进行有效控制。

半主动悬架系统基本工作原理是：用可调弹簧或可调阻尼元件组成悬架，例如，磁流变体材料作为减振器工作介质，电流控制磁场变化时，即可控制阻尼变化，可根据悬架的振动响应等反馈信号进行控制。按照一定的调节规律调节车辆悬架系统的刚度或阻尼状态，提高车辆的行驶平顺性和安全性。

2. 主动悬架

主动悬架是一种有源控制，可以根据汽车行驶条件的变化，主动改变悬架的刚度和阻尼系数。在汽车行驶路面、速度变化以及在汽车起步、制动、转向等工况时，主动悬架都可以进行有效控制。此外，主动悬架还可以根据车速的变化控制车身的高度。

主动悬架系统的基本工作原理是：传感器将采集的反映悬架振动的信号传给控制器，控制器控制主动悬架的力发生器，产生控制力控制车身的振动，从而大大提高了车辆的平顺性等性能。

### 5.4.2 电控悬架控制系统的组成及原理

1. 电控悬架控制系统的组成

电控悬架系统是由传感器、各种开关、电子控制单元和执行器等组成的，如图 5.53 所示。传感器包括方向盘转角传感器、车速传感器、车身高度传感器、加速度传感器和节气门位置传感器等；开关主要包括模式选择开关、停车开关、制动灯开关和车门开关等；而执行机构则包括泵气电动机、步进电动机、电磁阀、继电器等。

电子控制单元是将传感器采集到的电信号通过控制器的控制策略进行综合处理，然后输出对悬架的车身高度、减振器阻尼和空气弹簧的刚度进行调节的控制信号。系统的输入信号，除了转矩、转向角和车速这三个控制助力转矩所必需的参数外，还有电动机电流、动力装置温度、蓄电池端电压、启动机开关电压和交流发电机电枢端电压等输入信号，如图 5.54 所示。

2. 电控悬架系统的控制原理

ECU 可根据汽车行驶时的各种传感器信号，如制动灯开关信号、车速传感器信号、模式选择开关信号、节气门位置信号等。经处理后确认汽车的行驶状态和路面情况(如汽车是低速行驶还是高速行驶；是直线行驶还是处于转弯状态；是在制动还是在加速；自动变速器是否处在空挡位置等)，以确定各悬架减振器的阻尼力大小，并驱动执行器予以调节。

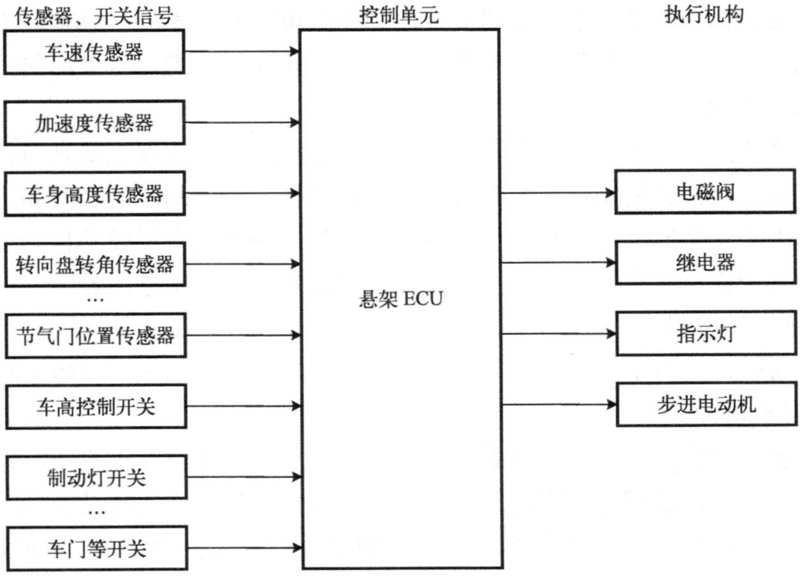


图 5.53　轿车电控悬架组成

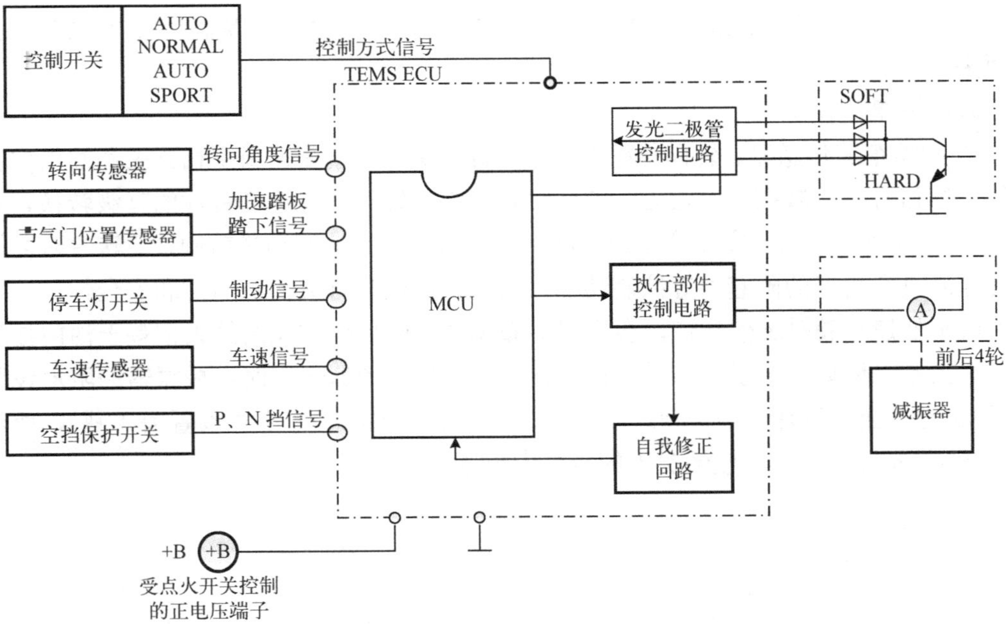


图 5.54　电控悬架 ECU 组成及输入输出信号

各传感器和控制开关产生的电信号，经输入接口电路整形放大后，送入 MCU 中，经过 MCU 处理和判断后分别输出各控制信号，驱动相关的执行器和显示器工作。

3. 电控空气悬架系统的控制过程

控制过程主要有三个方面：悬架刚度控制、减振器阻尼控制、车高控制。

1) 悬架刚度控制

ECU 接收由车速传感器、转向操作传感器、汽车加速度传感器、油门踏板加速度传感器和汽车高度传感器传来的信息，计算并控制弹簧刚度。基于不同传感器输入的信号，弹簧刚度的控制主要有“防前倾”、“防侧倾”和“前后轮相关”控制等方面的操作。

(1)“防前倾”控制。

“前倾”一般是汽车高速行驶时突然制动时发生的现象，防前倾主要是防止紧急制动时汽车前端的下垂。可以分别用停车灯开关和汽车高度传感器检测制动状况和前倾状况。如果判断为汽车处于紧急制动时自动地将弹簧刚度增加，使在正常行驶条件下时空气弹簧刚度的“中”设置变为“硬”设置，当不再需要时则恢复到一般状态的设置。

(2)“防侧倾”控制。

当紧急转向时，应由正常行驶的“中”刚度转换为“硬”刚度，以防止产生侧倾。

(3)“前后轮相关”控制。

当汽车行驶在弯曲道路或凸凹路面上时，通过前后轮弹簧刚度相关控制并结合协调阻尼力大小控制，使在正常行驶时刚度从“中”的设置转换到“软”的设置以改善平顺性。但在高速运行时“软”的状态工作会导致汽车出现行驶不稳定的状态，因而仅限于车速低于 80km/h 的情况。ECU 通过来自前左侧的高度传感器信号来判断凸凹路面，若前轮检测到凸凹路面后，控制后轮悬架由“中”变“软”。图 5.55 所示为这种控制的一个例子，可以看出，在后轮通过凸凹之前改变后轮的刚度和阻尼力，在“软”状态运行 2s 之后，再恢复到原来的状态。

2)减振器阻尼控制

ECU 根据车速传感器、转向传感器、停车灯开关、自动变速箱空挡开关和油门位置传感器等不同信号控制减振器的阻力，实现“软、中、硬”三种速度特性的有级转换，速度特性如图 5.56 所示，主要完成防止加速和换挡时后倾，高速制动时前倾，急转弯时侧倾和保证高速时具有良好的附着力等控制功能，从而提高汽车行驶的舒适性和安全性。

若汽车低速行驶时突然加速，会出现后倾现象，防后倾控制的结果依赖于油门被踩下的速度和大小。例如，为了改善舒适性，往往车速低于 20km/h 时，减振器的阻尼设置成“软”的状态，当突然踩下油门使之超过油门全开的 80%时，将阻尼设置为“硬”，而当车速超过 30km/h 时，回到一般情况下的阻尼力设置。

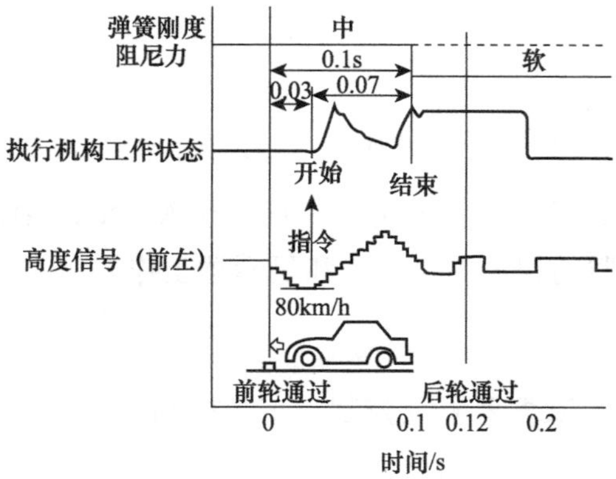


图 5.55　前后轮相关控制

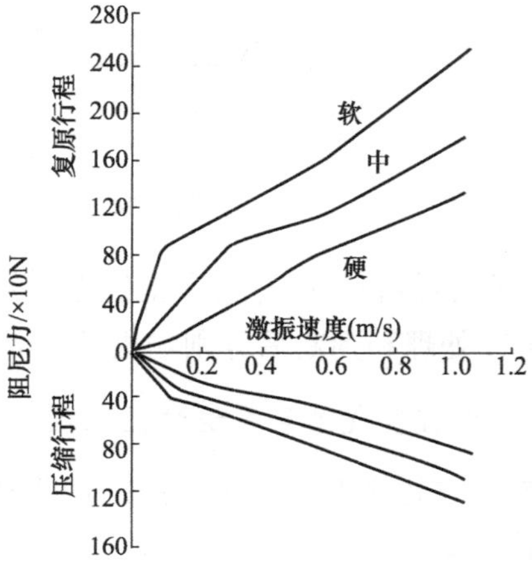


图 5.56 “软、中、硬”减振器速度特性

3) 车高控制

ECU 根据汽车高度传感器信号来判断汽车的高度状况，当判定“车高低了”，则控制空气压缩机电动机和高度控制阀向空气弹簧主气室内充气，使车高增加；反之，若打开高度控制阀向外排气时，则使汽车高度降低。系统根据车速、车高和车门开关传感器信号来监视汽车的状态，控制执行机构来调整车高，实现如下功能：

(1) 自动水平控制。控制车高不随乘员数量和载荷大小的变化而变化，由此抑制空气阻力和升力(迫使汽车漂浮)的增加，减小颠簸并保证平稳行驶。

(2) 高速行驶时的车高控制。汽车高速行驶时操纵稳定性一般要受到破坏，此时降低车高有助于抑制空气阻力和升力的增加，提高汽车直线行驶的稳定性。

(3) 驻车时车高控制。乘员上下车时自动降低车高，方便乘员上下车。另外，通过调节车高也利于在车库中的存放。

### 5.4.3　磁流变液减振器

1. 组成原理

磁流变液属于智能材料的一种，由磁流变液构成减振器，通过电流大小来改变磁流变液的黏度，按照一定控制算法实现减振器阻尼系数的自动调节。由磁流变液减振器组成的汽车悬架可以得到汽车行驶平顺性和安全性的最佳组合。

磁流变液减振器基本结构简图如图 5.57 所示，机械结构可以分为两部分，前半部分为固定阻尼部分，后半部分为可控阻尼部分。

根据磁流变液减振器采用流动模式与剪切模式的混合工作模式，磁流变液减振器的阻尼力 $F$ 为

$$F = 12\pi\eta I v C_{D1} + 6\pi IKH^{\beta}C_{D2} \tag{5.59}$$

式中，$\eta$为磁流变液的零场黏度；$I$ 为磁场线圈电流；$v$为活塞相对于工作缸的运动速度；$K$、$\beta$为磁流变液相关常数；$H$ 为阻尼通道中的磁感应强度；$C_{D1}$、$C_{D2}$ 为活塞结构常数。

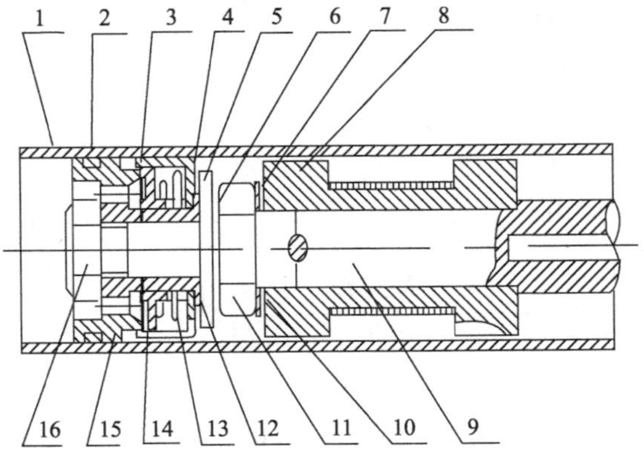


图 5.57　磁流变液减振器机械基本结构简图

1-工作缸；2-活塞环；3-阻尼片；4-弹簧座；5-隔片；6-密封圈；7-垫片；8-磁芯；9-活塞杆；10-密封圈；11-螺母；12-导向座；13-弹簧；14-流通阀；15-活塞；16-防松螺母

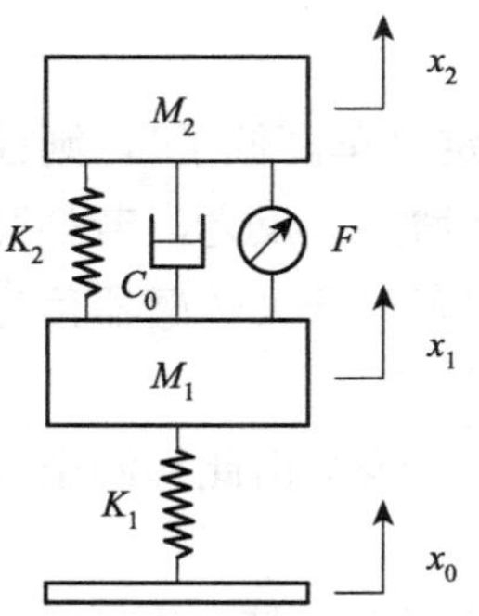


图 5.58　二自由度系统模型

### 2. 汽车半主动悬架系统模型

图 5.58 所示的是一个应用了磁流变阻尼器的二自由度系统，该系统可用来模拟汽车半主动悬架系统(或半主动座椅悬架系统)。

图中两质量块的质量分别为 $M_1$、$M_2$。弹簧的刚度系数分别为 $K_1$、$K_2$。基值阻尼系数 $C_0$，$F$ 代表磁流变阻尼器产生的阻尼力，$x_1$、$x_2$ 分别代表两个质量块的位移，$x_0$ 代表外界激励。

该系统在外界激励下作受迫振动，根据牛顿第二运动定律，可以得到该系统的动力学方程为

$$\begin{cases} M_1\ddot{x}_1 - C_0(\dot{x}_2 - \dot{x}_1) + K_1(x_1 - x_0) - K_2(x_2 - x_1) - F = 0 \\ M_2\ddot{x}_2 + C_0(\dot{x}_2 - \dot{x}_1) + K_2(x_2 - x_1) + F = 0 \end{cases} \tag{5.60}$$

取状态向量 $X = [X_1, X_2, X_3, X_4]^{\mathrm{T}} = [\dot{x}_1, \dot{x}_2, x_1, x_2]^{\mathrm{T}}$，由方程组(5.60)可推导得到

$$\begin{cases} \dot{X}_1 = -\dfrac{C_0}{M_1}X_1 + \dfrac{C_0}{M_1}X_2 - \dfrac{K_1 + K_2}{M_1}X_3 + \dfrac{K_2}{M_1}X_4 + \dfrac{K_1}{M_1}x_0 + \dfrac{F}{M_1} \\ \dot{X}_2 = \dfrac{C_0}{M_2}X_1 - \dfrac{C_0}{M_2}X_2 \dfrac{K_2}{M_2}X_3 - \dfrac{K_2}{M_2}X_4 - \dfrac{F}{M_2} \\ \dot{X}_3 = X_1 \\ \dot{X}_4 = X_2 \end{cases} \tag{5.61}$$

令 $Y = [\dot{x}_1, \dot{x}_2]^{\mathrm{T}}$，$W = x_0$，$U = [W, F]^{\mathrm{T}}$ 可以得到该二自由度系统的状态空间模型：

$$\begin{cases} \dot{X} = AX + BU \\ Y = CX \end{cases} \tag{5.62}$$

式中

$$A = \begin{bmatrix} -\dfrac{C_0}{M_1} & \dfrac{C_0}{M_1} & -(K_1 + K_2)/M_1 & K_2/M_1 \\ \dfrac{C_0}{M_2} & -\dfrac{C_0}{M_2} & K_2/M_2 & -K_2/M_2 \\ 1 & 0 & 0 & 0 \\ 0 & 1 & 0 & 0 \end{bmatrix}$$

$$B = \begin{bmatrix} K_1/M_1 & 1/M_1 \\ 0 & -1/M_2 \\ 0 & 0 \\ 0 & 0 \end{bmatrix}$$

$$C = \begin{bmatrix} 1 & 0 & 0 & 0 \\ 0 & 1 & 0 & 0 \end{bmatrix}$$

磁流变阻尼器的控制算法有 PID、模糊控制算法，以有效降低系统中质量块 $M_2$ 因外界

激励而引起的振动。

3. 控制器

微控制器(MCU)根据加速度传感器响应信号，经控制算法输出脉宽调制(PWM)控制信号。

控制系统软件部分主要由系统初始化、数据采集与处理、控制算法和 PWM 等模块构成，图 5.59 为控制系统程序流程图。

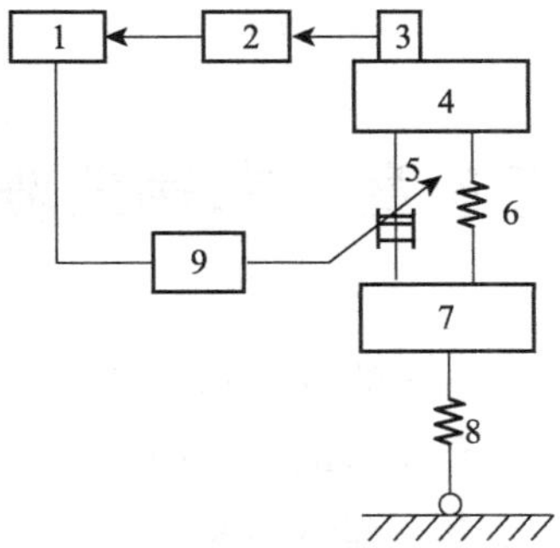


图 5.59　半主动悬架电子控制模型

1-MCU 微控制器；2-信号调理电路整；3-加速度传感器；4-悬架质量；5-磁流变阻尼器；6-悬架弹簧；7-车轮质量；8-轮胎的当量弹簧；9-驱动电路

半主动悬架的控制程序中，设定了一个以汽车行驶平顺性最优化为控制目标的控制参数，例如车身振动加速度的均方根值作为控制目标参数。在汽车行驶过程中，加速度传感器将车身振动情况转换为相应的电信号输入悬架 MCU。悬架 MCU 根据输入的车身振动信号计算当前车身振动加速度的均方根值，并与设定的目标参数进行比较，根据比较结果输出悬架减振器阻尼控制信号，控制减振器阻尼力。

## 习题与思考题

5-1　以某 ECT 变速器 2 挡升 3 挡为例(如图 5.60 所示)，说明两参数换挡时机控制原理。

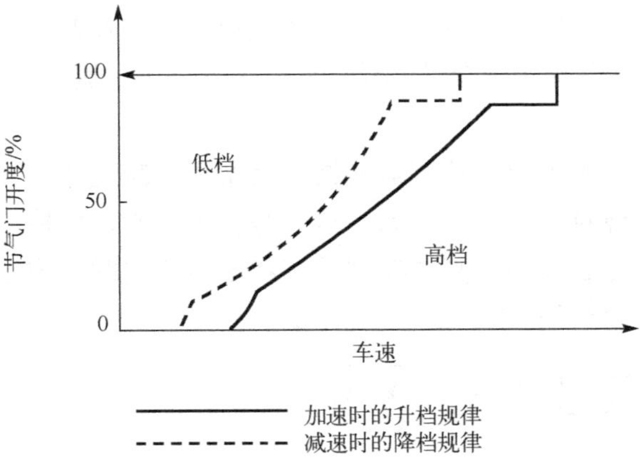


图 5.60　题 5-1 图

5-2　选择一款直流电机，设计 PID 控制算法，分别实现恒转速和恒转矩控制，并完成 MATLAB 仿真。

5-3　分析 ABS 的角加速度(减速度)门限控制原理。

# 第 6 章　车辆驾驶安全与辅助自动驾驶电子控制系统

随着社会的发展和进步，人们更加珍视生命和健康，关注汽车的安全性能。汽车的安全性是大家购车选型考虑的重要因素之一，辅助驾驶、自动驾驶以及智能车辆技术已经成为研究热点。车辆驾驶主动安全技术、行驶主动安全技术得到了极大发展和促进，其中车辆驾驶安全与辅助驾驶电子控制技术大大改善了车辆安全性能，降低了人为交通事故率和事故伤害损失。国内辅助驾驶、自动驾驶技术起步较早，结合人工智能技术，完全可以领跑国际前沿技术，大有可为。

车辆驾驶安全与辅助驾驶电子控制系统主要包括主动避撞系统(AAC)、自适应巡航控制系统(ACC)、车道保持系统(LKA)等，这些技术有助于自动驾驶技术和智能车辆技术的发展。

## 6.1　汽车主动避撞控制系统

汽车在行驶时，特别是高速行驶时，前方突然出现障碍物或者由于驾驶员的疲劳及其他疏忽的原因而忽视了前方的车辆或障碍物，驾驶员反应不及制动汽车，可能造成交通事故。汽车自动防撞系统对车辆实施自动制动和转向控制，尽量避免追尾等碰撞事故的发生，有效地保证人、车安全。

如图 6.1 所示，汽车主动避撞控制器依据安全距离、减速度等，结合车辆制动系统模型，设计控制算法，实现对节气门、制动、转向等精确控制，保持车辆的安全距离。汽车主动避撞系统包括纵向控制系统、侧向控制系统和纵向侧向联合控制系统，本书主要讨论纵向控制系统、侧向控制系统。

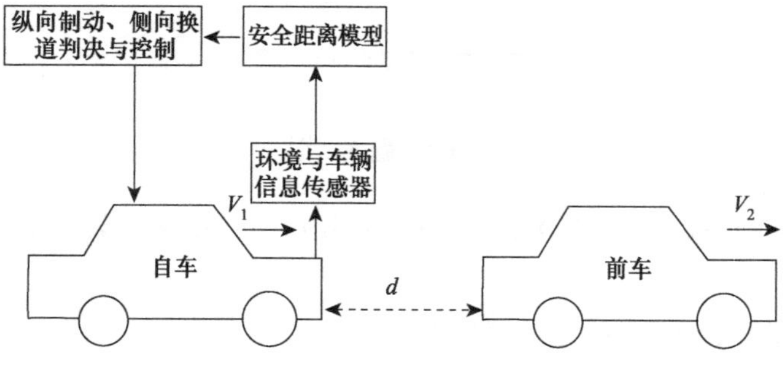


图 6.1　汽车主动避撞控制示意图

### 6.1.1　纵向控制系统

当汽车行驶时，防撞系统的行车环境检测装置实时检测车辆的运行工况，获取周围环境信息及自车和前车的相对距离、相对速度和自车速度等信息，并传递给控制单元。控制单元根据所建立的行驶安全判定模型和自动制动判定模型计算出安全距离、危险距离及制动距离，并通过两车实际相对距离与之比较进行行车安全判定最后做出控制决策。具体判定依据：当两车实际相对距离小于安全距离时，系统发出临界安全报警信号；当两车实际相对距离小于危险距离时，系统发出危险报警信号(即实现两级报警)。驾驶员在听到报警信号后应该采取有效措施(如通过转向机构、制动机构或动力传递和调节机构使车辆转向、制动或减速)。若驾驶员未采取有效措施而使得两车实际相对距离小于等于制动距离或出现紧急情况时，控制单元会发出自动制动指令，对车辆实施自动制动控制，并由自动制动执行机构来实现自动制动操作，从而避免车辆发生碰撞，达到防撞目的。

1. 系统组成

汽车主动避撞系统通过对车辆纵向运动进行控制，纵向控制的目的是车辆通过制动、发动机油门减小，控制与前车(目标车)距离，使自车与前车之间保持一定的车距，避免与前车相撞。该系统从功能上包括传感器、控制器和执行器三部分，如图 6.2 所示。

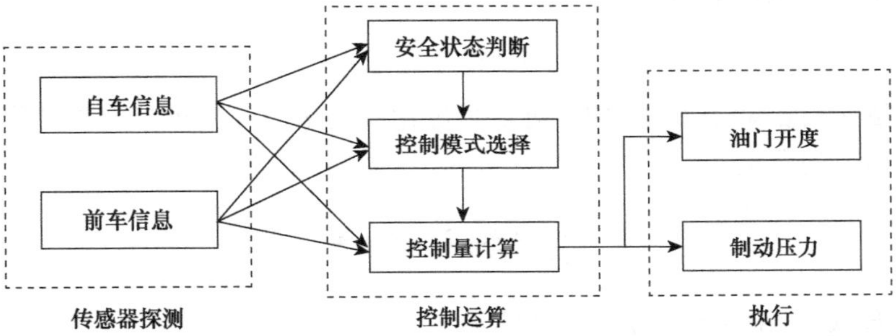


图 6.2　汽车纵向避撞控制系统的基本组成

2. 安全距离模型

图 6.3 为同向运行的自车和前车安全距离模型，驾驶员主观安全距离由三部分组成：驾驶员反应时间内自车行驶过的距离、消除自车与前车之间相对速度行驶过的距离、两车之间的最小距离，因此车间距离控制的安全距离模型为

$$d_s = d_0 + d_1 + d_2 \tag{6.1}$$

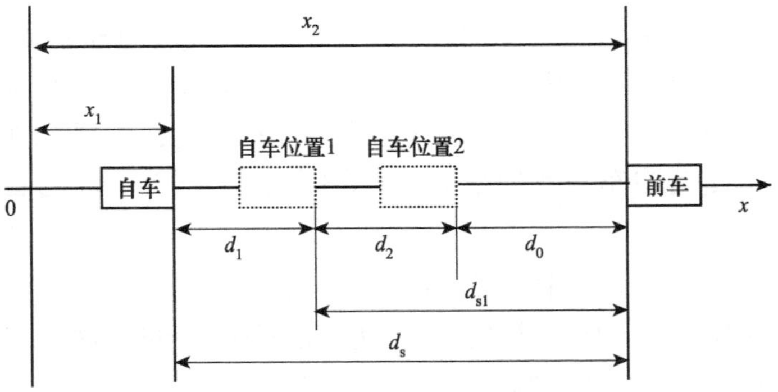


图 6.3　安全距离模型示意图

当两车实际车间距离为$(d_0+d_1+d_2)$时，按照驾驶员享有最高控制权的原则，汽车主动避撞系统认为目前自车处于安全行车状态，此时系统没有控制动作；当实际车间距离减小到$(d_0+d_2)$时，若驾驶员没有采取制动或者转向动作时，汽车主动避撞系统认为车辆进入危险状态，报警提示并开始采取制动，避免车辆进入危险状态。因此，$(d_0+d_2)$是主动避撞系统用来判断当前行车安全状态的安全距离，得到适用于主动避撞系统的安全距离模型为

$$d_{s1}=d_0+d_2 \tag{6.2}$$

该安全距离模型主要是用于车间距离保持，因此控制目标是车距，而不是以车速跟踪为目的的安全距离模型。

这里忽略自动制动执行机构响应时间，同时假设自车制动减速度总是大于前方车辆的制动减速度，两车间隔一定距离向 $x$ 轴正方向行驶，自车距原点为 $x_1$，前车距原点为 $x_2$，虚线框表示制动过程中自车的位置，相对减速度用 $\delta_a$ 表示，根据图 6.3 的坐标及位置关系，定义自车与前车之间的相对速度为

$$\dot{\xi}=\dot{x}_2-\dot{x}_1 \tag{6.3}$$

则驾驶员按照自己期望的减速度,对自车进行制动来消除自车与前车之间的相对车速，该段时间内所需要的距离为

$$d_2=\int_0^{\frac{\xi}{\delta_a}}(\dot{\xi}-\delta_a t)\mathrm{d}t=\frac{\dot{\xi}^2}{2\delta_a} \tag{6.4}$$

将式(6.4)代入式(6.2)可得安全距离模型为

$$d_{s1}=d_0+d_2=\frac{\dot{\xi}^2}{2\delta_a}+d_0 \tag{6.5}$$

式中，$\dot{\xi}$ 由主动防撞系统的雷达测量得到；$\delta_a$ 为驾驶员期望的相对减速度。

两车之间的最小距离是驾驶员的特性参数，因人而异，两者的取值应该要反映驾驶员的驾驶特性，需要通过大量实验数据分析得到。

3. 避撞系统的工作过程

避撞系统的工作过程可分为三部分，如图 6.4 所示。图中，$d_s$ 为安全距离；$y_r$ 为期望的自车到目标车辆的距离；$a_{cdes}$ 为期望的自车加速度；$a_{ccon}$ 为控制加速度；$\alpha$、$\alpha_{cdes}$ 分别为自车实际、期望的节气门开度；$P_b$、$P_{des}$ 分别为自车实际、期望的制动压力；$\dot{x}_1$ 为自车实际速度；$\ddot{x}_1$ 为自车实际的加速度；$\omega_e$ 为自车发动机转速；$\omega_w$ 为自车车轮转速；$b_r$ 自车驾驶员制动信号；$\xi$ 为自车与目标车辆间的实际距离；$\dot{\xi}$ 为自车与目标车辆间的相对速度。

(1)当车辆正常行驶时。汽车主动避撞系统不停地对车辆行驶的安全程度进行评估。如判断为安全状态。避撞系统无任何动作，不干扰正常驾驶，同时驾驶员可以随时选取适合当前环境的模式进行车辆的自动控制。

(2)当系统判断为危险状态时避撞系统会首先自动关闭油门,此时若驾驶员尚未采取相应的动作，则系统将自动控制车辆制动和转向，并调用其他相关控制系统(如 ABS、ESP

等)，使车辆远离危险的同时保证自车的安全，一旦车辆回到安全的行驶状态或驾驶员采取了控制动作，系统对车辆的控制将自动解除，回到正常行驶状态。

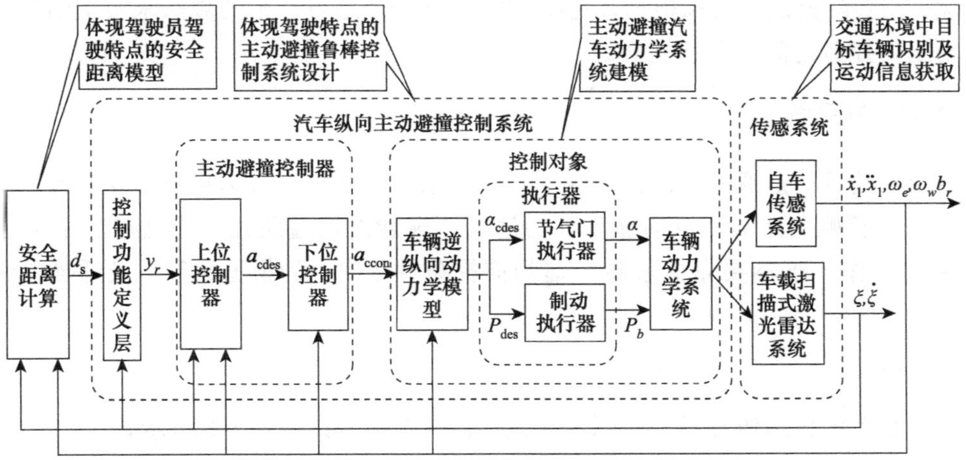


图 6.4　汽车主动避撞系统纵向控制系统

(3) 当系统判断为危险无法避让时，除了采取远离和减少危险的控制外，还将根据危险程度的大小和障碍物的类型(车辆、行人或者其他障碍物)，选择合适的被动安全(如乘客保护甚至行人保护措施)控制策略。

4. 汽车避撞分层控制系统

控制系统设计包括控制功能定义层、上位控制器和下位控制器设计三部分，其结构如图 6.5 所示。

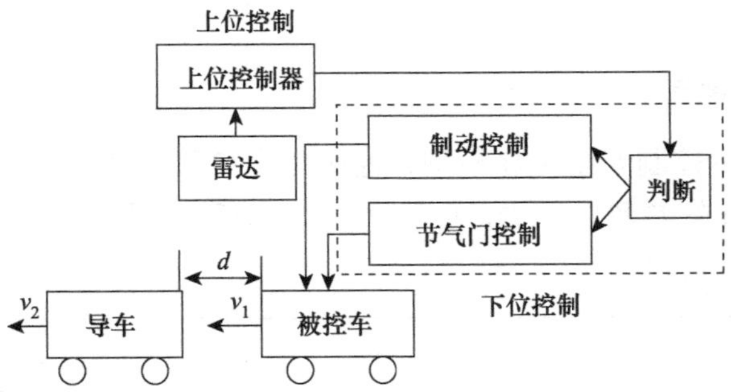


图 6.5　汽车主动避撞分层控制系统

在控制功能定义层方面，汽车主动避撞控制方式主要有上位控制和下位控制。前者由安全距离出发，从运动学的角度应用控制算法获得当前情况下车辆应当具有的减速度等；后者从上位控制算法确定出的车辆目标减速度等目标参数出发，结合车辆制动系统模型，应用控制算法，实现对节气门、制动等精确控制，实现上位控制要求的目标，保持车辆的安全距离。

汽车主动避撞控制系统结构控制指令需要经过执行器执行使得控制功能得以实现，避撞系统通过对油门开度和制动压力的控制从而实现对自车的加速、减速及匀速行驶。避撞系统控制的执行器为油门执行器和制动执行器，其中，油门执行器根据控制量，实现期望的油门开度，维持怠速或是自车加速；制动执行器根据控制量，实现期望的制动压力，使自车减速。在实际控制中可以根据加速/制动切换逻辑，通过一定的算法来实现油门开度控制和制动压力控制之间的灵活切换。

### 6.1.2　侧向控制系统

侧向控制的目的是通过转向换道避撞，控制系统能够根据自车和前车或前方障碍物之间的纵向距离和侧向距离、纵向速度和加速度，规划出换道路径，通过控制车辆前轮转角完成转向操作。车辆要完成紧急换道的前提条件是安全的换道路径以及适当的纵向安全距离。

1. 系统组成

侧向控制系统包括传感器、控制器和执行器三个部分，如图 6.6 所示。

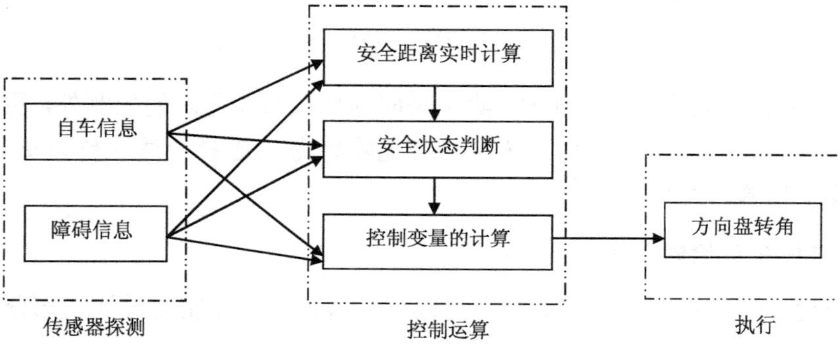


图 6.6　侧向控制系统组成

2. 安全距离模型建立

如图 6.7 所示为侧向控制安全距离模型，也称为换道避撞距离模型或换道距离模型。假设双直行车道上只有自车 $F$ 和前车 $D$。$F$ 车位于 $D$ 车后方并同道行驶，相邻车道上无其他车辆，且 $D$ 车匀速向前行驶。

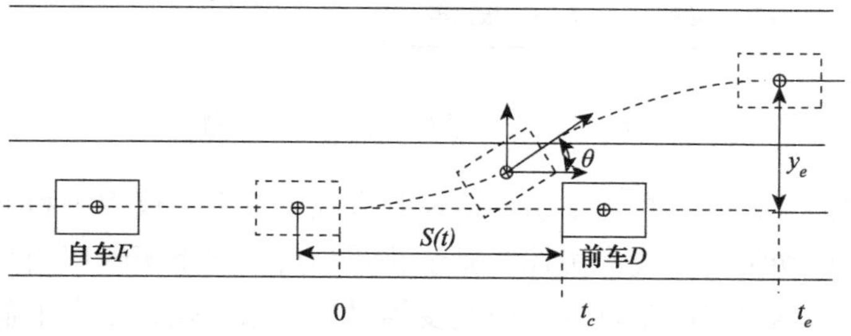


图 6.7　侧向控制安全距离模型

合适的间距是防止车辆随意“变道”而设置的安全距离，间距不足是造成追尾的最主要原因。最佳的轨迹规划行驶路径不仅要能够保证足够小的转向行驶距离，还要保证车辆行驶的稳定性。

设变道前车辆初始速度为 $u$，进行最大强度所需制动时间为 $t_{adj}$，路面附着系数为 $\mu$，则车辆制动时的最大制动减速度 $a=\mu g$，那么自车在进行车速调整的过程中的纵向运动距离为

$$X_1(t)=ut-at^2/2\text{，}\quad 0\leqslant t\leqslant t_{adj} \tag{6.6}$$

制动过程完成之后的 $t_{adj}$ 时刻，自车此时的行驶速度即为变道过程中的纵向速度，即

$$u(t_{adj})=u-at_{adj} \tag{6.7}$$

变道轨迹函数为

$$y(t)=(y_e/t_e{}^5)(6t^5-15t_et^4+10t_e{}^2t^3)\text{，}\quad 0\leqslant t\leqslant t_e \tag{6.8}$$

式中，$y_e$ 为车辆完成整个变道过程的侧向位移，一般取为一个标准的车道宽度，即为3.75m。而 $t_e$ 为整个变道过程所用时间。

车辆变道过程中的纵向位移为

$$X_2(t)=u(t_{adj})(t-t_{adj})\text{，}\quad t_{adj}\leqslant t\leqslant t_{adj}+t_e \tag{6.9}$$

而在整个制动和变道的过程中，车辆的侧向位移可表示为

$$y(t)=\begin{cases}0 & 0\leqslant t\leqslant t_{adj}\\ (y_e/t_e{}^5)[6(t-t_{adj})^5-15t_e(t-t_{adj})^4+10t_e{}^2(t-t_{adj})^3] & t_{adj}\leqslant t\leqslant t_{adj}+t_e\end{cases} \tag{6.10}$$

设车辆前方障碍物的宽度为 $w$，自车的前外侧与障碍物的后内侧轮廓可能产生碰撞的时刻为 $t_c$，那么车辆在此时刻恰好不与障碍物发生碰撞的临界条件为 $w=y(t_c)$，则有

$$w=(y_e/t_e^5)[6(t-t_{adj})^5-15t(t-t_{adj})^4+10t_e^2(t-t_{adj})^3] \tag{6.11}$$

自车达到临界碰撞点时所用的变道时间 $t_c-t_{adj}$。那么自车从发现障碍物开始进行制动到到达可能的碰撞点时车辆行驶的纵向距离为

$$X_3(t_c)=X_1(t_{adj})+X_2(t_c)=ut_{adj}-\frac{\alpha t_{adj}{}^2}{2}+(u-at_{adj})(t_c-t_{adj}) \tag{6.12}$$

由式(6.12)可知其最小值只会取在两个端点上，即 $t_{adj}=0$ 或 $t_{adj}=u/a$ 处，二者分别代表不对车辆进行制动和一直制动直至车辆停止两种情况。即说明在车速较高且障碍物较小时，直接进行变道所用的安全距离最短；在车速较低且障碍物较大时，直接进行制动避撞所用的安全距离最短。因此，$t_{adj}=0$，该式求得到达可能碰撞点的时间 $t_c$，车辆到达碰撞的临界时刻时的航向角为

$$\theta=\arctan[v_y(t_c)/u] \tag{6.13}$$

式中，$v_y$ 为侧向速度，考虑车身长度，并保证车辆在整个变道的过程中不与前方障碍发生碰撞，相应的安全距离为

$$X=X_3(t_c)+S\cos\theta+d \tag{6.14}$$

式中，$S$ 为车辆的车身长度，这里设为 5m；$d$ 为静态安全距离，这里设为 2m。式(6.12)即为建立的安全距离模型。假设本车与障碍物的初始距离为 $D$，那么当 $X\geqslant D$ 时，可以通过车道变换操作避免与障碍物发生碰撞；否则，将会发生碰撞事故。

3. 紧急变道控制系统

图 6.8 所示为紧急变道控制系统的控制原理。安全距离模型根据车辆动力学模型输出的车速信息实时进行安全距离计算，并与车辆距前方障碍物的距离进行比较，若障碍物进入到了安全距离内，而且驾驶员没有采取合理措施，那么控制模块便会启动，控制车辆按照设定变道轨迹进行变道。控制模块的输入是根据变道轨迹模型得到的期望侧向加速度，其经过车辆方向盘转角模型计算后会得到期望的方向盘转角，由方向盘转角信号控制车辆完成变道。考虑到车辆模型的强非线性，简单的开环控制难以满足要求，应采用模糊 PID 控制器等，实现基于侧向加速度偏差值的闭环反馈控制。

$V$ 为自车行驶速度，$D$ 为自车到障碍物间的距离，$X$ 为控制系统实时计算出的最小安全距离，$a_y$ 为通过较优变道轨迹模型计算出的理想的侧向加速度，$a_{lat}$ 为自车的实际侧向加速度，$a_{con}$ 为控制器处理后的控制加速度，error 为 $a_y$ 和 $a_{lat}$ 的偏差值，$\delta_{sw}$ 为转向盘转角。

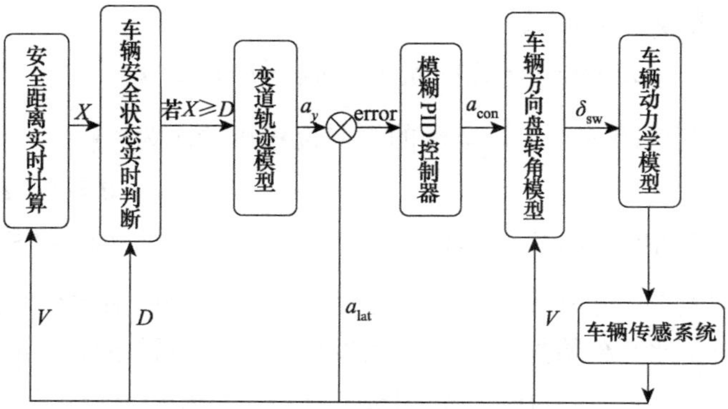


图 6.8　紧急变道控制系统的控制原理

例如模糊 PID 控制器，即通过设定相应的模糊论域和模糊规则，对 PID 控制器的三个参数进行整定。控制器的输入是侧向加速度的理想值与实际值的偏差，通过对偏差信号的处理，力求实际的侧向加速度与期望值相一致，从而使得车辆可以按照设定的变道路径行驶。

控制系统的仿真主要借助于 Matlab/Simulink、CarSim、TruckSim、PreScan 等软件平台。

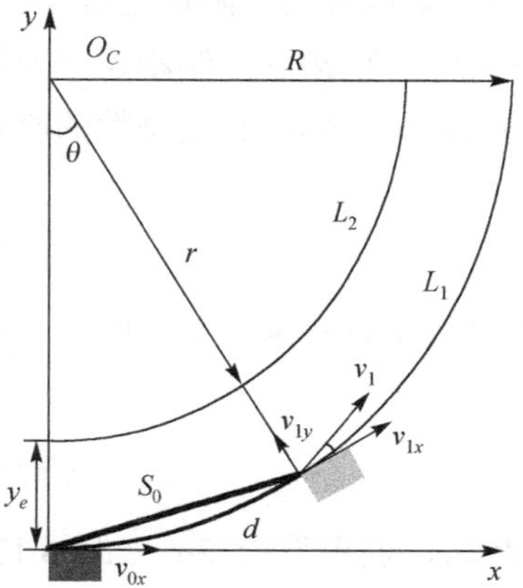


图 6.9　弯道运动模型

### 6.1.3　弯道避撞控制系统

1. 车辆弯道行驶建模

考虑汽车行驶安全性，进入弯道后一般不进行加速操作，假设汽车在弯道中匀速行驶，为降低道路模型的复杂程度，将双车道模型简化为一段半径为 $R$ 和 $r$ 的同心圆弧，曲率中心为 $O_C$。以外侧弯道 $L_1$ 入口为原点 $O$，以 $L_1$ 的切线为 $x$ 轴，以垂直于 $x$ 轴并指向 $O_C$ 的直线为 $y$ 轴，弯道运动模型如图 6.9 所示。

$$x^2+(y-R)^2=R^2 \tag{6.15}$$

假设外侧弯道 $L_1$ 与内侧弯道 $L_2$ 具有相同的瞬心，$L_1$ 的曲率半径为 $R$，$L_2$ 的曲率半径为 $r$，$d$ 为在同一弯道轨迹中两车的弧长距离，$\alpha$ 为质心侧偏角，$\theta$ 为车辆航向角，即弧长 $d$ 所对的圆心角，$S_0$ 为弧长 $d$ 所对的弦长，$y_e$ 为两车道中心线间距，即车辆换道后的侧向位移。

若车辆在外侧弯道行驶，行驶过程中沿曲率中心的向心加速度为

$$a_y=\frac{(v(t)\cdot\cos\theta(t))^2}{R} \tag{6.16}$$

沿弯道切线方向的加速度为

$$a_x=\frac{v(t)\cos\theta(t)-v_0}{t} \tag{6.17}$$

式中，$v$ 为换道结束时刻的车速，$v_0$ 为车辆初始速度，$\theta$ 为车辆航向角，车辆纵向加速度 $a_x$ 受路面附着条件的影响，纵向加速度与路面附着系数的关系为 $a_{x\max}=\mu\cdot g$。

2. 弯道行驶安全距离模型

弯道发生碰撞的情况大致分为三种：第一种是在弯道外侧行驶，想要超车换道至内侧高速车道，在这种情况中自车右前角与前车左后角发生碰撞；第二种是在同侧车道中，由于前车突然制动或者自车误操作、突然加速等原因导致的两车纵向相撞；第三种是发生在由内侧高速车道向外侧低速车道变道时，由于车速过高或者转向过大导致换道车辆与外侧车辆发生侧向碰撞。三种碰撞示意图如图 6.10 所示。

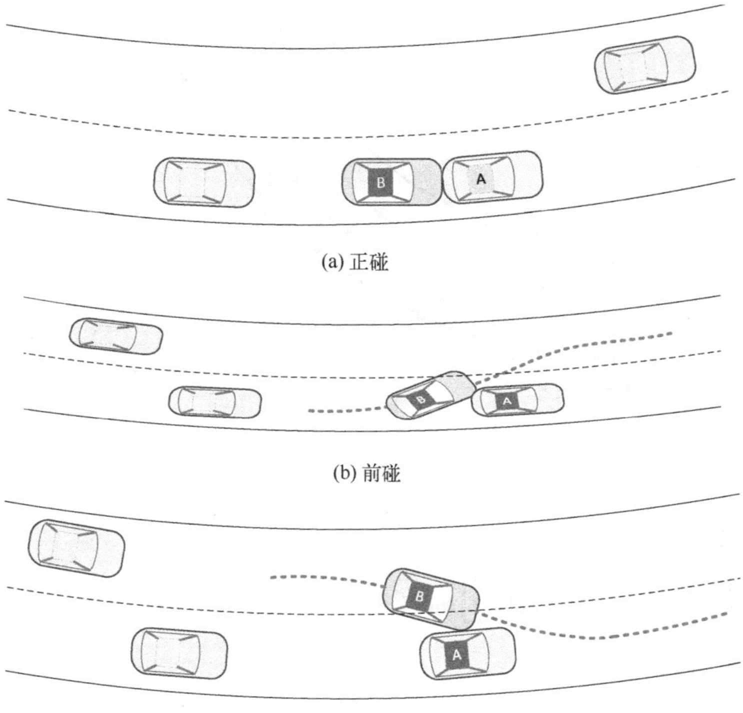


(a) 正碰

(b) 前碰

(c) 侧碰

图 6.10　车辆碰撞分析

对车辆制动距离的分析可知，车辆在直道上的纵向制动安全距离为

$$S_b = \frac{1}{3.6}\left(t_1 + \frac{t_2}{2}\right)v_c + \frac{v_0^2}{25.92\mu g} \tag{6.18}$$

式中，$t_1$为抵消制动盘和制动钳间隙所用时间，$t_2$为制动力增加至路面附着力所用时间，$\mu$为路面附着系数，$g$ 为重力加速度，$v_0$为初始车速。由式(6.18)知，安全距离模型的主要影响因素是$v_0$和$\mu$。考虑车辆在半径较大的弯道路面行驶时，上式不适用，这里介绍一种综合考虑前后两车运动状态的安全距离模型。

该安全距离模型考虑到避免自车与前车发生侧碰、追尾情况，在避撞过程中，根据前车运动状态，将最小安全距离分为以下三种。

1)前车紧急制动

如图 6.11 所示，当前车紧急制动时，前车运动的距离应当大于自车运动距离，同时考虑车长、车宽等，因此两车初始的最小弧长保持间距$d_0$应满足式(6.19)。

$$d_0 \geqslant S_1 - S_0 - L - W \cdot \sin\theta(t) \tag{6.19}$$

$$\begin{aligned} S_0 &= \iint a_0 \mathrm{d}t\mathrm{d}\tau + v_0 \cdot (t + \tau_1) \\ S_1 &= \iint a_1 \mathrm{d}t\mathrm{d}\tau + v_1 \cdot (t + \tau_1) \end{aligned} \tag{6.20}$$

式中，$S_0$为自车运动的路程，$S_1$为前车运动的路程，$a_0$为自车的加速度，$a_1$为前车的加速度，$t$为换道时间，$\tau_1$为驾驶员反应时间，$L$为车长，$W$为车宽。

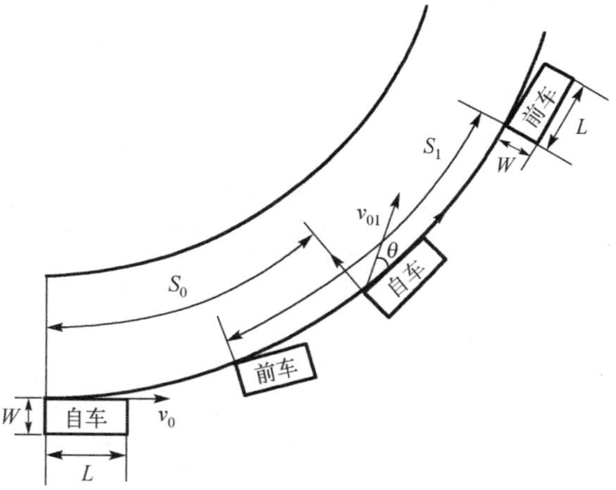


图 6.11　前车制动时的安全距离模型

因此，弧长安全距离$l_0$应满足：

$$l_0 = \iint a_1 \mathrm{d}t\mathrm{d}\tau + v_1 \cdot (t + \tau_1) - \iint a_0 \mathrm{d}t\mathrm{d}\tau + v_0 \cdot (t + \tau_1) + L + W \cdot \sin\theta(t) + d_0 \tag{6.21}$$

定义最小弧长保持间距为

$$d_0 = \frac{3v_0 / k}{\mu + b} \tag{6.22}$$

式中，$k$ 为驾驶员驾驶意图参数，$b$ 为模型参数，取值为 $k=22.5$，$b=0.3$。

由于目前车辆辅助驾驶系统采用的传感器(如激光雷达、毫米波雷达)只能采集直线距离，对弯道距离的检测较困难，故将弯道弧长安全距离转换为一直线长度。同一圆心角所对的弦长与弧长关系如弦长表示为

$$S = 2R \cdot \sin\left(\frac{l_0 \cdot 180^\circ}{2\pi R}\right) \tag{6.23}$$

因此，将两车初始的弧长距离转换为弦长 $S$，结合图 6.14 可知，该弯道模型的直线安全距离 $S_W$ 为

$$S_W = 2R \cdot \sin\left(\left(\iint a_1 \mathrm{d}t\mathrm{d}\tau + v_1 \cdot (t+\tau_1)\right) - \left(\iint a_0 \mathrm{d}t\mathrm{d}\tau + v_0 \cdot (t+\tau_1) + L + W \cdot \sin\theta(t) + d_0\right)\frac{180^\circ}{2\pi R}\right) \tag{6.24}$$

2) 前车静止

前车静止时，安全距离需要满足：自车减速至零的路程小于两车的初始距离，且保持最小弧长距离 $d_0$。因此，弧长安全距离应为

$$l_0 = \iint a_0 \mathrm{d}t\mathrm{d}\tau + v_0 \cdot (t+\tau_1) + L + W \cdot \sin\theta(t) + d_0 \tag{6.25}$$

将其转换为直线安全距离为

$$S_W = 2R \cdot \sin\left(\left(\iint a_0 \mathrm{d}t\mathrm{d}\tau + v_0 \cdot (t+\tau_1) + L + W \cdot \sin\theta(t) + d_0\right)\frac{180^\circ}{2\pi R}\right) \tag{6.26}$$

3) 前车匀速运动

当两车之间的距离保持最小安全距离，且相对车速较前车小，则认为是安全状态；若自车相对速度大于前车速度，此时的安全距离应满足：初始车距大于两车相对速度变化产生的相对位移，同时考虑车长、车宽等，因此两车初始的弧长安全距离为

$$l_0 = \iint a_0 \mathrm{d}t\mathrm{d}\tau + (v_0 - v_1) \cdot (t+\tau_1) + L + W \cdot \sin\theta(t) + d_0 \tag{6.27}$$

将其转换为直线安全距离为

$$S_W = 2R \cdot \sin\left(\left(\iint a_0 \mathrm{d}t\mathrm{d}\tau + (v_0 - v_1) \cdot (t+\tau_1) + L + W \cdot \sin\theta(t) + d_0\right)\frac{180^\circ}{2\pi R}\right) \tag{6.28}$$

3. 弯道避撞控制方法

根据安全距离模型，采用上述纵向制动和侧向转向控制方法，同时进行弯道的车道保持协同控制，避免与前车相撞，同时防止车辆驶出弯道发生二次碰撞。

## 6.2　自适应巡航控制系统

自适应巡航控制系统(ACC)是在传统的巡航控制系统上增加了前视探测器(雷达)，不需要驾驶员的干预就可以根据驾驶员的驾驶模式进行合理的匹配，设定合适的速度和距离，

保证车辆不发生碰撞，减轻驾驶员的劳动强度，提高驾驶安全性。

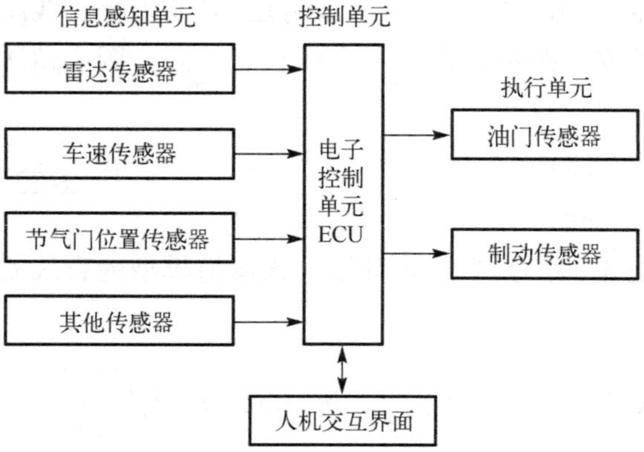


图 6.12　ACC 系统的基本组成

### 6.2.1　自适应巡航控制系统基础

1. ACC 系统的基本组成

汽车自适应巡航控制系统主要由信号感知单元、控制单元、执行单元和人机交互界面构成，其基本组成如图 6.12 所示。

(1)信息感知单元主要用于向电子控制单元(ECU)提供自适应巡航控制所需的车辆行驶工况参数及驾驶员的操作信号。它包括以下几种传感器：雷达传感器、车速传感器、节气门位置传感器、制动踏板传感器和离合器踏板传感器等。雷达传感器，安装在汽车前端，用来获取车间距离信号；车速传感器，安装在变速器输出轴上，用于获取实时车速信号；节气门位置传感器，安装在节气门轴上，用于获取节气门开度信号；制动踏板传感器，安装在制动踏板下，获取制动灯开关信号，用于获取制动踏板动作信号；离合器踏板传感器，安装在离合器踏板下，用于获取离合器踏板动作信号。

(2)控制单元以微处理器为核心，包括时钟电路、复位电路、电源电路、传感器输入接口电路以及与监控主机进行数据交换的串行通信接口电路，用于实现系统的控制功能。ECU 根据驾驶员所设定的安全车距及巡航行驶速度，结合雷达传送来的信息确定主车的行驶状态。当两车间的距离小于设定的安全距离时，ECU 计算实际车距和安全车距之比及相对速度的大小，选择减速方式，同时通过报警器向驾驶员发出警报，提醒驾驶员采取相应的措施。

(3)执行单元包括节气门执行器和制动执行器。节气门执行器用于调整节气门的开度，使车辆作加速、减速及定速行驶；制动执行器用于紧急情况下的刹车。

(4)人机交互界面用于驾驶员设定系统参数及系统状态信息的显示等。驾驶员可通过设置在仪表盘上的人机交互界面(MMI)启动或清除 ACC 控制指令。启动 ACC 系统时，要设定主车在巡航状态下的车速和与目标车辆间的安全距离，否则 ACC 系统将自动设置为默认值，但所设定的安全距离不可小于设定车速下交通法规所规定的安全距离。

2. ACC 系统的工作原理

在行驶过程中，安装在车辆前部的车距传感器会持续扫描车辆前方道路，同时轮速传感器采集车速信号。当与前面的车之间的距离过小时，ACC 控制单元可以通过与制动防抱死系统、发动机控制系统协调动作，使车轮适当制动，并使发动机的输出功率下降，同时车内音响会发出警报声音，提醒走神的驾驶员注意，它能有效地防止追尾这类事故的发生。

图 6.13 为自适应巡航控制系统的控制原理。该控制原理图中自适应巡航控制系统是由一个 A 模块(自适应)和一个 CC 模块(巡航控制)组成。图中 CC 模块就是现在轿车使用比较广泛的定速巡航控制，定速巡航控制系统是一个闭环系统，它的输入是整车的实际车速

和驾驶员设定的期望车速，根据比较两个车速的差值，利用巡航控制模块控制节气门的开度，从而保证实际车速跟随到驾驶员的期望车速。控制的目的是保持两车之间的距离，至少是期望的距离(在实际车辆中可以通过开关和组合仪表设置期望的最小距离)，通过该距离和反馈回来的车速(实际车速)通过模块 A 算法给出自适应系统的期望车速，该期望车速代替传统的定速控制系统驾驶员输入的期望车速，从而实现自适应巡航控制。

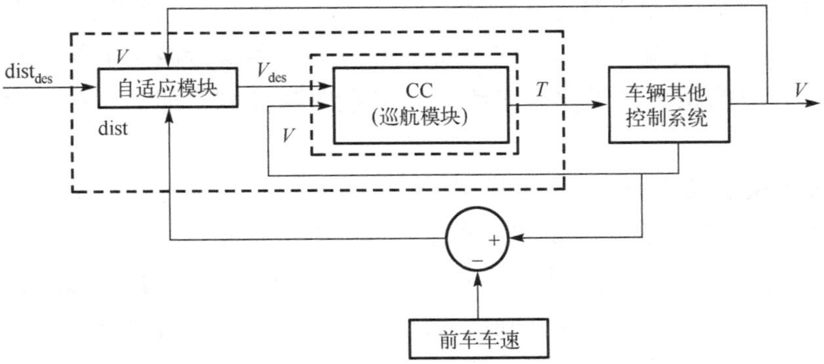


图 6.13　ACC 系统的工作原理

3. ACC 系统的功能

如图 6.14 所示，ACC 系统的功能包括：

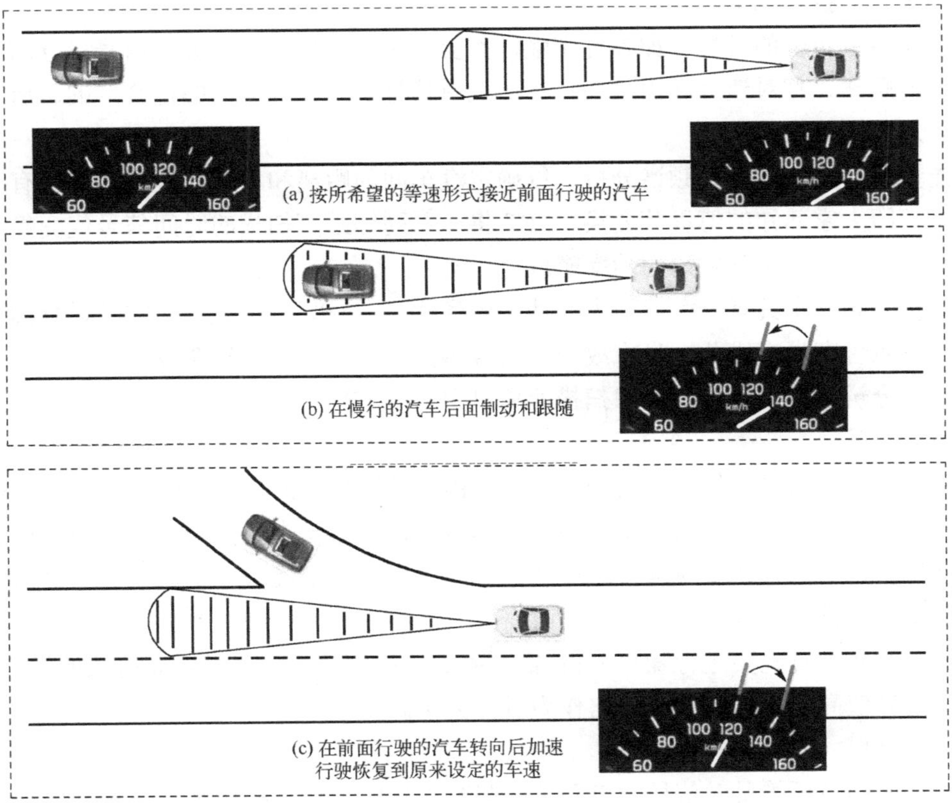


图 6.14　ACC 系统功能图

(1)如果前方没有车辆，ACC 车辆将处于普通的巡航驾驶状态，按照驾驶员设定的车速行驶，如图 6.14(a)所示，车速设为 140km/h，驾驶员只需要进行方向的控制(匀速控制)。这里还包括一个工况，就是当驾驶员在设定的速度基础上加速时，ACC 车辆将按驾驶员意图行驶。当驾驶员不再加速时，如果没有新的速度设定，ACC 车辆将继续按照原先设定的车速行驶。

(2)当 ACC 车辆前方出现目标车辆时，如果目标车辆的速度小于 ACC 车辆，ACC 车辆将自动开始进行平滑的减速控制，如图 6.14(b)所示，将速度减到 120km/h。

(3)当两车之间的距离等于安全车距后，采取跟随控制，即与目标车辆以相同的车速行驶。

(4)当目标车换道或者 ACC 车辆换道后，前方又没有其他的目标车辆，如图 6.14(c)所示，那么 ACC 车辆恢复到初期的设定车速(加速控制)行驶。

可见，ACC 系统可以自动控制自车的加、减速以保持自车与前车的距离，从而大大减轻驾驶员在驾驶时的劳动强度，让驾驶员从频繁的加速和减速中解脱出来，在保证一定舒适性的同时，增加了行驶的安全性。

### 6.2.2　弯道目标识别

1. 雷达信号处理

1)傅里叶变换(FFT)

所有同时被定位的目标，如各种车辆，都会产生特有的信号成分。信号成分的频率是由汽车间的距离、相对速度和由这些目标的反射特性的信号成分的幅值合成的。所有信号成分的叠加得到接收信号。

首先要对接收信号进行频谱分析，以确定汽车间的距离和相对速度。为此要有一个有效的算法，即大家熟知的傅里叶变换。FFT 将一系列等距离扫描的时间信号值变换为具有等距离频率间隔的一系列频谱的功率密度值。

在分析的频谱中具有一个特别大的功率密度值,该功率密度值包含了雷达的反射信号。在频谱中还包含有噪声成分。噪声成分来自传感器并与有用的信号合成。

频谱的分辨率是由扫描次数和扫描速率决定。

2)探测

探测是搜索雷达目标的特有的频率信号。由于不同目标的信号强度和同一目标在不同时间的信号强度差别很大，需采用专门的识别器。识别器一方面要尽可能找到来自真实目标的信号峰值，另一方面要对噪声或干扰信号的信号成分不灵敏。雷达自身产生的噪声信号在频谱中不是常数而是随频率和时间改变的。

对每一个频谱首先要进行噪声分析。需要确定与噪声功率的频谱分布有关的阈值曲线。只有信号的峰值高于阈值，才可将它作为目标频率。

3)信息识别

在各个调制循环的反射信号中包含了一些有关目标的距离和相对速度的信息，但是没有指明这些具体的目标，只有与调制循环的识别结果联系起来才能得到这些目标的距离和相对速度的结果。

寻找的目标频率是由与距离和相对速度有关的成分组成的。为得到距离和相对速度必须与多个调制斜面的目标频率相互配合。

利用多斜面 FMCW 测量原理，对于物理上存在的、在每一个调制斜面上的雷达目标可以找到一个目标频率。该目标频率是由目标间的距离和相对速度得到的。

如果在频谱中有许多目标频率，识别它们的相关性是困难的。雷达目标相对雷达轴的角度位置可以通过比较 3 个相邻雷达波束在同一目标上的频谱幅值得到。

4) 跟踪

跟踪是将当前识别到的目标测量数据与先前测量的数据进行比较。先前测量的目标距离为 $d$，相对速度为 $V_r$，在当前测量与先前测量的间隔时间 $\Delta t$ 内，目标的期待距离应为

$$d_e = d + V_r \cdot \Delta t \tag{6.29}$$

如果考虑测量的目标可能加速或减速，这样就有一个不确定的预期距离并应期待新的测量距离。

如果在新的测量中找到了目标的距离和相对速度的期待范围，这样就可判断该目标就是先前的目标。因为先前测量的目标在当前的测量中又被找到，所以测量数据在考虑了“历史性”的测量数据(即先前的测量数据)后被过滤。

若先前测量的目标在当前测量中不再被找到，如在雷达波束之外或是产生的反射信号太弱，就要进一步使用预测的目标数据。

如果多个反射信号来自一个目标的不同距离，则在跟踪目标时需要一些附加措施。商用车就是这种情况。这些反射信号必须认为是同一个目标。

分析雷达反射信号要考虑识别“盲区”和雷达部件的故障。

### 2. 弯道目标识别方法

为识别本车道上前方的汽车，路线预测非常重要，它对 ACC 系统的控制品质有很大影响。

如图 6.15 所示，进行路线预测和目标选择的是在左车道、在弯曲的路线 A 的固定弯道向前方目标 1 行驶的、配备 ACC 系统的汽车，这是驾驶员所希望的跟随行驶。图中直线 B 则是错误地顾及在右车道上缓慢行驶的目标 2 而形成的路线，如在弯道开始前。这样，对配备 ACC 系统的驾驶员来说会使本身产生不舒适和不真实地减速行驶。为减小意外地错选目标的风险，需要可靠的弯道预测。

1) 弯道预测方法

在曲率多变的行驶路段，如多弯道高速公路，容易出现错误的目标选择。在一定距离内的弯道预测可通过雷达数据预测、导航系统和图像处理。

2) 目标选择

如图 6.16 得到目标 1 的定位值，即汽车预测路线的侧向位置，即路线偏移。

$$d_{\text{yc}} = d_{\text{yv}} - d_{\text{yvCourse}} \tag{6.30}$$

$$d_{\text{yvCourse}} = k_{\text{y}} d^2 / 2 \tag{6.31}$$

其中，$d_{yv}$ 为侧向偏移；$d_{yc}$ 为路线偏移；$d_{yvCourse}$ 为传感器到目标的距离；$k_y$ 为当前曲率半径。

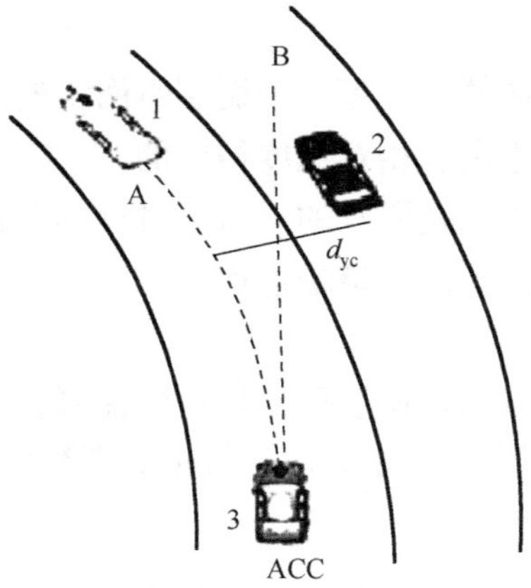


图 6.15　路线预测和目标选择示意图

1-目标 1；2-目标 2；3-配备 ACC 汽车；A-路线；B-路线；$d_{yc}$ -偏移

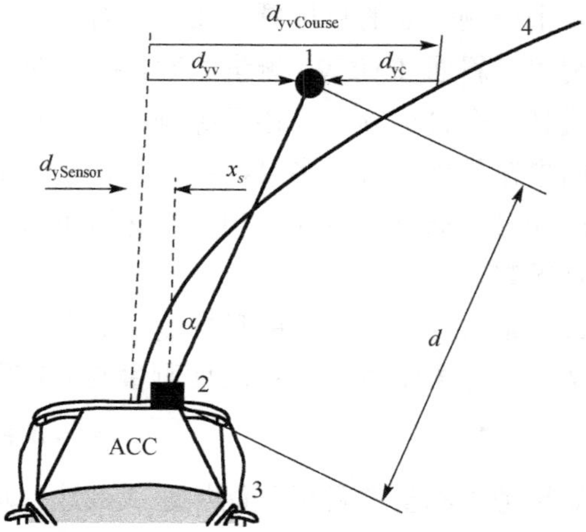


图 6.16　侧向目标偏移位置 $d_{yc}$

1-目标；2-传感器；3-汽车；4-路线

## 6.3　车道保持辅助系统

车道保持辅助(Lane Keeping Assist，LKA)系统采用数字摄像机记录车道标记，并且智能检测汽车在道路上的位置。只要汽车在行驶中逼近任何一条边界线、车辆将要驶离正常的车道时，如驾驶员来不及做出反应，该系统能够根据偏移的程度自动修正驾驶方向，警告提示。该系统在驾驶员交谈、疲劳、听音乐等分散注意力的情况下，能有效地减少交通事故的发生。

### 1. 系统的分类和组成

根据汽车偏离车道时所采取的措施不同，车道保持辅助系统分为两种类型，一类为车道偏离提醒——当汽车偏离正常车道时，系统通过震动转向盘，以提醒驾驶员注意；另一类为车道偏离干预——当汽车偏离正常车道时，系统会对转向盘施加一个纠正力矩(不低于2N·m)，促使汽车回到正确的车道上。

系统的组成如图 6.17 所示。摄像机安装在车内后视镜区域内的挡风玻璃处。摄像机的拍摄范围包括：至车辆前方最远大约 40m，至车辆左右两侧最远大约 5m。

### 2. 工作原理

汽车车道保持辅助系统是基于图像识别以及图像处理技术，该系统主要由图像传感器以及负责图像处理的控制器组成。图像传感器安装在前风挡玻璃的上方，它采集车辆前方20～60m 范围内场景的图像信息，并且发送给控制器。控制器根据得到的场景信息进行分析，抽取其中的特征建立三维或二维模型，从而得出车辆两侧的车道线，并将车道线与车辆的行驶方向进行比较，当存在交叉时，控制器认为汽车已经或正在偏离正确的车道，将做出相应的提示。

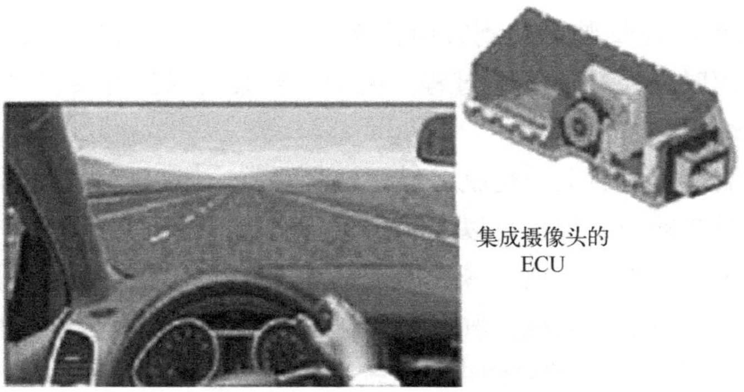


图 6.17　车道保持辅助系统的组成

如图 6.18 所示，系统根据车辆偏离车道中央、偏离行驶方向和车辆半径计算出辅助操舵力，对应偏离的程度来控制 EPS 施加的操舵力大小，辅助驾驶员操控方向盘。车辆行驶方向的控制是在驾驶员的操舵力上增加这个控制操舵力。

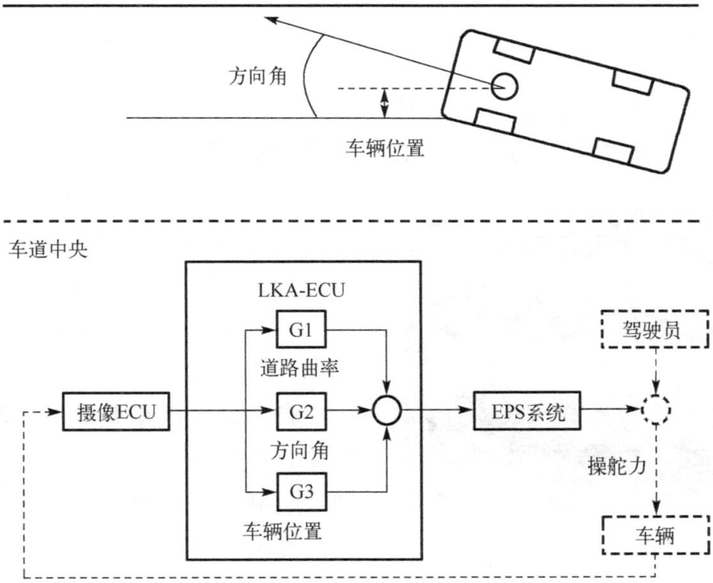


图 6.18　辅助保持车道示意图

3. 功能

车道保持辅助系统 LKA 主要功能如下：

1) 直道上的车道保持功能

借助识别出的车道标线，车道保持辅助系统计算出一条可使车辆沿其行驶的虚拟车道。除此之外，该系统还会确定车辆相对于该虚拟车道的位置。如果车道将要偏离虚拟车道，那么车道保持辅助系统便会借助电控机械式转向系统，施加一个转向修正力矩(最大 3N·m)，以修正车辆的偏移，在这种情况下，转向力矩的大小取决于车辆与识别出的车道标线之间形成的夹角，而且转向干预最长一般持续 100s，如果车辆在这段时间内重新按车道走向行驶，修正过程结束。如果该力矩不足以修正转向，那么电控机械式转向助力电机便会震动转向系，使驾驶员感到方向盘震动，从而对其发出警告。驾驶员也可通过主动的转向操作，随时终止转向干预过程，例如，驾驶员未打开转向灯时也可进行变道。

2)弯道上的车道保持功能

即使是在一段很长的弯道上，也就是说弯道半径很大时，如果车辆偏离系统计算出虚拟车道，那么车道保持辅助系统也可以实施干预。在此情况下，车道保持辅助系统设置虚拟车道时，使弯道内侧的虚拟车道边缘线尽量接近系统识别到的弯道内侧车道标线。通过这种方式，驾驶员可以轻松地切线行驶，而车道保持辅助系统不进行修正性转向干预。

如果在最多 100s 的转向干预时间内，系统无法使车辆保持在弯道内行驶，那么便会给予驾驶员震动警告并发出电子警告音，同时在组合仪表的显示屏上显示一条文字信息，要求驾驶员接管转向操作。

## 6.4　自动驾驶控制系统

### 6.4.1　自动驾驶概述

20 世纪 70 年代开始，美国、英国、德国和日本等国家开始进行自动驾驶汽车的研究，相继进行了自动驾驶汽车项目。2016 年 12 月谷歌推出了一款自动驾驶测试汽车，自动驾驶包括内置传感器、激光雷达和 360 度摄像头，这些设备可以测算周围物体的距离并且制作高清 3D 地图。该车在美国加利福尼亚州、亚利桑那州以及密歇根州完成了测试，如图 6.19 所示。

图 6.19　谷歌自动驾驶车

自动驾驶汽车是一个集环境感知、规划决策、操作控制等功能于一体的智能体，它涉及机械、运动学与动力学、电子、计算机、信息处理、控制和人工智能等科学技术领域。

自动驾驶汽车可分为自主式自动驾驶和网联式自动驾驶两种，如图 6.20 所示，自主式自动驾驶汽车主要依靠安装于汽车上的传感器进行环境感知，依赖车载控制器进行控制决策，具有驾驶操作上的自主性。在自主式智能汽车架构中，从环境感知到中央决策，再到控制执行，都依托于汽车本身控制器自主驾驶。这种自动驾驶汽车感知和控制实时性强，但传感器和控制器成本高，制约了自动驾驶汽车推广和应用。

如图 6.21 所示，网联式自动驾驶汽车除了依靠汽车自带的传感器外，还通过车联网(V2X)包括车车通信(V2V)、车路(V2I)通信等方式获取环境信息，并且还可通过云计算产生控制决策指令下发到汽车终端，从而对车辆实施控制，以实现各交通要素间的信息共享与控制协同，除自主控制外增加了远程控制。这种自动驾驶汽车在智能交通(ITS)、协同控制方面优于自主式自动驾驶，成本相对较低，易于推广，但对通信网络技术依赖性强，汽车与后台云计算中心的实时交互和响应会存在“滞后”现象，寄希望 5G 通信技术予以克服。

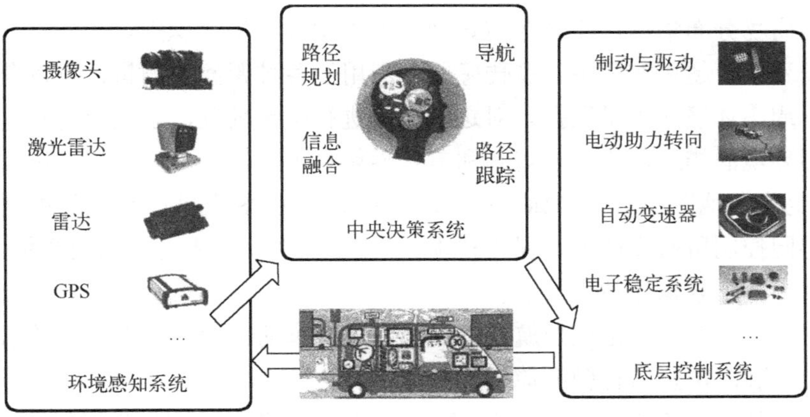


图 6.20　自主式自动驾驶汽车

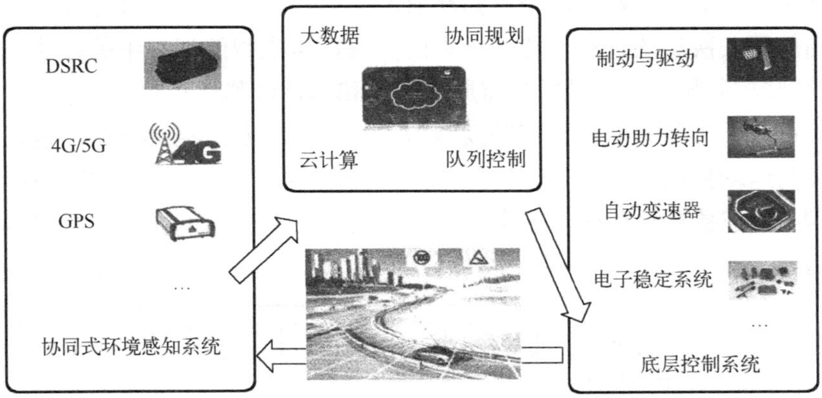


图 6.21　网联式自动驾驶汽车

### 6.4.2 自动驾驶汽车控制系统基本组成

1. 基本架构

无论是哪一种自动驾驶汽车，自动驾驶控制是自动驾驶车辆研究领域中的核心问题，根据当前周围环境和车体位移、姿态、车速等信息按照一定的逻辑做出决策，并分别向油门、制动、变速、转向等执行系统发出控制指令。实施自动驾驶控制，离不开环境感知、定位导航、路径规划和智能决策控制与执行机构。因此，自动驾驶汽车系统由传感、决策、控制、通信定位及数平台等关键技术组成，具体如下：

(1)先进传感技术，包括利用机器视觉的图像识别技术，利用雷达(激光、毫米波、超声波)的周边障碍物检测技术，利用柔性电子/光子器件检测和监控驾驶员生理状况技术等。

环境感知对自动驾驶汽车来说，环境感知就像动物的视觉、听觉一样，利用传感器对周围环境进行相应的数据采集，以获取周边环境信息，并对收集到的信息进行数据处理。可以说环境感知是自动驾驶汽车实现精确定位、主动避障和自适应路径选择等高级智能行为的基础及先决条件。

机器视觉传感器直接获得环境的三维距离信息，通过处理就可以得知自动驾驶汽车周围的道路和障碍物分布情况，实现车道识别、行人识别、车辆识别。

激光、毫米波、超声波等主动型传感器，应用于各种距离的测量，可以获取关于无人驾驶智能汽车周围环境的大量数据。对这些数据进行必要处理，以便获得对无人驾驶智能汽车周围地形环境的描述，为路径规划和自主导航打下基础。

(2)通信定位和地图技术，例如，DSRC、4G/5G、GPS/北斗，包括智能网联汽车之间信息共享与协同控制所必需的通信保障技术、移动自组织网络技术，以及高精度定位技术、高精度地图及局部场景构建技术。

自动驾驶汽车需要通过定位导航系统准确获取汽车的位置、姿态等相关信息。定位导航系统是自动驾驶汽车正常行驶的前提。

(3)决策规划技术，包括危险事态建模技术、危险预警与控制优先级划分、多目标协同技术、车辆轨迹规划、驾驶员多样性影响分析、人机交互系统等。

决策规划是指智能汽车根据环境感知获取的交通环境信息和自身行驶状态，自主产生遵守交通规则的驾驶决策的过程，相当于人的大脑，这是智能驾驶中关键核心技术。

(4)汽车行驶控制技术，指根据当前周围环境和车体位移、姿态、车速等信息按照一定的逻辑做出决策，并分别向油门、制动及转向等执行系统发出控制指令。包括基于驱动、制动系统的纵向运动控制，基于转向系统的横向运动控制，基于悬架系统的垂向运动控制，基于驱动/制动/转向/悬架的底盘一体化控制，以及利用通信及车载传感器的车队列协同和车路协同控制等。

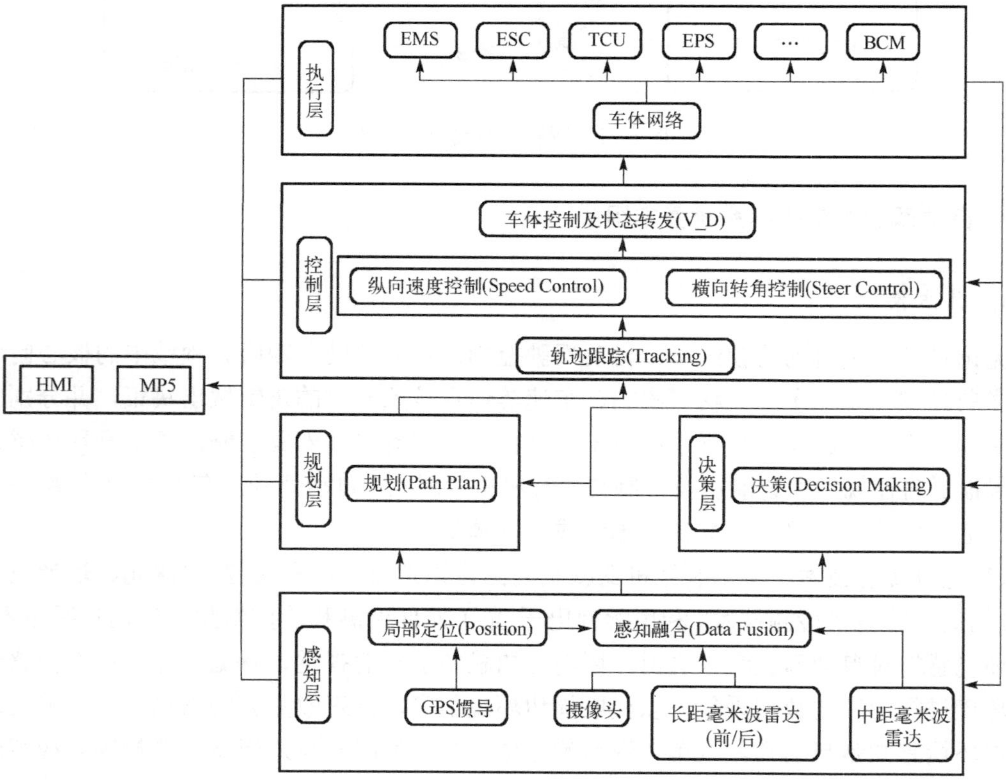


图 6.22　自动驾驶控制系统组成

(5) 数据平台技术，包括非关系型数据库架构、数据高效存储和检索、大数据的关联分析和深度挖掘、云操作系统、信息安全保障机制等。

如图 6.22 所示，自动驾驶控制系统包括感知层、规划决策层、控制层、执行层和人机交互层。环境感知传感器包括智能相机、前长距毫米波雷达、后长距毫米波雷达、中距毫米波雷达，定位装置包括 GPS 和惯性导航装置。在感知层对车辆进行全局和局部定位，并对传感器的数据进行融合获得车辆当前位置的可通行区域。感知层的结果输出给规划层和决策层，决策层结合车体反馈的状态、驾驶人是否介入、行为触发条件是否满足等条件进行控制决策，如换道、超车、车道保持等。规划层根据感知层和决策层的结果进行当前规划周期内的路径点的规划，包括跟踪点的位置坐标、曲率和速度。车辆的控制层根据规划结果进行路径跟踪，包括行驶轨迹跟踪和期望速度跟踪，并将控制层产生的控制命令发送到车辆的 CAN 总线上，车辆的执行层接收控制层的控制命令并转发给各个执行机构，执行相应的动作，车辆的交互层显示车辆实时行进的路径规划结果，供驾驶员了解系统的运行状况和车辆状态。图 6.23 给出了某车型自动驾驶控制组成架构。

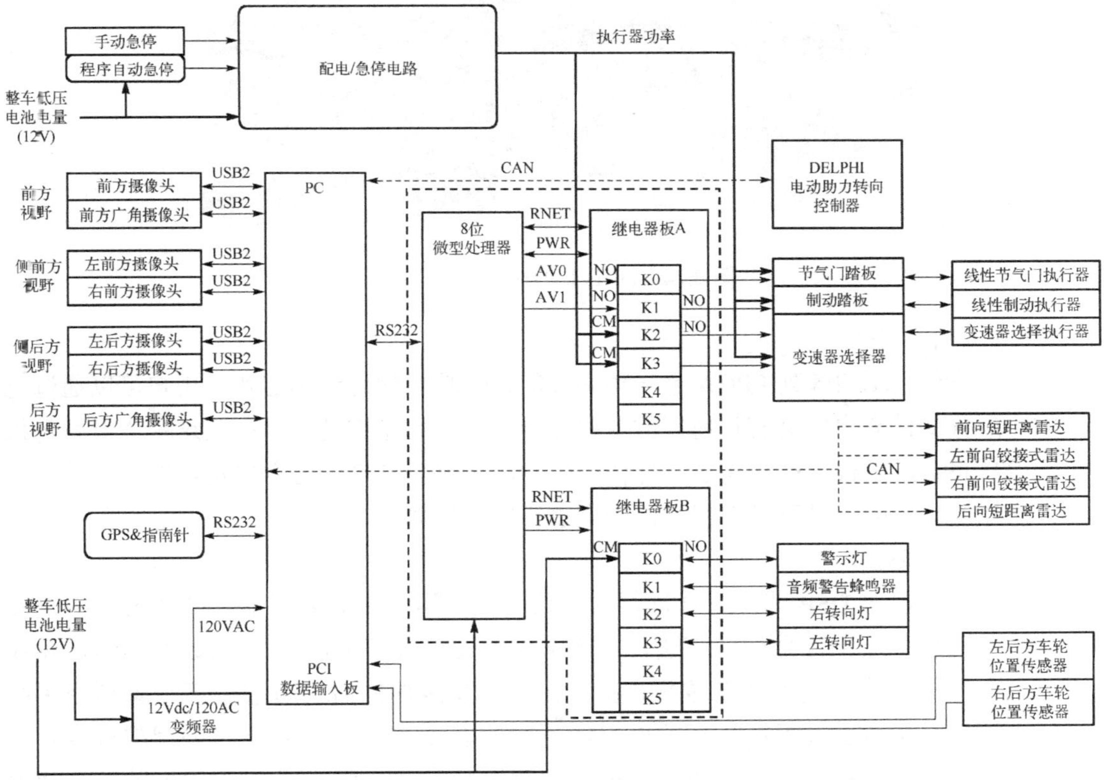


图 6.23　自动驾驶控制架构实例

2. 主计算平台

由于自动驾驶任务十分复杂，当传感器接收信息后，数据继而被导入计算平台，由功能各异的芯片进行处理因此，计算平台性能会直接影响到自动驾驶系统的实时性和鲁棒性。自动驾驶软件的计算量达到 10 万亿次/秒的操作级别，才可能保证自动驾驶的实时性要求。

目前主流主计算平台主要有：

1)GPU 主计算平台

GPU 的多核心、高内存带宽等设计优点，意味着它在并行计算、浮点运算 CPU 的数十倍甚至上百倍，具有强大的计算能力以及对深度学习应用的有力支持，GPU 正逐渐成为自动驾驶技术开发的主流平台解决方案。例如 NVIDIA 深度学习 GPU 主计算平台 DRIVE PX2，如图 6.24 所示。该处理器包括传感器包括 3 个摄像头、3 个超声波传感器、3 个雷达以及 2 个激光雷达。

图 6.24　DRIVE PX2 主计算平台

2)FPGA 计算平台

现场可编程逻辑门阵列 FPGA 是一种高性能、低功耗的可编程芯片，用户可以通过烧录 FPGA 配置文件来自定义芯片内部的电路连接，以实现特定功能。而且这种烧录是可擦写的，用户完全可以根据产品需求进行任意化功能配置。FPGA 的主要优势在于硬件配置灵活、能耗低、性能高以及可编程等，适合进行感知计算。

3)DSP 计算平台

数字信号处理器 DSP 芯片适合进行数字信号处理运算的微处理器，其主要应用是实时快速地实现各种数字信号处理算法。由于采用的设计方案中，DSP 的数据和地址总线分开，允许取出和执行指令完全重叠，执行上一条指令的同时即可取出下一条指令进行译码，大幅提升了微处理器的运行速度。此外，DSP 具有哈佛并行计算处理架构特点，在数学运算和数据移动方面有不错的表现，因此在时间关键型应用中，DSP 的性能超过通用处理器。强大的数据处理能力和高速运行速度是 DSP 芯片的两大优势，这也是自动驾驶应用所要求的。

### 6.4.3　多传感器信息融合技术

自动驾驶智能汽车对地形建模和环境理解需要有多种传感器，包括主动型的、被动型的；二维传感器、三维传感器；视觉传感器、触觉传感器；同时还有定位、定向及姿态传感器等。这些不同类型传感器测量的内容、范围和精度不同，适用的光照和气候条件也不同，根据客观环境(气候、昼夜等)的不同和使用要求的差别(道路跟踪还是越野)，将这些传感器以及它们所获得的信息进行合理的组合与搭配，可以对单一或少数传感器无法正确感知和理解的路况(如沟壑、水渍及阴影等)进行正确的理解及判断，总体上可以对无人驾驶智能汽车周围环境进行更精确、更可靠、全天候的描述。

信息融合是一项多源信息综合处理技术，是将系统中若干个相同类型或不同类型的传感器所提供的相同或不同形式、同时刻或不同时刻的测量信息加以分析、处理与综合，得到被测对象全面、一致的估计。多源信息融合的结果是产生比单一信源更精确更完全的判决。Dempster-Shafer(D-S)证据推理原理与信息融合理论介绍如下：

1. D-S 证据推理原理

1)不确定性的表示

(1)命题不确定性的表示。

置信区间[Bel($A$),Pl($A$)]可以描述命题 $A$ 的不确定性。由命题的信任测度和似然测度确定的类概率函数进一步表达了命题的不确定性。

**定义**　命题 $A$ 的类概率函数 $f(A)$ 为

$$f(A)=\text{Bel}(A)+\frac{|A|}{|D|}\times[\text{Pl}(A)-\text{Bel}(A)] \tag{6.32}$$

式中，$|A|$、$|D|$ 分别表示集合 $A$、$D$ 中的焦点元素的个数。

(2)证据的不确定性表示。

由结构系统传感器获取的特征信息可以作为推理的初始证据，但由于结构系统和测控系统的复杂性和不确定性，由传感器获取的特征信息具有不完整性、不精确性和模糊性，因此由传感器特征信息所反映出的证据具有不确定性。

设证据 $E$ 是由 $n$ 个独立的信息源得到，即 $E=\{\text{ES}_1,\text{ES}_2,\cdots,\text{ES}_n\}$，$\text{ES}_i$ 对应的焦点元素为($A_{i1},A_{i2},\cdots,A_{ik}$)，相应的概率分配函数值为 $m(A_{ij})$ ($i=1,2,\cdots,k$; $j=1,2,\cdots,n$)，$\text{ES}_i$ 的不确定性概率分配函数表示为

$$m_i(\theta)=1-\sum_{j=1}^{k}m(A_{ij}) \tag{6.33}$$

证据 $E$ 对应的置信区间[Bel($E$),Pl($E$)]，如果所要求的证据都已出现，证据 $E$ 的不确定性可以用确定因子 CER($E$) 表示：

$$\text{CER}(E)=f(E) \tag{6.34}$$

2)概率分配函数算法

$$m_i(A_j)=\frac{W_iC_i(Aj)}{\sum_j W_iC_i(A_j)+N_s(1-R_i)(1-\alpha_i\beta_i)} \tag{6.35}$$

$$m_i(\theta)=\frac{N_s(1-R_i)(1-\alpha_i\beta_i)}{\sum\limits_j W_iC_i(A_j)+N_s(1-R_i)(1-\alpha_i\beta_i)} \tag{6.36}$$

式中，$W_i$为加权系数；$C_i(A_j)$为传感器$i$与目标$A_j$之间的相关系数；$N_s$为传感器数目；$R_i$传感器的可靠性系数；$\alpha_i$为传感器与目标$A_j$的最大相关系数；$\beta_i$是传感器与目标$A_j$相关系数的分布参数。

2．信息融合理论

1）传感器特征信息融合算法

D-S 证据理论用于多传感器信息融合时，由传感器得到的信息特征量作为 D-S 推理的初始证据，以此证据构造概率分配函数。对于每一组概率分配函数和识别框架，称为一个证据体，每一个传感器可作为一个证据体。多传感器信息融合就是在同一识别框架下，用 D-S 证据合成规则将各个证据体合并成一个新的证据体，新的证据体表示了信息融合的结果，信息融合提高了证据的置信度。多个证据体的信息融合算法如下：

设$\mathrm{Bel}_1,\mathrm{Bel}_2,\cdots,\mathrm{Bel}_n$是同一识别框架上的$n$个独立的证据体的信任测度，相应的概率分配函数为$m_1, m_2, \ldots, m_n$，则合成证据体的信任测度为

$$\begin{aligned}\mathrm{Bel}(A)&=(m_1\oplus m_2\oplus\cdots\oplus m_n)(A)\\&=\frac{1}{N}\sum_{\bigcap\limits_{i=1}^{n}A_i=A}m_1(A_1)m_2(A_2)\cdots m_n(A_n)\end{aligned} \tag{6.37}$$

式中，$N=\sum\limits_{\bigcap\limits_{i=1}^{n}A_i\neq\varnothing}m_1(A_1)m_2(A_2)\cdots m_n(A_n)$。

2）控制决策融合算法

控制决策融合即对证据的确定性因子进行修正，即

$$\mathrm{DEC}\{A_n\}=k_1\mathrm{CER}(A_{1n})+k_2\mathrm{CER}(A_{2n})+\cdots+k_m\mathrm{CER}(A_{mn}) \tag{6.38}$$

式中，$k_1,k_2,\cdots,k_m$为融合系数。

基于 D-S 理论，基于采用多种传感器组合探测的方式可以更有效地实现环境感知，如将立体视觉传感器和激光雷达结合起来可以加强对环境路况的预判，控制无人驾驶智能汽车行驶速度。首先由激光雷达定位前方近距离的平坦区域，用视觉传感器确定该区域的颜色和地形图像信息，然后检测远距离的图像信息，通过对远处地形的建模，控制无人驾驶智能汽车的行驶速度，如果没有障碍物，无人驾驶智能汽车可以加速行驶，一旦发现路况发生改变，可以自动减速到适合路况的速度。

### 6.4.4　决策规划

自动驾驶汽车的决策规划系统主要包含全局路径规划、行为规划和局部路径规划，智能决策规划系统如图 6.25 所示。全局路径规划为智能汽车的自主驾驶提供方向性的引导，

确定其依次需要通过的路段和区域序列。局部路径规划主要针对道路局部避撞转向等采取的变换路径；行为规划是处于全局路径规划和局部路径规划中间的层次，行为规划根据全局路径规划确定的路径和当前的道路状况，选择和决定当前智能汽车应该进入什么行驶模式，如路口左转模式、超车模式等。

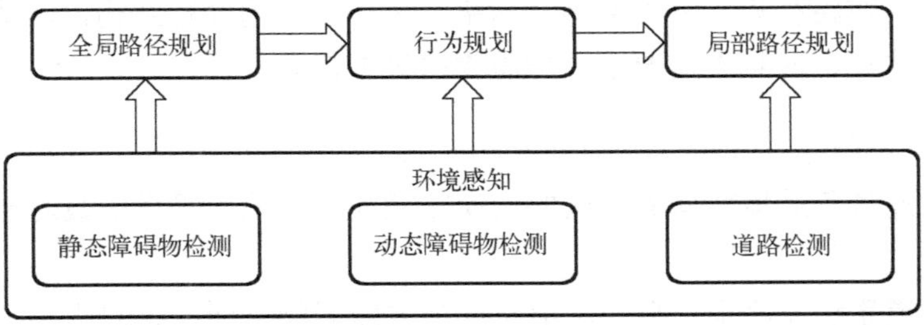


图 6.25　智能决策规划系统

1. 行为规划

汽车从起点到达终点需要完成一系列的驾驶行为，常见的驾驶行为主要包括启动、换道、维持车道、减速避让、超车、道路交叉口择向和停车等。实际上，在结构化的道路上发生的安全、合法的行车行为根据它与车道的关系可简单分为换道和车道保持两种基本的驾驶行为：换道指驶向不同车道，车道保持指保持在当前车道。

在实际道路上行驶时，自动驾驶汽车需要利用传感器对当前所处的环境进行感知，根据感知的内容判断汽车是否需要进入或保持哪种驾驶行为，对未来的行驶做一个预判和规划，从而满足车平顺、稳定行驶约束条件。目前大多利用有限状态的方式进行行为的规划。

行为规划是把无人驾驶智能汽车所要完成的任务分解成一些基本的、简单的行为单元，这些单元彼此协调工作。每个单元有自己的感知器和执行器，两者耦合在一起构成感知动作行为的优先级，结合本身的任务综合做出反应。该方法的主要优点在于每个行为的功能较简单，因此，可以通过简单的传感器及其快速信息处理过程获得良好的运行效果。但这种方法主要考虑无人驾驶智能汽车的行为，而对无人驾驶智能汽车所要解决的问题和所面临的环境没有任何的描述，只是通过实际运行环境中无人驾驶智能汽车行为的选择，达到最终目标。如何构造和优化无人驾驶智能汽车行为控制器是成功与否的关键。主要方法包括基于传感器信息的局部运动规划方法、基于模糊逻辑及神经网络的监督学习方法等。

2. 全局路径规划

全局路径规划的目的是在保证行驶的安全性和遵守交通规则前提下，汽车行驶之前找到一条最优的路径供汽车行驶。最优的标准可以是最短行车距离、最少行车时间、最低费用和最少拥堵等。

全局路径规划所生成的路径只能是一种粗略的路径，因为无人驾驶智能汽车在实际运行过程中还会受到其他各种未知因素的影响。全局路径规划的主要方法有可视图法、栅格法、人工势场法、单元分解法。

在环境信息完全未知的情况下，无人驾驶智能汽车没有任何先验信息，因此，规划是以提高无人驾驶智能汽车的避障能力为主，而效果作为其次。在环境信息部分未知情况下，规划方法主要有人工势场法、模糊逻辑算法、遗传算法、人工神经网络、模拟退火算法、蚁群优化算法、粒子群算法和启发式搜索方法等。前四种方法相对应用较广，后几种方法近年来比较流行。在路径规划中采用神经网络，由于网络的并行结构，因此可在较短的时间内进行大量的计算，并且不需要了解障碍物的过细信息。

3. *局部路径规划*

主要针对高速紧急避撞转向等采取的变换路径规划，采用平滑函数对避撞换道局部路径规划进行讨论。

高速紧急换道系统能够根据自车和前车或前方障碍物之间的纵向距离和侧向距离、纵向速度和加速度，规划出换道路径，通过控制车辆前轮转角完成转向操作。车辆要完成紧急换道的前提条件是需要找到一条安全的换道路径以及适当的纵向安全距离。

基于如图 6.10 所示换道距离模型，采取了基于五阶多项式的换道路径，在满足规划路径起始点和终止点约束和曲率约束后，求得五阶多项式方程为

$$y_{\text{ref}}(x) = y_e\left[10\left(\frac{x_{\text{ref}}}{x_e}\right)^3 - 15\left(\frac{x_{\text{ref}}}{x_e}\right)^4 + 6\left(\frac{x_{\text{ref}}}{x_e}\right)^5\right] \tag{6.39}$$

式中，$x_e$ 为换道纵向位移。

由于这里介绍的紧急换道控制系统是以时间为变量进行控制的，同时考虑到车辆进行变道时的航向角很小，则有 $x_e = u \cdot t$，以时间为参数变量的期望换道路径函数为

$$y_{\text{ref}}(t) = (y_e / t_e^5)(6t^5 - 15t_e t^4 + 10t_e^2 t^3),\quad 0 \leqslant t \leqslant t_e \tag{6.40}$$

紧急换道过程要求规划的路径要满足侧向加速度约束，保证路径的可行性和车辆安全性。下面借鉴 Limpert 的研究成果对变道过程的侧向加速度进行限制。Limpert 将变道过程中的侧向加速度分成四个等级。

正常级：用来描述相对较低的侧向加速度

$$0 \leqslant a_y < (0.25u - (u/44)^{1.85})g$$

较强级：用来描述中等程度的侧向加速度

$$(0.25u - (u/44)^{1.85})g \leqslant a_y < (0.22 - 0.002u)g$$

限制级：用来表示较高的侧向加速度

$$(0.22 - 0.002u)g \leqslant a_y < 0.67ug$$

最大级：用来描述非常高的侧向加速度

$$0.67ug \leqslant a_y \leqslant 0.85ug$$

设定期望的侧向加速度函数为 $a_{\text{ref},y}(t)$，对式(6.40)进行求导得到

$$a_{\text{ref},y}(t)=(60y_e/t_e^5)(2t^3-3t_et^2+t_e^2t),\quad 0\leqslant t\leqslant t_e \tag{6.41}$$

根据可知当$\dfrac{\partial a_{\text{ref},y}(t)}{\partial t}=0$时，使得$a_{\text{ref},y}$取值范围在限制级范围时，当$a_{\text{ref},y}$的最大值为0.35g左右时，求得换道时间为2.5s。从而弥补了五阶多项式换道轨迹没有考虑侧向加速度约束的缺陷，同时考虑了车辆换道时的安全性。

## 思考题与习题

6-1　建立直行车道三车纵向避撞控制的安全距离模型。

6-2　分析全局路径规划与局部路径规划的用途有何不同。

# 参考文献


安利华, 2009. 汽车电子稳定性程序(ESP)控制方法及联合仿真研究[D]. 南京: 南京理工大学.

边明远, 2012. 基于紧急变道策略的汽车主动避障安全车距模型[J]. 重庆理工大学学报(自然科学), 26(4): 1-4.

博世公司, 2007. 汽车安全性与舒适性[M]. 魏春源, 等译. 北京: 北京理工大学出版社.

车云, 陈卓, 等, 2018. 智能汽车决战 2020[M]. 北京: 北京理工大学出版社.

陈德玲, 2008. 主动前轮转向系统的控制研究[D]. 上海: 上海交通大学.

陈丁跃, 陈俊宇, 陈李昊, 等, 2018. 汽车智能化设计与技术[M]. 北京: 化学工业出版社.

陈林林, 2009. 二冲程煤油发动机性能数值模拟与喷油控制研究[D]. 南京: 南京航空航天大学.

冯崇毅, 鲁植雄, 何丹雅, 2011. 汽车电子控制技术[M]. 北京: 人民交通出版社.

冯渊, 2007. 汽车电子控制技术[M]. 北京: 机械工业出版社.

何聪, 郇小鲁, 杨航, 等, 2018. 一种低成本多线程的无人驾驶智能车用激光雷达[C]. 上海: 2018 中国汽车工程学会年会.

侯德藻, 2003. 汽车主动避撞系统的研究[D]. 北京: 清华大学.

蒋春彬, 2006. 汽车电动助力转向控制系统的研究设计[D]. 镇江: 江苏大学.

黎苏, 黎晓鹰, 黎志勤, 2001. 汽车发动机动态过程及其控制[M]. 北京: 人民交通出版社.

李朋, 2012. 汽车主动防撞系统控制模式的研究[D]. 南京: 南京航空航天大学.

刘建林, 2006. 车用磁流变阻尼器的控制与仿真研究[D]. 南京: 南京航空航天大学.

刘杰军, 2008. 汽车 ABS 和 ASR 联合控制的研究[D]. 哈尔滨: 哈尔滨工业大学.

麻友良, 丁卫东, 2003. 汽车电器与电子控制系统[M]. 北京: 机械工业出版社.

马丹, 2010. 小型二冲程煤油发动机电控喷射系统的研究[D]. 南京: 南京航空航天大学.

马娟丽, 2007. 汽车防撞控制系统的研究[D]. 西安: 西北工业大学.

潘松, 魏民祥, 刘剑林, 2006. 基于振动信号响应的磁流变减振器模式推理控制及实验研究[J]. 机械科学与技术, 25(6): 655-657.

彭忆强, 甘海云, 2014. 汽车电子及控制技术基础[M]. 北京: 机械工业出版社.

邵金菊, 2009. 汽油发动机转速变增益鲁棒控制的研究[D]. 南京: 南京航空航天大学.

宋晓琳, 冯广刚, 杨济匡, 2008. 汽车主动避撞系统的发展现状及趋势[J]. 汽车工程, 30(4): 6.

孙仁云, 付百学, 2007. 汽车电器与电子技术[M]. 北京: 机械工业出版社.

汪洋, 2010. 汽车 EHB 液压系统动态特性仿真与试验研究[D]. 南京: 南京航空航天大学.

王绍銑, 夏群生, 李建秋, 2011. 汽车电子学[M]. 北京: 清华大学出版社.

王永伟, 2014. 二冲程重油缸内直喷发动机电控系统研究[D]. 南京: 南京航空航天大学.

王赟松, 魏民祥, 刘瑞祥, 1997. 汽车燃油喷射系统原理与维修[M]. 北京: 人民交通出版社.

魏建伟, 2011. 主动转向控制机理及其干预时 EPS 系统转向路感研究[D]. 南京: 南京航空航天大学.

魏民祥, 董龙雷, 王晓云, 等, 2000. 基于不确定性推理原理的机组振动信息融合技术[J]. 中国电机工程学报, 20(9): 64-66.
魏民祥, 李玉芳, 2015. 汽车电子与电气现代设计[M]. 北京: 国防工业出版社.
魏民祥, 赵万忠, 2019. 汽车电子与智能控制基础[M]. 北京: 清华大学出版社.
向丹, 2012. 电动助力与主动转向组合系统的控制研究[D]. 广州: 华南理工大学.
杨明, 2011. Freescale HCS08 单片机原理与应用[M]. 北京: 电子工业出版社.
于津涛, 2008. "奥迪电子"之车道保持辅助系统[J]. 汽车电子(11): 68-70.
岳伯淘, 2004. 电动助力转向系统助力特性和控制算法研究[D]. 长春: 吉林大学.
张佳佳, 2019. 变附着系数路面的汽车主动避撞控制策略研究[D]. 南京: 南京航空航天大学.
张瑞琳, 曹恺, 方强, 等, 2018. 自动驾驶车辆系统架构与整车控制网络设计[C]. 上海: 2018 中国汽车工程学会年会.
周云山, 于秀敏, 1999. 汽车电控系统理论与设计[M]. 北京: 北京理工大学出版社.
庄继德, 1998. 汽车电子控制系统工程[M]. 北京: 北京理工大学出版社.
邹长庚, 2000. 现代汽车电子控制系统构造原理与故障诊断(下)[M]. 北京: 北京理工大学出版社.
左波, 2009. 电动助力转向系统助力特性研究[D]. 武汉: 武汉理工大学.
HARDING J, POWELL G R, YOON R, et al., 2014. Vehicle-to-vehicle communications: readiness of V2V technology for application[R]. Washington: National Highway Traffic Safety Administration.
JURGEN R, 2013. Autonomous vehicles for safer driving[M]. New York: SAE International.
WALLENTOWITZ H, 2009. 汽车工程学Ⅲ: 汽车系统安全[M]. 北京: 机械工业出版社.
YU H F, LI X, MURRAY R M, et al., 2018. Safe, autonomous and intelligent vehicles[M]. Berlin: Springer.